职业院校饭店服务与管理专业系列教材

新编酒水知识与酒吧管理

主　编　徐　明
副主编　韩昕葵　何　平　孙继刚
主　审　梁宗晖

中国财富出版社有限公司

图书在版编目（CIP）数据

新编酒水知识与酒吧管理／徐明主编．—北京：中国财富出版社有限公司，2020.6（2023.1 重印）

（职业院校饭店服务与管理专业系列教材）

ISBN 978－7－5047－7167－4

Ⅰ.①新… Ⅱ.①徐… Ⅲ.①酒—基本知识—职业教育—教材 ②酒吧—商业管理—职业教育—教材 Ⅳ.①TS971.21 ②F719.3

中国版本图书馆 CIP 数据核字（2020）第 098812 号

策划编辑	李　丽	**责任编辑**	谷秀莉		
责任印制	尚立业	**责任校对**	孙丽丽	**责任发行**	杨　江

出版发行	中国财富出版社有限公司		
社　　址	北京市丰台区南四环西路 188 号 5 区 20 楼	**邮政编码**	100070
电　　话	010－52227588 转 2098（发行部）		010－52227588 转 321（总编室）
	010－52227566（24 小时读者服务）		010－52227588 转 305（质检部）
网　　址	http://www.cfpress.com.cn	**排　　版**	宝蕾元
经　　销	新华书店	**印　　刷**	宝蕾元仁浩（天津）印刷有限公司
书　　号	ISBN 978－7－5047－7167－4/TS·0106		
开　　本	787mm×1092mm　1/16	**版　　次**	2021 年 1 月第 1 版
印　　张	14.25	**印　　次**	2023 年 1 月第 3 次印刷
字　　数	312 千字	**定　　价**	48.00 元

前　言

我国的旅游业自改革开放后得到迅速发展，对人才的需求量不断上升，旅游教育事业也随之蓬勃发展起来，各地职业院校纷纷开办了旅游服务与酒店管理专业，酒水知识、调酒等课程已成为各大旅游院校学生的必修课之一，学生学好这些课有很多现实意义。

职业院校的课程要适应职业教育的发展，必须深化教学内容、教学方法及考核方法的改革，改革要以培养学生实践动手能力、切实提高教学效果为目标。在此背景下，教材《新编酒水知识与酒吧管理》便应运而生。

与同类教材相比，本书强调了理论与实践相融合的"工作任务驱动法"教学模式改革，注重从根本上培养学生的创造精神和动手实操能力，改变了传统教材重知识轻技能、重理论轻实践的弊端，突出以学生为本，以职业标准为本，教学与实践密切结合的全新教材观。

本书由广东省旅游职业技术学校的徐明担任主编；云南旅游职业学院的韩昕葵，海南省旅游学校的何平，百思特餐饮管理（广州）有限公司（百思特教育）负责人、第45届世界职业技能大赛（餐厅服务）专家组组长及裁判长（广东）、调酒师（高级技师）孙继刚担任副主编；海南省经济技术学校的陈卫琼、海南省农业学校的陈丽娜、海南省旅游学校的吴克、广东省海洋工程职业技术学校的何楠及黄晓南、广东省民政职业技术学校的陈月婷等老师也参与了编写工作。全书由海南省旅游学校的梁宗晖老师主审、定稿。

本书既适合于中等职业学校旅游与饭店管理专业的学生使用，也可作为高职高专院校酒店管理、餐饮管理及相关专业的教材，还可作为调酒师培训学校的教材和调酒爱好者的自学用书。本书编写过程中参考了大量的文献和资料，在此对原作者表示衷心的感谢。

由于编写时间有限，不足之处在所难免，恳请广大读者批评指正，我们将在再版时更正，谢谢！

编　者

2020 年 6 月

目　录

项目一　酒水基础知识

学习目标

- 酒的起源与发展
- 酒水与饮料的概念界定
- 酒对人体的功用
- 各种酒类及其代表酒品
- 酒的酿造过程
- 饮酒的一般常识

任务场景

小陈是某职业学校高星级饭店运营与管理专业三年级的学生，今年 6 月被学校安排在某五星级酒店的酒吧实习，看着摆在酒柜上各种各样的酒，他不知道调酒师应从哪里学起……

任务一　了解酒的起源与发展状况

酒是一种历史悠久的饮料，与人们的生活十分密切。人们在欢庆佳节、婚丧嫁娶、宴请宾客时都少不了酒。酒有消除疲劳、刺激食欲、加快血液循环、促进人体新陈代谢的作用，适量饮酒有利于身体健康。在酒会、宴会、聚会等场合，酒能活跃气氛，增进友谊。酒还是烹调中的上等作料，它不仅可以除腥，还可以增加菜肴的美味。

中国是酒的王国，古往今来，多少文人骚客把酒临风，借酒抒怀，写下了数以万计的诗词歌赋，给后世留下了丰富多彩、千姿百态的酒文化。

一、酒的起源

（一）中国酒的起源

早在原始社会时期，我国就已经开始酿酒了，此后的夏、商、周时代对于酒和酒具的制造也越来越多。关于酒的起源，至今酒史的研究者们说法不一，而最有名的莫过于猿猴造酒和杜康造酒之说，仪狄造酒说和酒星造酒说也是对酒的起源的主要记述。

1. **猿猴造酒**

猿猴造酒一说，在古籍中有很多记载。

明朝文人李日华在其著作中说“黄山多猿猱，春夏采杂花果于石洼中，酝酿成酒”。明朝之后的清代文人李调元也记述过“尝于石岩深处得猿酒，盖猿以稻米杂百花所造，一石穴辄有五六升许，味最辣，然绝难得”。通过这些记述我们不难知道，猿猴造酒，是贮藏大量水果于石洼，水果破皮之后，空气中的酵母菌便会进入果体，并将果皮糖发酵为酒精，利用的是水果在自然界中天然发酵而析出酒液的方法。猿猴造酒的这种方法，后人也曾应用过，他们将发酵的野果作为引子，便可制出果酒饮用。当然，猿猴所制造的酒至多是一种果酒，而从用发酵的水果酿酒发展到今日的酿酒工艺，中间有一段漫长的过程。

2. **杜康造酒**

杜康造酒说一直流传于世。

有人说，杜康是杜撰出来的人物，其实不然，历史上确有此人。杜康，字仲宁，是白水县康家卫人，被人称为酿酒的鼻祖。《吕氏春秋》《世本》《战国策》《伊阳县志》和《汝州全志》等古籍中都有对杜康的记述，而清乾隆十九年重修的《白水县志》对杜康的记叙更为详尽，至今白水县康家卫村还留有“杜康沟”和“杜康泉”，而且在“杜康泉”的边上还建有一家“杜康酒厂”。

《说文解字》对杜康也有一定的记述“古者少康初作箕帚、秫酒。少康，杜康也”。文中指出杜康为酿黏高粱酒的第一人。

3. **仪狄造酒**

我国的古籍中，除了有杜康是酿酒鼻祖的说法，也有仪狄是酿酒初始人的说法。但根据大部分古籍记录，仪狄实际上是造“酒醪”的人。酒醪即今天我们所见的醪糟，由糯米发酵、加工制成。许多研究者认为，如果杜康是高粱酒创始人的话，那么，仪狄则是黄酒创始人。

4. **酒星造酒**

在酒的起源中，除了上述3个造酒传说外，还有一个说法就是酒星造酒，亦被人称为上天造酒。在我国古代，许多爱好喝酒的文人墨客的诗词中都提到了“酒星”，更有酒是“酒星之作”的说法。虽然“酒星”确实存在，早在殷代就已经发现“酒旗星”，但这种说法只能证明古人们想象力之丰富，以及酒在当时社会中的重要地位，若以此说明酒乃上天所造，恐有文学渲染之疑。

上述说法均不是科学证实的传说。那么，酒到底来自哪里呢？酒的酿造是劳动者经过长期经验积累、归纳、总结而得到的技能，我们没有必要过分追求酒的确切起源。

（二）外国酒的起源

古希腊神话中的酒神是狄俄尼索斯（Dionysus），他象征着原始、狂欢、自由和生命。罗马的酒神名为巴克科斯（Bacchus），他是葡萄与葡萄酒之神，也是狂欢与放荡之神。希伯来人则有自己的有关葡萄和葡萄酒的传说，传说诺亚在洪水退后开始耕作土地，开辟了一个葡萄园，并种下了第一株葡萄，后来他又着手酿造葡萄酒。奥西里斯（Osiris）是古埃及主神之一，也是公认的葡萄酒之神。

二、我国酿酒历史的考古证明

我国酿酒的历史十分悠久，几次重大的考古发现和出土文物可资佐证。

1. 河北磁山文化时期（距今 7355～7235 年）

据实物考证，磁山文化时期的农业已经有了很大发展，由于农业和其他生产活动的需要，原始手工业也得到相应发展。遗址中发现粮食堆积约 100 立方米，还有一些形状类似于后世酒器的陶器，所以考古学家认为，在磁山文化时期用谷物酿酒的可能性很大。

2. 浙江河姆渡新石器文化时期（距今 7000～5300 年）

河姆渡文化是中国长江流域下游地区古老而多姿的新石器文化，其陶器和农作物遗存表明，此时已完全具备酿酒的物质条件。

3. 河南及陕西一带仰韶文化时期（距今 7000～5000 年）

仰韶文化是黄河中游地区重要的新石器时代文化。1983 年，我国考古专家在陕西发现了原始社会新石器时代的仰韶酒器，这将我国的酒史向前推进了约 1000 年，也就是使酒从四五千年前的起源追溯到了 7000～5000 年前。仰韶文化遗址中出土了一组陶器，计有五只小杯、四只高脚杯和一只陶葫芦，经专家鉴定确认为酒具。这表明当时人们已掌握了酿酒技艺。

4. 山东大汶口文化时期（距今 6300～4500 年）

大汶口文化是新石器时代后期父系氏族社会的典型文化形态。以泰山地区为中心，东起黄海之滨，西到鲁西平原东部，北至渤海南岸，南及今安徽的淮北一带，河南省也有少部分这类遗存的发现。1979 年，考古工作者在山东莒县陵阳河大汶口文化墓葬中发掘了大量酒器，如用于煮熟粮食等物料的大陶鼎、酿造发酵所用的大陶尊、滤酒所用的缸、贮酒的陶瓮，另外还出土了造型完美的高脚、三脚、平脚酒器，不仅具有较高的艺术造诣、精巧的做工，而且在表现酒品的色、香、味等风格特性诸方面，与现代酒具有异曲同工之妙。

5. 河南龙山文化遗址（距今 4900～4000 年）

河南龙山文化遗址展现的是中国黄河中游地区的新石器时代晚期文化，包括分布在河南省境内的多处龙山文化遗存，以表面饰有绳纹与篮纹的灰色陶器为突出特征。

从河南龙山文化遗址中，考古工作者发现了更多的酒器、酒具，证明在这个时期酿酒技术已较为成熟。

6. 四川三星堆古蜀文化遗址（距今4800~2900年）

三星堆古蜀文化遗址属全国重点文物保护单位，是中国西南地区的青铜时代遗址，位于四川广汉南兴镇。遗址中出土了大量的陶器和青铜酒器，有斛、壶等。这表明古蜀人与中原地区的先民一样，也很早就掌握了较高超的酿酒技艺。

从以上考古发掘和专家论证，我们可以肯定地说，在距今6000多年前的新石器时代（甚至更早），我国就出现了酒的酿造。而传说中的中华酒始祖“仪狄”或“杜康”，则可能是在前人的基础上进一步改进了酿酒工艺，进一步提高了酒的醇度，使之更加甘美，从而使原始的酿酒逐步演变成人类有意识、有目的的酿造活动。总而言之，酿酒技术是人类生产活动中的发明创造，是劳动人民聪明才智的结晶。

三、中国酒的历史发展概况

中国是世界上酿酒历史最悠久、酒业生产最发达的国家之一。千百年来，中国酿酒业历经沧桑才形成今天兴旺发达之势。中国酒在数量、质量、品种、配制技术等各方面，都已进入世界先进行列。

（一）古代酒业

第一阶段：公元前5000年至公元前2000年，即由新石器时代的仰韶文化早期到夏朝初年。这个阶段是我国传统酒的启蒙期，我国先民酿酒的主要形式是利用发酵的谷物泡水制酒。与此同时，酒逐渐成为当时黎民百姓喜爱的一种饮料。

第二阶段：从夏朝到公元前221年的秦王朝之间的1800年是我国酿酒业最初成长的时期，这也为我国酒业后来的发展奠定了坚实的基础。在这段时期内，我国有了谷物和牲畜，先民们发现了火种，加之曲蘖的发明，使我国成为世界上最早用曲酿酒的国家。随后，我国又有了善于酿酒的杜康和仪狄，这为我国传统酒的发展奠定了坚实的基础。这一时期官府对于酒的酿造越发重视，设置了专门酿酒的机构，由官府控制，酒成为帝王诸侯的享乐品。这个阶段，酒虽有所兴，但并未大兴，饮用范围主要还局限于社会的上层，但即使是上层，对酒也往往存有戒心，因为商、周时期皆有以酒色乱政、亡国、灭室者，秦汉之交又有设“鸿门宴”搞阴谋者，酒被引入政治斗争，酒业的发展因此受到一定的影响。在这个阶段，我国先民发现了酒曲发酵酿酒的方法，并且创造了“古遗六法”，此法被后人奉为圣典。

第三阶段：由公元前221年的秦王朝到公元1000年的北宋，历时约1200年，是我国封建社会建立并发展的时期，此时期不仅酒的酿造技术得以稳固和提高，酒业发展也越发兴盛，是我国传统酒的成熟期。在这一阶段，《齐民要术》《酒诰》等科技著作问世，新丰酒、兰陵美酒等名优酒涌现；黄酒、果酒、药酒及葡萄酒等酒品也有了发展；李白、杜甫、白居易、杜牧、苏东坡等酒文化名人辈出。各方面的因素促使中国传统酒的发展进入灿烂的黄金时代。这一阶段的汉唐盛世以及欧亚非陆上贸易的兴起，使中西酒文化得以互相渗透，为中国白酒的发明及发展进一步奠定了基础。

第四阶段：由公元1000年的北宋到公元1840年的晚清时期，历时840年，是我国传统酒发展的提高时期，其间西方的酿酒技术和器材开始传入我国，由此我国举世闻名的白酒得以诞生。此时，人们对于酒的喜爱已经非常普遍，各种酒器迅速普及，各类名酒共同发展、相互促进。明代李时珍在《本草纲目》中说："烧酒非古法也，自元时始创其法。"在属于这个时期的出土文物中，已普遍见到小型酒器，说明当时已迅速普及了酒度较高的蒸馏白酒。这800多年来，白酒、黄酒、果酒、葡萄酒、药酒五类酒竞相发展，绚丽多彩，其中白酒成为人们普遍接受的饮品。

（二）近现代酒业

第一阶段：在这一时期，我国开始了现代化葡萄酒厂的建设。著名实业家、南洋华侨富商张弼士在山东烟台开办"张裕酿酒公司"，这是我国第一个现代化葡萄酒厂。该公司拥有葡萄园千余亩，引入栽培了欧美有名的葡萄120余种，并从国外引进了压榨机、蒸馏机、发酵机、白橡木贮酒桶等成套设备，先后酿出红葡萄酒、白葡萄酒、味美思、白兰地等16种酒。继该公司之后，全国其他一些地区如北京、天津、青岛、太原也相继建立了葡萄酒厂。但是，由于这一时期葡萄酒主要供洋商买办等少数人饮用，所以并没有多大发展。

另外，我国现代啤酒生产在这一时期也开始兴起，1900年，俄国人最先在哈尔滨开办啤酒厂。1903年，英国人和德国人在青岛联合开办英德啤酒厂。1911年，德商设立上海第一家啤酒厂——联合啤酒股份有限公司。当时，这些啤酒厂生产的啤酒也只供应外国侨居和来华外国人，加之当时中国人不习惯饮用啤酒，而且制造啤酒用的酒花也完全依靠进口，价格昂贵，所以啤酒的产销量极其有限。

第二阶段：20世纪后期，中华人民共和国成立后，酒业生产得到迅速恢复和发展，产量、品质、制作工艺、科学研究等都有了空前的发展。为了满足市场需求，20世纪50年代起，啤酒产量与日俱增，到1988年，我国成为仅次于美国、德国的世界第三啤酒产销大国，另外，葡萄酒的产量也大大提高，配制酒、药酒更是品种繁多。

酿酒原料日益丰富，特别是改变了过去主要以粮食为原料酿造白酒的历史传统。目前，在白酒酿造中所利用的非粮食原料已达数百种。在酿酒设备方面，变手工操作为机械操作，进入了半自动化和自动化生产时期，并在酿酒工艺、技术方面大胆改革和创新，充分吸收国外先进经验，培养专业的酿酒技术人员，设立了有关酿酒发酵的研究所，把研究成果运用到生产中，取得了显著效果。我国酒的产量不断增加，对品质和风味精益求精。

高税利的酒类已成为国家财政收入的一个重要来源。根据市场需求，近年国家调整酒类生产规划，提倡大力发展啤酒、葡萄酒、黄酒和果酒，扩大名牌优质白酒生产，逐步增加低度白酒比例。

任务二　掌握酒水的定义与术语及有关功用

一、酒水的定义

所谓酒水，就是人们日常生活中所说的饮料（Beverage），是指所有可供人类饮用的经过生产工艺加工制造的液态食品。按照饮料中是否含有酒精（乙醇）成分，习惯上将酒水分为酒精饮料（酒）和无酒精饮料（水）两大类。

酒精饮料（Alcoholic Drinks）也就是人们常说的酒，是指饮料中的乙醇（食用酒精）浓度超过 0.5%（容量比）的饮品。酒是以含淀粉或糖质的谷物或水果为原料，经发酵、蒸馏、勾兑等工艺酿制而成的饮料。人们饮用酒精饮料的主要目的不是解渴、补充水分，酒精饮料中所含有的乙醇是一种能够刺激和麻痹人神经系统的物质，少量摄入能够使人兴奋。主要的酒精饮料有啤酒、黄酒、葡萄酒、中国白酒、威士忌、白兰地、伏特加、朗姆酒、金酒等。

无酒精饮料（Non – alcoholic Drinks）又称软饮料（Soft Drink），是对乙醇浓度不超过 0.5%（容量比）的饮料的泛称。绝大多数无酒精饮料是不含任何乙醇的，但也有极少数软饮料中含有微量乙醇，作用也仅是调剂饮品的口味或改善饮品的风味。软饮料是日常生活中人类提神解渴、补充水分的主要来源之一，主要品种包括茶、咖啡、矿泉水、功能性保健饮料、果蔬汁、奶及奶制饮品等。

二、酒类的术语

1. 酒精

任何含有糖分的液体，经过发酵便会产生醇，醇分甲醇、乙醇等几种。甲醇有毒性，摄入后可能中毒而亡；乙醇无毒性，能刺激人的神经和血液循环，但过量饮用也会中毒。酒类的主要成分是乙醇，俗称酒精，是一种无色透明、气味飘逸的易燃、易挥发液体，其沸点为 78℃，冰点为 –114℃。

2. 酒度

酒精在酒液中的含量用酒度来表示，通常有公制和美制两种表示法。

（1）公制酒度。也称欧制酒度、国际标准酒度。国际标准酒度缩写为 GL，公制酒度以百分比（%）或度（°）表示，它是由法国著名化学家盖 – 吕萨克（Gay – Lussac）发明的，是指在 20℃条件下，酒精在每 100 毫升酒液内所占的体积比例。例如，某种酒在 20℃时含酒精 38%，即称为 38 度。

（2）美制酒度。美制酒度以 Proof 表示，在 20℃条件下，酒精在每 100 毫升酒液内所占体积比例达到 50% 时，酒度为 100Proof。例如，某种酒在 20℃时含酒精 38%，即为 76Proof。

另外，还有英制酒度，以 Sikes 表示，但较少见。

三种酒度表示方法是可以换算的，具体的换算方法为：

公制酒度 ×1.75 = 英制酒度

公制酒度 ×2 = 美制酒度

英制酒度 ×8/7 = 美制酒度

或 1° = 2Proof = 1.75Sikes

3. 酒龄

简单地讲，酒龄即酒的贮存期。酒龄的计算方法不一，不仅不同国家的酒龄计算方法不同，不同的酒亦有不同的酒龄计算方法。例如，白兰地、威士忌和朗姆酒等酒度较高的酒，若贮存于橡木桶，那么就会发生较大的变化，但若装入玻璃瓶，变化就比较小了，因而这些酒的酒龄计算方法一般只计算其置于橡木桶的贮存期，装入玻璃瓶之后就不再计算其酒龄了。像我国市场上占有率较高的白酒、黄酒、啤酒、葡萄酒，它们的酒龄计算方法也各有特点。

（1）白酒。过去我国的白酒一般都是贮存在陶瓷坛中，在酒坛中，坛的某些成分会进入酒中，且这种坛上有一些细孔，因而具有一定的透气作用，其中的酒亦会发生一定的变化。所以，过去的白酒一般只将在酒坛中的贮存时间计算为酒龄。目前，酒厂贮存白酒的容器基本都改成了不锈钢罐等不具有透气作用的大容器，这种不透气的容器也非常适宜贮存白酒，因而可以将白酒在罐中的贮存时间计算为酒龄。白酒在装入玻璃瓶后，若酒质没有问题，那么一般不会由于温度、光线等作用而发生变化，所以，装瓶后的白酒一般不再计算酒龄了。但如果一瓶酒在开封后喝喝停停，存放时间很长，那么，前后的酒质一定会有较大的差异，这种情况就需要另当别论了。还有一些人将装入玻璃瓶的酒一存数年，那么这种酒也可以计算酒龄。

（2）黄酒。黄酒的酒龄计算方法与白酒类似，也是从酒制好装入酒坛或罐中开始计算，直至杀菌后装入玻璃瓶。

（3）啤酒。啤酒的酒龄计算方法比较简单，过去，啤酒的酒龄可达 3 个月，但现在即便是出口啤酒，其酒龄也已缩短为 1 个月了。目前，制造啤酒的厂商大多采用“一二制”发酵法，也就是啤酒的前发酵期为 1 个星期，后发酵期为两个星期，用这种啤酒制造法酿造的啤酒，其酒龄基本上也就无从谈起了。

（4）葡萄酒。葡萄酒的酒龄是从发酵结束后开始计算，整个贮存时间均可计算酒龄。也就是说，即便葡萄酒已经装瓶，只要装瓶前后未杀菌，那么在装瓶后仍可计算酒龄。一般来讲，凡是酒精含量在 12% 以上的干型葡萄酒，装瓶后都无须杀菌，可以继续计算酒龄。

三、酒的功用

酒是世界四大饮料之一。酒之所以为古今中外人民所普遍喜爱，与其许多功能是分不开的。

1. 使人兴奋

由于酒中含有各种醇类物质，对人的精神有刺激作用，所以适量饮用可以起到兴奋神经、舒筋活血、祛寒发热、消除疲劳的作用。

2. 营养丰富

酒中含有人体所需要的糖分、蛋白质、盐类和丰富的维生素等物质，特别是啤酒，素有“液体面包”之称。酒对人体有一定的好处，是一种营养价值很高的饮料，但需适量饮用。

3. 医疗保健

酒是中药的重要辅助原料，中药常用酒特别是黄酒作“药引”，经过浸泡、炒煮、蒸炙，各种药材能提升疗效。外科中，用白酒推拿按摩也能提高疗效。另外，人们还饮用、擦用各种药酒以治疗不同的疾病。

4. 情感宣泄

酒是宴会上的必备饮料，俗语说“无酒不成宴”，这充分说明了酒在宴会中的重要地位。在日常餐饮中，一壶酒或一杯酒常能增添无数风味。

5. 去腥调香

白酒特别是黄酒，还是烹调中的上好作料，它不仅可以去腥去腻，还可以增加菜肴的美味。

6. 交际礼仪

酒在人们交际中也扮演着重要角色，有着借酒而观其性等说法。

酒虽有很多好处，但是“物极必反”，饮酒过量往往增加意外的发生率，尤其是交通事故；而酒精摄入过多也会造成营养不良、肝脏疾病等健康危害，孕妇饮酒可能造成畸形胎，所以饮酒要适量。

任务三　熟悉酒水的分类

一、按酿造方法分

（一）酿造酒

酿造酒又称发酵酒、原汁酒，是指以水果、谷物等为原料，经发酵后过滤或压榨而得的酒，一般都在20度以下，刺激性较弱，如葡萄酒、啤酒、黄酒等。根据原料的不同，酿造酒又可以分为以下 3 种类型：

1. 水果类酿造酒

这是指以水果为主要原料酿制而成的酒品，此类酒品以葡萄酒为主要代表，另外还有山楂酒、苹果酒、橘子酒等多种酒品。例如，长城干红葡萄酒、张裕苹果酒等。

2. 谷物类酿造酒

这是指以富含淀粉质的粮食类作物如大麦、稻米等原料生产的酒品，主要有啤酒、中国黄酒和日本清酒三大类。例如，绍兴花雕酒等。

3. 其他类酿造酒

这是指使用谷物、水果以外的其他原料酿酒的发酵酒品，如以蜂蜜为原料的蜜酒、以牛奶为原料的奶酒等。

（二）蒸馏酒

蒸馏酒又称烈性酒，是指以水果、谷物等为原料先进行发酵，加以蒸馏，并经过稀释、调香、陈酿、勾兑等一系列生产工艺精制而成的酒。蒸馏酒酒度较高，一般在 20 度以上，刺激性较强，如白兰地、威士忌、白酒等。例如，轩尼诗 X. O、古井贡酒等。

蒸馏酒因其酒精含量高、杂质含量少，可以在常温下长期保存（一般情况下可存放 5～10 年，即使在开瓶使用后也可以存放 1 年以上而不变质），所以在酒吧里蒸馏酒可以散卖、用来调酒甚至经常开盖儿而不必考虑其是否会很快变质。蒸馏酒的酒味十足，气味香醇，可以纯饮，也可以与冰块、无酒精饮料等混合饮用，它还是配制鸡尾酒不可缺少的原料。

（三）配制酒

配制酒又称混成酒，是指以葡萄酒、蒸馏酒或食用酒精为基酒，在成品酒或食用酒精中加入药材、香料等原料，浸泡后经过滤或蒸馏精制而成的酒精饮料。例如，杨梅烧酒、竹叶青、三蛇酒、人参酒、利口酒、味美思等。

配制酒的配制方法一般有浸泡法、蒸馏法、精炼法 3 种。浸泡法是指将药材、香料等原料浸没于成品酒或酒精中陈酿制成配制酒的方法；蒸馏法是指将药材、香料等原料放入成品酒或酒精中进行蒸馏制成配制酒的方法；精炼法是指将药材、香料等原料提炼成香精加入成品酒或酒精中制成配制酒的方法。

二、按酒精含量分

1. 高度酒

高度酒是指酒精含量在 40 度以上的酒，如白兰地、朗姆酒、茅台酒、五粮液等。

2. **中度酒**

中度酒是指酒精含量在20~40度的酒，如孔府家酒的折桂。

3. **低度酒**

低度酒是指酒精含量在20度以下的酒，如黄酒、葡萄酒、日本清酒等。

4. **无酒精饮料**

无酒精饮料指乙醇浓度不超过0.5%（容量比）的饮料。

三、按商业经营分

中国酒通常按此种方法分类，可以将酒分为下列5类：

1. **白酒**

白酒是以谷物为原料的蒸馏酒，因酒度较高又被称为“烧酒”，其特点是无色透明、质地纯净、醇香浓郁、味感丰富，如郎酒等。

2. **黄酒**

黄酒是中国生产的传统酒类，是以糯米、黍等为原料的酿造酒，因其酒液颜色黄亮而得名，其特点是醇厚幽香、味感谐和、越陈越香、营养丰富。

3. **果酒**

果酒是以水果为主要原料的酿造酒，大都以水果名称命名，如葡萄酒、山楂酒、苹果酒、荔枝酒等，其特点是色泽娇艳、果香浓郁、酒香醇美、营养丰富。

4. **药酒**

药酒是以成品酒（以白酒居多）为原料加入各种中草药材浸泡而成的一种配制酒。药酒是一种具有滋补和药用价值的酒精饮料，如蛇酒等。

5. **啤酒**

啤酒是以大麦、酒花等为原料的酿造酒，其特点是具有显著的麦芽和酒花清香，味道纯正、爽口，营养价值较高，有利于促进食欲、帮助消化。

四、按配餐方式分

外国酒通常按此方法进行分类。

1. **开胃酒**

开胃酒是以成品酒或食用酒精为原料加入香料等浸泡而成的一种配制酒，如味美思、比特酒、茴香酒等。

2. **佐餐酒**

佐餐酒主要是指葡萄酒，原因是西方人就餐时一般只喝葡萄酒而不喝其他酒类（不像中国人可以用任何酒佐餐），如红葡萄酒、白葡萄酒、玫瑰红葡萄酒等。

3. **餐后酒**

餐后酒主要是指餐后饮用的可帮助消化的酒类，如波特酒、朗姆酒等。

4. 甜食酒

甜食酒是在西餐就餐过程中佐助甜食饮用的酒品，其口味较甜，常以葡萄酒为基酒，常用的甜食酒的品种有波特酒、雪利酒等。

五、按酒水的原料分

1. 粮食类饮料

粮食类酒精饮料主要是指以谷物为原料，经过发酵或蒸馏等工艺酿制而成的酒品，如啤酒、黄酒、白酒、威士忌等。粮食类非酒精饮料主要有谷物饮料等。

2. 水果类饮料

水果类酒精饮料主要是以富含糖分的水果为原料，经过发酵或蒸馏等工艺酿制而成的酒品，如葡萄酒、苹果酒、白兰地等。水果类非酒精饮料是水果经过压榨、调配等工艺后获取的果汁饮品，包括果汁饮料、果粒果汁饮料、果浆饮料等。

3. 其他类饮料

其他类酒精饮料泛指以非谷物、水果为原料酿制的酒，如使用奶、蜂蜜、植物的根或茎等含淀粉或糖的物质酿制的酒，主要有朗姆酒、特基拉酒、马奶酒等。其他类非酒精饮料主要指乳、茶、咖啡、可可、蜂蜜饮料等。

六、按酒水的物理形态分

1. 固态饮料

主要包括茶、咖啡、可可以及速溶饮品等。

2. 液态饮料

泛指呈液态的所有饮品，如各种酒类、果蔬汁类等。

七、按二氧化碳含量分

1. 碳酸类饮料

碳酸类饮料泛指所有含二氧化碳气的饮料，如可乐、柠檬汽水等。

2. 非碳酸饮料

非碳酸饮料特指所有不含二氧化碳气的饮料。

任务四　了解酒的酿造程序

人类对酒的认识、利用和创造经历了一个极其漫长的过程，但在很长一段时间内，人类的酿酒活动仅仅停留在继承前辈的传统和运用自身的经验方面，无法全面控制和提高酒的品质，没有解决酿酒过程中的关键难题。随着科学技术的发展和人类认知能力的增强，借助科学实验，人们对酒形成了更多科学的认识，在此基础上酿酒的生产工艺不断提高和完善。酿酒基本原理的形成，生产工艺和科技的飞跃，始终是贯穿于酒的发展历程的一条主线。

酿酒基本原理主要包括酒精发酵、淀粉糖化、制曲、原料处理、蒸馏取酒、老熟陈酿、勾兑调校等。

一、酒精发酵

酒精发酵是酿酒的主要阶段，糖质原料如水果、糖蜜、蜂蜜等，本身含有大量能被酵母直接发酵的葡萄糖、果糖、蔗糖、麦芽糖等成分（也称为可发酵性糖），经酵母或细菌等微生物的作用可转变为酒精。

糖质原料只需使用发酵剂便可发酵；由于酵母本身不含糖化酶，淀粉又是由许多葡萄糖分子组成的，所以采用含淀粉质的谷物酿酒时还需将淀粉糊化，使之变为糊精、低聚糖和可发酵性糖的糖化剂。因而，以淀粉质为原料的发酵，原料需经“糖化”工序，将淀粉分解为“可发酵性糖”之后再由酵母等微生物发酵。

二、淀粉糖化

酒是含有乙醇的饮料，而乙醇（俗称酒精）是一种有特殊气味的可燃性液体有机化合物，可以谷类和果类发酵蒸馏制得，也可用乙烯水合法或乙醛还原法制取：

$CH_2=CH_2+H_2O\longrightarrow CH_3CH_2OH$（乙烯水合法）

$CH_3CHO+H_2\xrightarrow{\text{催}}CH_3CH_2OH$（乙醛还原法）

$(C_6H_{10}O_5)_n$（淀粉）$\xrightarrow{\text{液化}}$$(C_6H_{10}O_5)_n$（糊精）$\xrightarrow{\text{糖化}}$$(C_6H_{12}O_6)_n$（葡萄糖）$\xrightarrow{\text{酒化}}$ $C_2H_5OH+CO_2$

从化学方程式中可以看出淀粉糖化的化学过程。

首先，淀粉糊化即液化过程：淀粉吸水膨胀，加热使它进一步吸水并糊化，在 α - 淀粉酶的作用下，长链的淀粉分子被切割为较短的葡萄糖链。

其次，糖化过程：在 α - 淀粉酶的作用下，糊精被进一步切断，成为由两个葡萄糖分子组成的麦芽糖或单个的葡萄糖分子。

最后，由酵母等微生物发酵即酒化过程（也称发酵过程）：葡萄糖通过脱羧酶等多种酶的催化分解，逐步分解成乙醇和二氧化碳。

酿酒的发酵形式主要有两大类：其一是单式发酵，是糖质原料的发酵，无“糖化”工序；其二是复式发酵，是淀粉质原料的发酵，原料要经“糖化”工序，将淀粉水解为“可发酵性糖”之后再由酵母等微生物发酵。复式发酵又分单行复式发酵（先糖化后发酵）和平行复式发酵（糖化、发酵同时进行）两种。

三、制曲

酒曲亦称酒母，多以含淀粉的谷类（大麦、小麦、麸皮）、豆类、薯类和含葡萄糖的果类为原料和培养基，经粉碎加水成块或饼状，在一定温度下培育而成。简而言之，酿酒离不开微生物，通过曲培养微生物用于酿酒，是我国具有民族特色的独创，曲的质量直接影响到酒的质量和产量，故曲有“酒之母”“酒之骨”“酒之魂”的说法。

中国是曲糵的故乡，中国人不仅发明了曲糵，而且运用曲糵酿酒。中国的曲种大概可分为5类：大曲、小曲、红曲、麦曲、麸曲。

大曲：以含淀粉质的粮食（小麦、大麦或豌豆等）为培养基，微生物为曲霉菌和酵母菌混合物，不同的环境，不同的原料比，不同的培养条件，可以培养出风格迥然不同的大曲。

小曲：以大米或米糠为培养基，微生物有霉菌和酵母菌，因此兼有糖化和发酵的双重作用。

红曲：酿制黄酒的特殊曲种，以大米为原料，接种曲母培养制成。红曲中的主要微生物有红曲霉菌和酵母菌，是一种兼有糖化和发酵作用的曲。

麦曲：又称桂花曲、草包曲，是我国最古老的曲种之一。它以小麦为原料，压碎加冰成型，经培养制成。麦曲是许多微生物共生在一起的曲，主要是霉菌，也有少量酵母菌和细菌。

麸曲：以麸皮为原料，接入纯种的糖化霉菌，经人工控制温度和湿度培养而成。

中国以谷物为原料制成各种曲，利用固态培养基培育并保存微生物，不仅工艺和方法优良，而且使用方便，在低温干燥条件下，曲中的微生物处于休眠状态，糖化力和发酵力都极其微弱，而且在长期的贮存过程中，曲中的微生物得以进一步纯化。19世纪末期，法国人卡尔麦特利用中国的酒曲分离出高度糖化、酒化的霉菌菌株，用于酒精的生产，从而改变了欧洲人历来以麦芽、谷芽为糖化剂的酿造法。

中国制曲的工艺各具特色，即使在酿酒科技高度发达的今天，传统作坊式的制曲工艺仍保持着本色，尤其是对于名酒，传统的制曲工艺奠定了酒的卓越品质。

四、原料处理

无论是酿造酒还是蒸馏酒，以及两者的派生酒品，制酒用的主要原料均为糖质原料或淀粉质原料。为了充分利用原料，提高糖化能力和出酒率，并形成特有的酒品风格，酿酒的原料都必须经过一系列特定工艺的处理，主要包括原料的选择配比及其状态的改变等。环境因素的控制也很关键。

糖质原料以水果为主，原料处理主要包括根据成酒的特点选择品种、采摘分类、除去腐烂果品和杂质、破碎果实、去梗榨汁、澄清抗氧、杀菌等。以葡萄酒为例，优质的葡萄酒都必须选用特定的葡萄品种，如酿制红葡萄酒的赤霞珠、佳美、美乐等，酿制白葡萄酒的霞多丽、雷司令等。每年的九、十月份是葡萄收获的季节，果农们进园采摘酿酒的葡萄，并要在24小时内将之送至酒厂进行处理。通过分类，选择优良的果实进行破碎、除梗、压榨等，以获得优质的葡萄原汁。酒种和酒质的不同决定了破碎压榨工艺的区别，制红葡萄酒所选用的葡萄品种，在破碎压榨后果肉、果皮、果汁一同参与发酵，而制白葡萄酒所选用的葡萄品种，在破碎压榨后只采用葡萄汁进行发酵。即使酿酒科技自动化的今天，一些著名的葡萄酒庄园仍然采用传统的人工操作方式对原料进行处理。

淀粉质原料以麦芽、薯类、杂粮等为主，采用复式发酵法，先糖化后发酵或糖化、发酵同时进行。原料品种及发酵方式不同，原料处理的过程和工艺也有差异。中国广泛使用酒曲酿酒，其原料处理的基本工艺和程序是精碾或粉碎、润料（浸米）、蒸煮（蒸饭）、摊凉（淋水冷却）、翻料、入缸或入窖发酵等。西方以淀粉质原料制酒，制麦芽是核心。啤酒的生产从精选大麦开始，其原料处理的基本工艺和程序为：浸麦，使其充分吸收水分，在特定的环境下发芽；干燥麦芽使其停止发芽；粉碎麦芽，同酿造用水混合制成麦芽浆，加入淀粉糊煮成糊状，开始糖化。

苏格兰威士忌是世界著名的谷物蒸馏酒，其独特的原料处理工艺使其酒质卓越超群。苏格兰威士忌以大麦为主要原料，大麦洒水发芽后，用苏格兰特有的泥炭熏烤，从而使麦芽带有独特浓烈的烟熏味，并使酒质具有这一显著特点；熏烤的麦芽经粉碎加入不同温度的酿造用水，制成麦芽浆，并使淀粉分离，泵入发酵罐，待冷却后发酵。

五、蒸馏取酒

所谓蒸馏取酒，就是通过加热，利用沸点的差异使酒精从原有的酒液中浓缩分离，冷却后获得高酒精含量酒品的工艺。在正常的大气压下，水的沸点是100℃，酒精的沸点是78℃，将酒液加热至两种温度之间时，就会产生大量的含酒精的蒸汽，将这种蒸汽收入管道并进行冷凝，就会与原来的酒液分开，从而形成高酒精含量的酒品。在蒸馏的过程中，原有酒液中的酒精被蒸馏出来予以收集，可以控制酒精的浓度，原有酒液中的味素也一起被蒸馏，从而使蒸馏的酒品带有独特的芳香和口味。

蒸馏酒液的设备称为蒸馏器，最简单的蒸馏器是蒸馏锅（罐）。自蒸馏技术用于制酒以来，这种设备一直沿用至19世纪，现在法国的干邑地区、苏格兰、爱尔兰仍采用这种传统的蒸馏设备蒸馏酒品。这种蒸馏设备又称单式蒸馏机。使用单式蒸馏机能够保持较好的酒味，但蒸馏过程中诸环节烦琐，较难控制。目前连续式蒸馏机广泛用于酿酒业，其性能不断提高。蒸馏设备通常制成塔形，所以又称塔式蒸馏机，由一个酒液塔和数个精馏塔连接在一起。采用连续式蒸馏机所获得的酒液，酒精含量较高，但酒体不够丰满，缺乏酯类、酸类、醛类等成分，与单式蒸馏机相比所获得的酒液酒香不足。

六、老熟陈酿

酒是具有生命力的，糖化、发酵、蒸馏等一系列工艺的完成并不能说明酿酒全过程的终结，新酿制成的酒品并没有完全体现酒品风格的物质转化，酒质粗劣寡淡，酒体不够丰满，所以新酒必须经过特定环境的窖藏。经过一段时间的贮存后，醇香和美的酒质才最终形成并得以深化。通常将这一新酿制成的酒品贮存的过程称为老熟陈酿。

人们通常把酒品老熟陈酿的年限称为酒龄，并把它作为衡量酒品质量的标志。苏格兰威士忌在酒标上明确标明酒龄，干邑白兰地酒标上的字母及其组合标明了参与调配的白兰地的酒龄。

酒在老熟陈酿过程中所发生的一系列复杂的变化，至今还未被完全解释清楚。酒质在此过程中，主要发生下列几种转变：

（1）酒在老熟陈酿的过程中，适度接触空气，空气中的氧气徐徐进入酒液，使酒液经过氧化还原、酯化等化学反应以及聚合等作用，减少酒液中粗劣的物质成分，突出生成奇香物质，从而改善酒的风味。

（2）刺激辛辣的成分挥发，酒液的精华得以浓缩，使酒愈加醇美。

（3）酒中的有机物质如醇类、酸类、酯类、醛类等彼此化合，使酒的芳香和味道丰富谐调，酒质醇正、圆满。

（4）酒精分子和水分子互相亲和，酒精的刺激味道减少，酒品有回味。

（5）酒液在陈酿过程中，吸收贮存器尤其是橡木桶桶材的成分（木质素、鞣酸、色素、氮化合物等），这些成分渗解析出，从而使酒液具有色、香、味等典型的酒体风格特征。

七、勾兑调校

勾兑调校工艺，是将不同种类、年份和产地的原酒液半成品（白兰地、威士忌等）或不同档次的原酒液半成品（白酒、黄酒等）按照一定的比例，参照成品酒的酒质标准进行混合、调整和校对的工艺。勾兑调校能不断获得均衡谐调、质量稳定、风格传统地道的酒品。

酒品的勾兑调校被视为酿酒的最高工艺，是酿酒中的一种创造活动。从工艺角度来看，酿酒原料的种类、质量和配比存在着差异性，酿酒过程包含着诸多工序，中间发生许多复杂的物理、化学变化，转化产生几十种甚至几百种有机成分，其中有些机理至今还未研究清楚。勾兑师的工作，便是富有技巧地将不同酒质的酒品按照一定比例混合调校，在确保酒品总体风格的前提下，得到整体均匀一致的市场品种标准。

任务五　掌握酒的保管与贮藏方法

酒在贮藏保管过程中常见的变质、损耗现象有挥发（俗称跑度）、渗漏、浑浊、沉淀、酸败变质和变色、变味。不同的酒所含的酒精与其他成分比例不同，又因贮藏保管条件不同，因而可能发生的变质、损耗现象也有所不同。白酒的酒精含量高，有杀菌能力，不会酸败变质，但会因其挥发性强、渗透性强、易燃、易渗漏、含杂醇油过多或加浆用水硬度大而出现浑浊沉淀现象。此外，还会因包装、保管不当而出现变色、变味现象。黄酒、啤酒等低度酒酒精含量低，酸类、糖分等物质含量较多，易受细菌感染。如保管温度过高，会使酒液再次发酵而浑浊沉淀，酸败或者变色、变味。因此，保管、贮存酒类应注意方法，酒库的建立应讲究科学性，切不能因陋就简。

一、酒类贮存的一般要求

1. 贮酒库的基本条件

理想的酒库应符合下述几个基本条件：有足够的贮存空间和活动空间；通风性能良好，库内凉爽干燥，有相对的恒温条件；隔绝自然采光照明；防震，防巨声干扰，设有各种不同尺寸的酒架。

一般地下酒库在恒温、避光、防震等方面都具有得天独厚的条件，设在地面上的酒库则应采取一定的保护措施，以使酒品贮存安全得到保障。

2. 酒类贮存要领

（1）必须针对各类酒的不同特点，因地制宜地选择清洁卫生、避光、干燥、温度适宜的仓库贮存酒类。对于白酒，保存温度以较低为好，这样可以减少挥发、防止渗漏，但要注意加强防火措施。

（2）要控制好保存温度，对黄酒、啤酒、果酒等低度酒，一般以5~25℃为宜，既不能过高过低，也不能忽冷忽热。

（3）勿使阳光直接照射酒品。

（4）密封箱装酒勿常搬动。

（5）标签、瓶盖儿完好无缺。

（6）不可与有特殊气味的物品并存。

二、各种酒类的贮存方法

1. 葡萄酒类

葡萄酒装瓶销售以后，发酵熟化过程还在继续，如果将它贮存在适宜的条件状态下，其将慢慢地熟化和成长；如果贮存不当，则会使葡萄酒很快变质。传统观点认为，阴暗湿冷的地窖是贮存葡萄酒的最佳场所，但如今现代化的城市生活很难找到这样的储酒空间。酒水采购回来后，除了积极促销迅速销售以外，装置可自动调节的电子储酒柜可能是最好的解决办法。

以下是贮存葡萄酒的条件要求：

（1）温度：葡萄酒最理想的贮存温度约为11℃，但最重要的是保持温度的恒期稳定，因为温度变化所造成的热胀冷缩最易让葡萄酒渗出软木塞，使葡萄酒加速氧化。因此，只要能保持恒温5~20℃，都可以接受，不过温度太低的酒窖会使葡萄酒的成长速度变缓，要等更久的时间才能消费，而太热又使葡萄酒成熟太快，口味不丰富细致。

通常，地下酒窖的恒温条件效果最好，入口最好设置在背阳处，以免进出时影响温度。

（2）湿度：70%左右的湿度对酒的贮存是最佳的，太湿容易使软木塞及酒的标签腐烂，太干则会让软木塞失去弹性，无法紧封瓶口。

（3）光度：酒窖中最好不要留下任何光线，因为光线容易造成葡萄酒变质，特别是日光灯和霓虹灯，易让酒产生还原变化，发出浓重难闻的味道。香槟酒和白酒对光线最敏感，所以要特别小心。

（4）通风：葡萄酒像海绵一样，能够将周围的味道吸附到酒瓶里去，所以酒窖最好能够通风，以防止霉味太重。此外，也须避免将洋葱、大蒜等味道重的蔬菜和葡萄酒放在一起。另外，酒在冰箱中最好不要放太久，以免冰箱里的味道渗透到葡萄酒里。

（5）震动：过度震动会影响到葡萄酒的品质，长途运输后的酒经数日时间才能稳定其品质就是最好的证明，所以应尽量避免将酒搬来搬去或将酒置于经常震动的地方，贮存年份久的葡萄酒更应注意。

（6）摆放：传统摆放酒的方式是将酒平放，使葡萄酒和软木塞接触以保持其湿润，这是因为干燥皱缩的软木塞完全紧闭瓶口容易使酒氧化。但最近的研究发现，留存于瓶中的空气是因热胀冷缩使酒流出瓶外的主因，传统平放方式会加剧这种效应。因此，最好将酒瓶45°斜摆，让瓶塞同时和葡萄酒以及瓶中空气接触，但此种方法操作不太方便，还未被普遍采用。

2. 啤酒类

啤酒的最佳贮存温度为5～10℃，温度过低会使啤酒发生浑浊现象，温度过高酒花会逐渐丧失。啤酒很易吸收异味，怕强光，因此应单独贮存在干净通风的仓库，同时要注意啤酒的保质期。

3. 黄酒类

黄酒应分品种堆放，对坛装酒，若气温高，地面干燥时应在地上洒些水，以免坛口的泥头裂开。

4. 蒸馏酒类

蒸馏酒类酒度较高，有较好的杀菌能力，不易酸败变质。蒸馏酒对温度的要求相对低一些，但也不可有大起大落的变化，否则酒品的色、香、味会受到干扰。

三、酒品的保管

1. 入库的酒品要登记

每一类酒品要设立一卡片，将酒的名称、产地、酒龄、标价、日期、数量等登记在案。

2. 酒品放置后不要随意挪动

内行的管理人员从不清扫酒瓶外面的尘灰，高级酒品尤其如此，一是防止酒瓶摇晃、沉淀物泛起，二是证明酒品的古老名贵。

3. 酒库切勿与其他仓库混用

不少酒品呼吸较强烈，外来异味极易透过瓶塞进入瓶内，以致酒液吸收异味而变味。因此，不可将其他货物存入酒库。

4. 在消费场所设立“日用酒库”

在大型企业，除建立酒库外，还应在消费场所设立日用酒品贮存处。在那里存放一定数量的酒品，以应付每日的消费，减少和避免对酒库过多的干扰。

任务六　熟悉如何评价酒品

一、酒品的风格

酒品的风格是对酒品的色、香、味、体全面品质的评价。同一类酒中每个品种之间都存在差别，每种酒的独特风格应是稳定的、定型的。各种名贵的酒品，无一不是以上乘的质量和独特的风格受到广大饮用者喜爱的。品评酒品风格时常使用突出、显著、明显、不突出、不明显、一般等词语。不同酒品有其不同的风格，同样的酒品也会有不同的风格。

（一）色

酒液中的自然色泽主要来源于酿制酒品的原料，酿制时应尽量保持原料的本色。自然的色彩会给人以新鲜、纯美、朴实、自然的感觉，在语言描述上称之为正色。因为酒品一般在正常光线下观察带有亮光，所以色和泽是同时感观于人的视觉的。

好的酒液像水晶体一样高度透明，优良的酒品都具有澄清透明的液相。不同的酒品色泽表现出不同的风格情调。良好的酒色能充分表现出酒品的内在品质和特性，给人以美好的感觉。古今中外，好的饮酒者对酒品的要求都是十分严格的，会根据酒品的色泽对酒进行评价。

观察、评价酒品的色泽是评酒的一个重要部分，在正常情况下，众多评酒者是可以在一定的品评标准下对酒品的色泽做出统一、正确的评价的。

（二）香

酒品的香气历来是人们评价酒品时十分注意的，一般以香气浓郁清雅者为佳品。《成都古今记》对酒香的赞美有“馨香达于林外”之说，证明酒香在古代就已经成为人们评价酒品的一项指标了。

酒品的香气非常复杂，不同的酒品香气各不相同，同一种酒品的香气也会出现各种变化，人们一般习惯对酒香的程度和特点进行评价。

不同酒品的香气各有不同的表达术语：表示酒品香气程度的有无香气、似无香气、微有香气、香气不足、浮香、清雅、细腻、纯正、浓郁谐调、完满、芳香等；描写酒香释放情况的有暴香、放香、喷香、入口香、回香、余香、绵长等；酒有不正常气味则常用异气、臭气、焦煳气、金属气、腐败气、酸气、霉气等描述。

（三）味

酒的味感是关系酒品优劣的最重要的品评标准，古今中外的名酒佳酿都具备优美的味道，令饮者赞叹不已、长饮不厌，甚至产生偏爱。

一般来说，酸、甜、苦、涩（微涩）对于不同的酒品来说均属正常味道。酸味酒给人以醇厚、甘洌、清爽、干净的感觉；甜味酒给人以舒适、滋润、圆正、醇美、丰满、浓郁的感觉；苦味在一些酒品中也并非劣味；适量的涩味对于一些特定酒品来说可以提高其品质。

酒品中的辛辣味是不受欢迎的，给人以冲头、刺鼻等不良感觉。

咸味也不是酒品的正常口味，常因生产中工艺处理不当产生。

怪味也称异味，是酒品中不应出现的气味，产生原因很复杂，一般表现为油味、糠味、糟味等。

酒类中的各种产品都含有不同比例的酒精，但各类酒品都要求消除酒精味道，只有酒中的各种味感相互配合，酒味谐调、酒质肥硕、酒体柔美的酒品，才能称得上是美味佳酿。

（四）体

酒体是品评酒品的一个项目，是对酒品的色泽、香气、口味的综合评价，但不等于酒的风格。酒品的色、香、味溶解在水和酒精中，和挥发物质、固态物质混合在一起构成了酒品的整体。评价酒体常用精美醇良、完满、优雅、甘温、娇嫩、瘦弱、粗劣等词语。

二、酒品质量的鉴定和识别

酒虽然宜于保存，但由于生产日期不同和各厂家生产的质量标准参差不齐，其质量也就不一样。作为酒店服务员，有必要了解和掌握各种酒的质量鉴别方法。

（一）白酒

1. 白酒的质量鉴定

（1）色：白酒应透明无色、质地纯净，无悬浮物及沉淀物，将白酒倒入杯中，杯壁上不能出现环状污物。

（2）香：白酒有清香、浓香、酱香、米香和兼香五大香型，表现虽各不相同，但香气应该谐调、突出，有个性风格，回香悠久舒适。可将酒倒入杯中闻嗅，按其香气的强弱来确定其质量。

（3）味：白酒甘洌清新，醇厚无异味，平和绵柔，无强烈刺激性。

2. 白酒酒病的识别

（1）失光：酒液失去应有的晶莹透亮感，原因可能是酒中掺水或装酒瓶洗刷不净、混入杂质等。

（2）浑浊：白酒发生浑浊现象，有可能起因于病害，也可能是受温度影响，处于低温下（0℃以下）的白酒常有絮状物产生，一旦温度上升，絮状物便自动消失。

（3）变色：这是白酒常见的一种病害，发黄的原因有生产操作不当、成品酒感染铁锈，用含有铁质的容器盛酒，使用橡胶用具提酒，贮存时间过长等；发棕红的原因主要是用铁器盛酒；发黑往往有毒，原因是混入铅物质，原料（如甘薯）已经病变等；发褐是盛酒容器的皿胶溶出造成，低度酒尤为明显；发蓝也是有毒，原因是感染铜锈。

（4）变味：酒液失去应有的味道而变为腥臭味、油脂味或霉味的情况。原因可能是酿酒时水质不净，酒液被污染，与挥发油气的物质共同贮存，酒液中油脂氧化后产生油腻味，或者保管不妥、瓶塞霉变等。

（二）黄酒

1. 黄酒的质量鉴定

（1）色：黄酒色泽应浅黄澄清，老酒陈酒应呈黄、红色，透亮有光泽，无悬浮物，无沉淀物。

（2）香：浓郁芳香，常带有曲香和药香，或者甜香、酸香，不刺鼻，香味谐调。

（3）味：口感鲜美醇厚，甜甘者多见，平和绵柔，圆正滑润，无酸涩味。

2. 黄酒酒病的识别

（1）失光：酒液明亮度降低，失去原有的光泽。

（2）浑浊：有浑浊或悬浮物质，有时表面会结成薄膜。

（3）变味：酒液失去原有的浓郁醇厚味，气味酸臭；有腐烂时的刺鼻味，酸度超过0.6%，不堪入口等。

其原因可能是酒瓶、酒罐封口不牢，光线长期直接照射，贮酒温度过高，封口后细菌侵入，感染其他霉变物质等。

（三）啤酒

1. 啤酒的质量鉴定

（1）透明度：酒液透明有光泽，不得有悬浮物和沉淀物。

（2）色泽：啤酒色泽的深浅度因品种而异，一般消费者喜好浅色啤酒。

（3）泡沫：啤酒的泡沫以洁白细腻并能持久挂杯（不低于3分钟）为佳。

（4）香气和滋味：应具有显著的麦芽清香和酒花微苦而爽适的口感，不得有其他味道。

2. 啤酒酒病的识别

（1）浑浊：贮存温度低于0℃时，酒液中出现絮状物，温度上升后，絮状物会自动消失。如啤酒长期在低温条件下贮存，絮状物则由白色变为褐色，温度上升后也不能完全消失，使啤酒发生病变。另外，啤酒与空气长时间接触，也会发生浑浊现象。凡浑浊的啤酒不能出售给顾客。

（2）变味：啤酒变味成氧化味（老化味）、金属味、酸苦味等，原因是酒液的氧化和贮存期过久，或酒液受到金属或细菌的污染；苦味不正主要是生产过程中原料、技术没有达到应有的标准所致，所有变成异、怪滋味和气味的啤酒都不应再饮用。

（四）葡萄酒

1. 葡萄酒的质量鉴定

（1）色泽：红葡萄酒的酒液应为紫红色，白葡萄酒的酒液应呈淡黄色。不管哪种颜色，酒液都应透明、有光泽、不浑浊。

（2）香气：具有一般果香，更具有浓郁的醇香，不应有杂气。

（3）滋味：应酸甜适度，纯净，醇厚，无过大的酒精味。

2. 葡萄酒酒病的识别

（1）微生物病害：酒液表面结薄膜，酒味酸涩发苦，酒液挥发，原因是盛酒器皿不净，酒液长期与空气接触，或酒花菌在酒液表面繁殖，使酒精变成水和碳酸物质。

（2）化学物质：酒液浑浊，触氧变色，红葡萄酒发棕褐色，白葡萄酒发黄色，有沉淀，原因是原料霉变或过于成熟。

（3）工作事故：由于贮存不当，导致有霉味、腐味、木塞味、汽油味、烟草味、香精味、肥皂味、奶酪味等。

任务七　熟悉饮酒常识

一、品酒的方法

品酒时首先应注意酒品的颜色、透明度、醇味、香味、酸味、收缩性、甜度和平顺度，其次要视觉、嗅觉、味觉齐用。另外，品酒前要注意保持口腔的干净卫生和周围空气清新。酒的温度也要调至适宜。

品酒步骤：

（1）使用高脚酒杯（原因是其透明和抓杯脚能减少手温对酒的影响）；

（2）斟入约30毫升酒；

（3）拿起酒杯，先看色再闻香后尝味；

（4）呷一小口酒；

（5）让酒慢慢流过舌面，使其与味蕾充分接触；

（6）最后把酒咽下去，细品余味。

二、最佳的饮酒时间

在保证适量饮酒的情况下，每天下午两点以后饮酒较安全，因为上午几个小时中人体内分解酒精的酶——乙醇脱氢酶浓度低，饮用等量的酒时上午较下午更易吸收，会使血液中的酒精浓度升高，对肝、脑等器官造成较大伤害。此外，空腹、睡前、感冒或情绪激动时也不宜饮酒，尤其是白酒，以免心血管受害。

三、最佳的饮酒量

人体肝脏每天能代谢的酒精量约为每千克体重1克。一个60千克体重的人每天允许摄入的酒精量应限制在60克以下；低于60千克体重者应相应减少，最好掌握在45克左右。换算成各种成品酒，应为60度白酒50克、啤酒1千克、威士忌4杯（250毫升）。红葡萄酒虽有益健康，但也不可饮用过量，以每天2～3小杯为佳。

四、最佳的佐菜

空腹饮酒不利健康，选择理想的佐菜既可饱口福，又可减少酒精之害。从酒精的代谢规律看，最佳佐菜当推高蛋白和含维生素多的食物，因为酒精经肝脏分解时需要多种酶与维生素参与，酒的度数越高酒精含量越多，所消耗的酶与维生素就越多，故应及时补充。富含蛋氨酸与胆碱的食品尤为有益，如新鲜蔬菜、鲜鱼、瘦肉、豆类、蛋类等。注意：切忌用咸鱼、香肠、腊肉下酒，因为此类熏腊食品含有大量色素与亚硝胺，与酒精发生反应，不仅伤肝，而且会损害口腔与食道黏膜，甚至诱发癌症。

五、饮酒的最佳温度

1. 黄酒

黄酒加温后饮用口味倍佳，但是究竟以什么温度为宜，还没有人做过系统研究。温酒时，古代用注子和注碗，注碗中注入热水，注子盛酒后放在注碗中；近代以来，用锡制酒壶盛酒，放在锅内温酒。温酒一般以不烫口为宜，这个温度为45～50℃。

2. 白酒

白酒一般是在室温下饮用，但是，稍稍加温后再饮口味更为柔和，香气也更浓郁，邪杂味会消失。其主要原因是，在较高的温度下酒中的一些低沸点成分如乙醛、甲醇等较易挥发，这些成分通常含有较辛辣的口味。

3. 葡萄酒

不同的葡萄酒适宜的饮酒温度有所不同。

（1）白葡萄酒和桃红葡萄酒：8～12℃。

（2）香槟酒、汽酒和甜型白葡萄酒：6～8℃。

（3）新鲜红葡萄酒：12～14℃。

（4）陈年红葡萄酒：15～18℃。

4. 啤酒

啤酒是一种低度饮料酒，较适宜的饮用温度为7～10℃，有的甚至在5℃左右。黑啤酒适宜饮用的温度更低些，较为流行的做法是将酒置于冰箱内冷藏至表面有一层薄霜时再拿出来喝。

六、酒精浓度对人体的行为影响（见表1－1）

表1－1　酒精浓度对人体的行为影响

血液中酒精含量（%）	行为表现
0.02～0.04	心情舒畅
0.05	情绪激动
0.1	脚步不稳
0.2	话多重复，走路歪斜
0.3	语言不清，易哭易笑
0.4	呕吐，动作迟缓，欲睡
0.5	睡倒，失去知觉
0.8～1	失去反应，心跳及呼吸停止

七、常见的解酒方法

饮酒量过度时最简便、有效的解酒方法是饮用温开水，使体内乙醇通过尿液排到体外，或者饮用果汁类饮料如西瓜汁、藕汁等。民间有用糖盐水、米醋解酒的，效果不错；某些药物如维生素B_1、B_6等对解酒有一定益处；有些中药如泽兰根、山茶花等可以拦截酒精，在酒精被血液吸收前将之导入消化系统，其他如枳椇子、葛花、赤豆花、绿豆花等也具有一定的解酒作用。

对酩酊醉者，如果用上述方法仍不能使其解酒醒转，可用催吐的方法，使其呕吐出残留在胃中的酒液，缓解醉状，若仍无效果，则应就医诊治。

场景回顾

作为调酒师，应了解或掌握必要的酒水知识，即本项目所介绍的酒的起源与发展、酒水的分类、酒品的评价方法等，除此之外，还应培养沟通技巧、公关营销能力、应变能力等。

项目小结

酒是世界四大饮料之一，为古今中外人们所普遍喜爱，但人类对酒的认识、利用和创造经历了一个极其漫长的过程，至今仍未停止。随着科学技术的发展和人类认识能力的增强，借助科学实验，人们对酒的认识逐渐深入微观世界。本项目详细分析了酒水的概念界定、酒对人体的功用、酒按不同方法如何分类、酒的酿造过程以及饮酒常识，掌握这些知识，对人们的社交有一定的帮助，也给生活带来了更多的乐趣，提高了人们的生活质量。

思考练习题

一、填空题

1. 按酒精含量分，酒水可分________、________、________、________。
2. 目前国际上使用的酒度表示方法有 3 种，分别是_______、_______、_______。
3. 配制酒其配制方法一般有__________、__________、__________ 3 种。
4. __________有“酒之母”“酒之骨”“酒之魂”的说法。
5. 在正常的大气压下，水的沸点是__________℃，酒精的沸点是__________℃。

二、单项选择题

1. 现有一瓶标有 80Proof 的美国波本威士忌，它的欧洲表示法应为（　　）。

   A. 70 度　　B. 60 度　　C. 50 度　　D. 40 度

2. 酒的主要成分是（　　）。

   A. 甲醇　　B. 乙醇　　C. 甲醇和乙醇　　D. 杂醇油

3. 下列属于开胃酒的是（　　）。

   A. 茴香酒　　B. 白兰地　　C. 啤酒　　D. 白葡萄酒

4. 黄酒饮用的最佳温度是（　　）。

   A. 45 ~ 50℃　　B. 8 ~ 12℃　　C. 6 ~ 8℃　　D. 15 ~ 18℃

三、简答题

1. 酒水的定义是什么？如何区分酒精饮料和无酒精饮料？
2. 按制造方法分酒可以分为哪几种？它们的代表名酒分别有哪些？
3. 酿酒的基本原理有哪些？
4. 如何贮存葡萄酒？

5. 宾客喝醉怎么处理？

实训项目

由任课老师带领学生参观本地酒吧或酒窖，了解酒水的贮存知识。

项目二　发酵酒

学习目标

- 葡萄酒、啤酒的起源及其发展历史
- 葡萄酒、啤酒的分类及其特点
- 葡萄酒、啤酒的著名品牌及其产地
- 葡萄酒、啤酒的饮用方法和服务要求
- 中国黄酒的分类及其著名品种

任务场景

广东某酒店酒吧李经理向前来酒窖参观学习的师生们介绍了葡萄酒的品种、年份、产区、品尝方法、与食物搭配等常识以及葡萄酒的鉴定方法，师生们觉得耳目一新、受益匪浅，特别是鉴别葡萄酒优劣的方法，非常实用。

任务一　熟悉葡萄酒

葡萄酒（Wine），是指以葡萄为原料，经发酵、陈酿、过滤、澄清等一系列工艺流程所制成的酒精饮料。葡萄酒被称为“发酵酒之王”，是当今世界饮用量最大的饮品之一。

人类酿造葡萄酒的历史几乎与人类的耕种历史一样悠久，但真正能控制葡萄酒的酿造，以科学知识代替猜测，却直到1860年才开始。现在，葡萄酒在世界各类酒中占据着十分显赫的地位，不少国家的人对葡萄酒有着特殊的爱好，如意大利人、法国人、葡萄牙人、阿根廷人、西班牙人、智利人、瑞士人等，其葡萄酒的消费量在世界上名列前茅。

一、葡萄酒的起源及发展历程

据考古资料，至少在7000多年前人类就已经饮用葡萄酒了。

最早栽培葡萄的地区是小亚细亚里海和黑海之间及其南岸地区。大约在7000年以前，南高加索、中亚细亚、叙利亚、伊拉克等地区也开始了葡萄的栽培。在这些地区，葡萄栽培经历了 3 个阶段，即采集野生葡萄阶段、野生葡萄的驯化阶段以及葡萄栽培随着旅行者和移民传入埃及等其他地区阶段。

多数历史学家认为波斯（现在的伊朗）是最早酿造葡萄酒的国家，最近的考古发现有力地支持了这一观点。新华社于 1996 年 6 月 6 日报道，考古学家在伊朗北部扎格罗斯山脉的石器时代晚期的一个村庄里挖掘出的一个罐子证明，人类在距今 7000 多年前就已饮用葡萄酒，比以前的考古发现提前了 2000 年。美国宾夕法尼亚州立大学的学者发表在《自然》杂志的文章中说，这个罐子产于公元前 5415 年，其中有残余的葡萄酒和防止葡萄酒变成醋的树脂。

在埃及的古墓中所发现的大量珍贵文物（特别是浮雕）清楚地描绘了当时古埃及人栽培、采收葡萄和酿造葡萄酒的情景。最著名的是 Phtah-Hotep 墓址，距今已有 6000 年的历史。西方学者认为，这是葡萄酒业的开端。

欧洲最早开始种植葡萄并进行葡萄酒酿造的国家是希腊。一些旅行者和疆土征服者把葡萄栽培和葡萄酒酿造技术从小亚细亚和埃及带到希腊的克里特岛，随后逐渐遍及希腊及其诸海岛。3000 年前，希腊的葡萄种植已极为兴盛。

公元前 6 世纪，希腊人把小亚细亚原产的葡萄酒通过马赛港传入高卢（现在的法国），并将葡萄栽培和葡萄酒酿造技术传给了高卢人。

罗马人从希腊人那里学会葡萄栽培和葡萄酒酿造技术后，很快在意大利半岛全面推广。古罗马时代，葡萄种植已非常普遍。

随着罗马帝国的扩张，葡萄栽培和葡萄酒酿造技术迅速传遍法国、西班牙、北非以及德国莱茵河流域，并形成很大的规模。直至今天，这些地区仍是重要的葡萄和葡萄酒产区。

15 世纪至 16 世纪，葡萄栽培和葡萄酒酿造技术传入南非、澳大利亚、新西兰、日本、朝鲜和美洲等地。

19 世纪中叶是美国葡萄和葡萄酒生产的大发展时期。1861 年，美国从欧洲引入葡萄苗木 20 万株，在加利福尼亚建立了葡萄园，但由于葡萄根瘤蚜的危害，几乎全部被摧毁。后来，种植人用美洲的原生葡萄作为砧木，嫁接欧洲种葡萄，得以防治葡萄根瘤蚜，葡萄酒生产才又逐渐发展起来。

现在，南、北美洲均有葡萄酒生产区。阿根廷、美国的加利福尼亚州以及墨西哥均为世界闻名的葡萄酒产区。

事实上，葡萄酒的历史几乎是和人类文化史一道开始的，世界古老的文明民族的神话传说中流传着葡萄酒的故事。

二、葡萄酒的分类及其特点

1. 按颜色分类

（1）红葡萄酒（Red Wine）。红葡萄酒是以紫红色葡萄为原料，连皮带汁一起发酵酿制而成的，其酿制工艺流程如图2－1所示。因酒液中溶有葡萄皮的色素，故酒液呈红色。红葡萄酒所用的葡萄品种不同，陈酿时间有长有短，其酒液色泽和味道也各有差异，可呈紫红色、褐红色或者红木色，陈酿时间越长，其颜色越浅。一般地，陈酿4～10年的红葡萄酒味道最好。

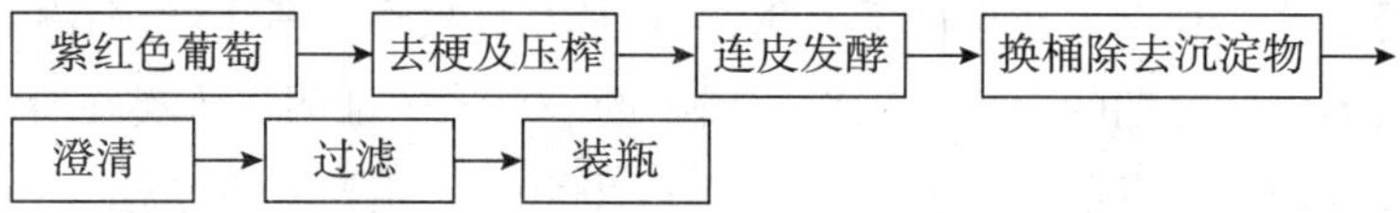

图2－1　红葡萄酒的酿制工艺流程

红葡萄酒酒味丰润醇厚、酸度适中、口味甘美、气味芬芳，适合与色深味浓的烤肉类和铁扒类菜肴搭配饮用，最佳饮用温度为15～18℃。红葡萄酒最忌摇晃，以免沉淀物泛起，名贵红葡萄酒要用酒篮盛装后再进行酒水服务。

（2）白葡萄酒（White Wine）。白葡萄酒以青绿色葡萄为原料，去皮后仅取葡萄的肉、汁发酵酿制而成，其酿制工艺流程如图2－2所示。因葡萄皮不参与发酵过程，故酒液中没有葡萄皮的色素而呈金黄色、浅黄色或近乎无色，但陈酿时间越长其颜色越深。白葡萄酒发酵时间短，涩味和酸味少，一般贮存4～10年即可饮用。

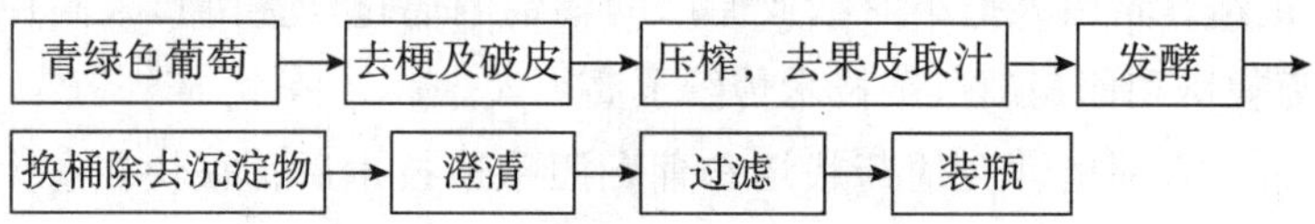

图2－2　白葡萄酒的酿制工艺流程

白葡萄酒清亮透明、酸甜爽口、香气清爽，可健脾胃、去腥气，故常与色浅味淡的鱼贝类或禽类菜肴搭配饮用，最佳饮用温度为7～13℃，因此需冷藏后饮用，并以香槟桶盛放，低温供应。

（3）玫瑰红葡萄酒（Rose Wine）。玫瑰红葡萄酒以紫红色和青绿色葡萄混合在一起，连皮带汁发酵酿制而成，其酿制工艺流程如图2－3所示。与其他葡萄酒不同的是，在酿制的中途就将皮渣滤出，葡萄皮在酒液中浸泡时间较短，故酒液中仅溶有少许葡萄皮的色素而呈粉红玫瑰色。玫瑰红葡萄酒一般贮存2～3年即可饮用。

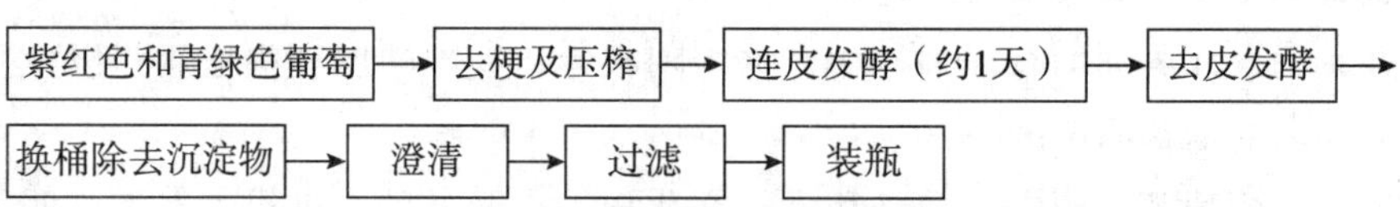

图2－3　玫瑰红葡萄酒的酿制工艺流程

玫瑰红葡萄酒既有白葡萄酒的清新芳香，又有红葡萄酒的和谐丰满，无论什么菜肴都可搭配饮用。其最佳饮用温度为7～13℃，与白葡萄酒一样，也需冷藏后饮用。

2. 按含糖量分类

（1）干葡萄酒（Dry Wine）。干葡萄酒是指含糖量在4克/升以下的葡萄酒，饮用时尝不出甜味。

（2）半干葡萄酒（Semi-dry Wine）。半干葡萄酒是指含糖量在4～12克/升葡萄酒，饮用时可尝出微弱的甜味。

（3）半甜葡萄酒（Semi-sweet Wine）。半甜葡萄酒是指含糖量在12～50克/升的葡萄酒，饮用时可尝出较明显的甜味。

（4）甜葡萄酒（Sweet Wine）。甜葡萄酒是指含糖量在50克/升以上的葡萄酒，饮用时可尝出浓厚的甜味。

3. 按国际传统分类

（1）无汽葡萄酒（Natural Still Wine）。无汽葡萄酒即佐餐葡萄酒（Table Wine），是指酒度在14度以下的各种红葡萄酒、白葡萄酒和玫瑰红葡萄酒。其名品有法国的波尔多（Bordeau）、勃艮第（Burgundy）、美度（Medoc），德国的莱茵（Rhine），美国的霞多丽（Chardonnay）等。

（2）有汽葡萄酒（Sparkling Wine）。有汽葡萄酒是指酒液在装瓶后进行第二次发酵，发酵过程中产生的二氧化碳气体自然地聚集在瓶内，使酒液带有气泡的葡萄酒，其酒度一般在14度以下。香槟酒（Champagne）是有汽葡萄酒的典型代表。

香槟酒产于法国北部的香槟地区，是由一名叫唐·佩里尼翁的教士发明的，其酿造工艺复杂而精细，具有独到之处，人称"香槟法"。香槟法酿造工艺有原料处理、勾兑、陈酿转瓶、换塞填充4个阶段。法国政府规定，只有在法国香槟地区生产的有汽葡萄酒才可称为香槟酒，而在其他地区或国家生产的只能称为有汽葡萄酒。德国是世界上有汽葡萄酒的最大生产国和消耗国，其名品有霍克（Sparkling Hock）、利富罗美（Sparkling Liebfraumilch）、莫泽尔（Sparkling Moselle）等，其出口国外的产品通常称为塞克特（Sekt）。

香槟酒从酿制到包装出售需要6～8年，此时的香槟酒风格特点已日臻完美，质量最佳。大多数香槟酒都是混合制品，因而都不标示年份，只有在葡萄丰收年时产销商才考虑在标签上注明年份。不过，每个酒厂都注重酒的混合技巧，以求永久保持一个标准品质，即使不是丰收年，香槟酒的品质也不受影响。

香槟酒呈黄绿色、金黄色或玫瑰色，清亮透明，口味醇美，清香纯正，酒气充足，给人以高尚的美感。它可以在任何场合与任何食物搭配饮用。在欧美宴会、酒会、婚礼、接待等场合都离不开香槟酒，因此香槟酒被称为最富有魅力的酒，有"酒中皇后"的美称。

香槟酒的商标上标示有该酒的含糖量，一般来说，香槟酒含糖量高并非好事，精于此道者绝少饮用含糖量高的香槟酒。同时，香槟酒售价与含糖量成反比，即含糖量越低价格越高。

有汽葡萄酒因含有大量的二氧化碳，所以应冷藏后饮用，这样开瓶时不会溢出，冷藏还可使酒品味道改善，更加清凉爽口。有汽葡萄酒的最佳饮用温度为4～6℃。

（3）强化葡萄酒（Fortified Wine）。强化葡萄酒是在发酵过程中掺入白兰地或食用酒精，使发酵中断，留有一定糖分并提高酒精含量而得的葡萄酒。其酒精含量一般在14～24度，名品有西班牙的雪利（Sherry）、马沙拉（Marsala）、马拉加（Malaga），葡萄牙的波特（Port）、马德拉（Madeira）等。

强化葡萄酒通常用于佐食甜点，又被称为甜食酒（Dessert Wine）。

（4）芳香葡萄酒（Aromatized Wine）。芳香葡萄酒是在发酵过程中除掺入白兰地或食用酒精外，再加入各种芳香原料（如水果、香料等）浸制而成的葡萄酒。该酒既有酒香又有特殊的香料香味，其名品有法国的干味美思（Dry Vermouth）、意大利的甜味美思（Sweet Vermouth）等。

芳香葡萄酒主要用作开胃酒，也可用于调制鸡尾酒。

三、酿酒的葡萄品种

世界上的葡萄品种很多，而适合于酿制葡萄酒的葡萄与我们日常生活中所直接食用的水果葡萄存在着很大的区别，并且只有少数几种葡萄能够作为特定品种葡萄酒的原料，这些葡萄品种的名称一般都标注在葡萄酒的酒标上。

酿酒葡萄品种中，以原产自高加索山的维尼费拉（Vitis Vinifera）品种最为重要，几乎所有的酿酒葡萄品种皆由此品种西传后慢慢发展而来。

葡萄的种植主要分布在北纬30～52度、南纬15～42度的区域。

1. 白葡萄品种

（1）霞多丽（Chardonnay）

号称“白葡萄之王”，是非常著名的白葡萄品种。这种白葡萄味道丰富，品质细腻，酿造出的葡萄酒为中度酒体，口味甘醇，果味丰富，可使人联想到苹果、杧果或其他热带水果的味道，大多数霞多丽都带有来自橡木桶的烘烤香味。这个品种的葡萄对种植环境要求不高，有较强的抗病能力，在大多数种植区域都生长良好。霞多丽果实呈黄绿色，果皮薄，果肉多汁，味清香，出汁率72%左右。霞多丽是酿造高档干白葡萄酒和香槟酒的世界名种，用其酿制的葡萄酒酒色金黄，散发出清新优雅、柔和悦人的香气，属世界名酒，价格为一般葡萄酒的3～5倍。法国勃艮第地区著名的白葡萄酒都是使用这个品种酿制的。

（2）长相思（Sauvignon Blanc）

也称白苏维翁，是一种颇受欢迎的高品质的白色酿酒葡萄品种，它主要用来酿制干型、清新的葡萄酒。长相思需要在熟透时采摘，酿造的葡萄酒具有柠檬、青苹果或药草的香气，有时带有胡椒气味。如果是用早摘的长相思酿造的葡萄酒，则青草气息颇为浓郁。长相思葡萄酒比霞多丽葡萄酒的酸度要高一些，酒体清淡，一般都呈干型。产自欧洲的这类葡萄酒大部分没有橡木味，而产自美国加利福尼亚的通常具有橡木味。

（3）雷司令（Riesling）

也称薏丝琳、贵人香，是酿造白葡萄酒的著名葡萄品种。原产地是德国，是古老的欧洲种葡萄，主要分布在欧洲中部气候温暖的国家。果实呈黄绿色，果皮薄，果脐明显，有褐色斑点，果肉多汁，含糖量185.3克/升，含酸量8.0克/升，出汁率72%左右。雷司令属晚熟型葡萄，适合大陆性气候，多种植于向阳斜坡及砂质黏土，是葡萄优质品种中产量最高的品种之一。用雷司令所酿制的葡萄酒特性明显，散发淡雅的花香并混合有植物香，也常伴随蜂蜜及矿物质香味。酒的酸度较高，但常能与酒中的甘甜口感相平衡；酒体丰富、细致、均衡，非常适合久存。雷司令除用于生产干白葡萄酒外，所酿制的迟摘和贵腐甜白葡萄酒品质也非常优异，即使成熟度过高，也常能保持高酸度，香味浓烈优雅，可经数十年的陈酿贮存。

（4）白诗南（Chenin Blanc）

此品种葡萄最早在法国的卢瓦尔河谷地区广泛栽种，果皮较厚，果粒小，果实紧密，果肉多汁，含糖量173.8克/升，含酸量9.9克/升，出汁率约72%。目前在美国加利福尼亚、澳大利亚、南非和南美都有种植。白诗南可以酿制干型、甜型或起泡类的具有浓郁水果味的葡萄酒。白诗南特有的清凉和果香也被业界称为“卢瓦尔皮诺”。品质最好的白诗南酒酸度高、质地圆润，口感非同寻常，经陈酿色泽呈深深的金黄色，可存放50年甚至更长的时间。其酒香特别容易让人联想起新鲜桃子的香味，使用早摘葡萄酿制的白诗南酒具有一种淡淡的青草和药草的芳香。

（5）赛美蓉（Semillon）

赛美蓉是在酿制葡萄酒中被广泛使用的葡萄品种，果实呈黄绿色，果皮相当薄，极易破损，果香浓郁，含糖量198.3克/升，含酸量6克/升，出汁率75%。该品种的葡萄在色、香、味方面都没有太出色的表现，却可以酿造出高酒精含量的酒，非常适合于酒桶发酵和酿藏。使用赛美蓉、霞多丽或长相思混合酿成的酒，酒性表现稳定。用赛美蓉酿制的无甜味葡萄酒，则具有奇特的蜡质香，并伴有柠檬味。一般用赛美蓉酿制的酒适合于新鲜饮用，不宜长期酿藏，但在波尔多地区也有用赛美蓉酿造的传世佳酿，如Sauternes和Barsac。赛美蓉和雷司令一样，如果气候适宜，会发生贵族霉珍萎现象，可以得到晚收的浆果极品甜味葡萄酒。

（6）琼瑶浆（Traminer）

也称塔米娜，普遍种植于法国阿尔萨斯、德国莱茵及意大利，主要用来酿制品味独特的干白葡萄酒，带有清新的甘甜口味。塔米娜属早熟葡萄品种，不适合种植在气候炎热地区。该品种的葡萄颜色呈粉红色或黄色，所酿制的葡萄酒颜色为金黄色或微带桃红色，香味独特浓郁，主要香系有玫瑰香、热带水果（荔枝）香、香料香等。

2. 红葡萄品种

（1）赤霞珠（Cabernet Sauvignon）

也称解百纳、解百纳苏维翁，是用来酿制红葡萄酒的著名品种，在全世界五大洲都有种植。它和美乐（Merlot）组合，用于波尔多红酒酿造。赤霞珠的果皮较厚、颗粒小、晚熟，果皮呈深蓝色，香气浓郁，含糖量193.7克/升，含酸量7.1克/升，出汁率62%。酿成的葡萄酒色深味浓，特点是最能表现黑加仑子味、蜜瓜味、甘草味，酒体丰厚结实，酒力强劲。由于赤霞珠果皮里的葡萄鞣酸含量丰富，因此酿出的酒可以存放较长时间，经过橡木桶熟化的酒，口味更为醇厚。

（2）佳丽酿（Carignane）

也称法国红、康百耐、佳酿，原产于西班牙，是西欧古老酿酒优良品种之一，世界各地均有栽培。该品种是世界上酿制红葡萄酒的古老品种之一，果粒中等大小，果实紧密，近圆形，紫黑色，果皮厚，单宁含量高，果肉多汁，含糖量131.3克/升，含酸量13.7克/升，出汁率81%。所酿的葡萄酒呈宝石红色，味正，香气好，宜与其他品种调配，去皮可酿成白葡萄酒或玫瑰红葡萄酒。佳丽酿在我国栽培已有百多年的历史，曾一度作为主栽品种，但因其酒质较差、单独酿制优质干红有困难等，近年来种植面积有所减少，而其因易栽培、丰产等优点仍颇受栽培者欢迎，现在一般用它作红葡萄酒调配酒或酿制白兰地，有一定的推广意义和发展前景。

（3）美乐（Merlot）

也称梅鹿辄、梅乐、梅鹿特，原产于法国。除了法国波尔多地区的葡萄种植者喜欢这个品种之外，目前在美国和新西兰等世界上许多葡萄酒产地都有栽培。这种葡萄成熟期早，颜色呈紫黑色，果皮较厚，果肉多汁，含糖量208克/升，含酸量7.1克/升，出汁率74%。美乐有一种显著的草药香气，单宁含量低，酸度也比较低，所酿造的葡萄酒圆润、浓郁、柔顺、细腻，口感较好，有李子和红浆果的香味。最好的美乐葡萄酿制的酒品，具有色泽深沉、层次丰富以及贮存时间长等特点。

（4）黑品乐（Pinot Noir）

也称黑皮诺，是最好的酿酒葡萄品种之一，原产于法国阿尔萨斯地区，现在世界各个葡萄酒产区广泛栽培。黑品乐对土壤、气候极为敏感，适于在较寒冷的地区种植，该品种葡萄果粒小，果肉少，易腐烂，所以产量较低。果实呈紫黑色，圆形，整齐，果肉多汁，含糖量173克/升，含酸量8.2克/升，出汁率74%。由于它是一个普遍栽培的葡萄品种，因此，用不同产地的黑品乐酿出的葡萄酒品味也各不相同，如法国勃艮第地区出产的黑品乐葡萄酒，通常有一种紫罗兰和浆果的香气；而来自美国的黑品乐葡萄酒，则有红樱桃和番石榴的果味。但无论产自何处，黑品乐葡萄酒的口感都非常细腻、柔滑，酸度较高，十分爽口。

（5）西拉（Shiraz/Syrah）

西拉主要用于酿制古典红葡萄酒，这种酒属中浓度酒体，具有较高的藏酿价值，西拉完全成熟时如上等黑品乐一样质地柔滑而味道浓郁。西拉是一种晚熟品种，果实为蓝黑色，果皮色素丰富，具有独特香气，含糖量206克/升，含酸量9.3克/升，出汁率73%。在温暖的土质如花岗岩土壤中生长最佳，但如种植过密，它所特有的桑葚果香和黑胡椒味就会变淡。用它制成的酒，颜色深红，酒质平衡，口味醇厚有力，易存放，特别是经过橡木桶熟化后更好收藏。这是由于西拉酿成的酒在初期有较浓的单宁涩味，最少要经过3年的熟化才能去掉这种涩味。这个品种酿成的酒备受美食家青睐。

（6）佳美（Gamay）

佳美原产于法国勃艮第，现在主要产于宝祖利地区。用其所酿制的葡萄酒颜色呈淡紫红色，单宁含量非常低，口感清淡，富含新鲜果香，含糖量150~180克/升，含酸量8.0~11.0克/升，出汁率71%。用佳美酿制的葡萄酒简单易饮，通常不宜久存，属于酒龄年轻时饮用的葡萄酒。但如果是生长在火山页岩、石灰含量少的土质上的佳美，也能生产出口味丰厚浓郁、耐久存的红葡萄酒，宝祖利特级产区 Moulin-a-Vent、St-Amour 等都有出品。除了宝祖利，卢瓦尔河谷种植最多。至于美国加利福尼亚州产的 Gamay Beaujolais，则是黑品乐葡萄的一种，并非真正的佳美种。

（7）仙粉黛（Zinfandel）

又名增芳德，增芳德的主要种植区是美国的加利福尼亚州，用以配制红葡萄酒。其原产地在欧洲，19世纪由意大利传入美国加利福尼亚州，现在许多人已把它当作美国加利福尼亚州独有的“特产”。在加利福尼亚州种植的增芳德，酿制用途广泛，能酿造出许多种类、风格截然不同的增芳德酒，有丰满的、轻盈的，颜色有深的、浅的。增芳德是美国广泛种植的葡萄品种之一。

四、气候及葡萄酒的年份

1. 气候

不同的葡萄品种对降水量和气候温度的要求有轻微的差别。适于葡萄顺利生长的条件是：充足的阳光（特别是在春季和8月初时），适宜的气温；秋季葡萄收获时天气必须干燥；适宜的年平均降水量，相对干燥的夏秋季特别有利于葡萄生长。另外，偶然性的灾难性气候（如寒流、大风、暴雨、冰雹等）对于葡萄产量的影响也不容忽视。

2. 葡萄酒的年份

葡萄酒的酿制年份标注在酒标上，可以使消费者得知以下信息：酒龄；品质。

葡萄酒的质量与葡萄收获的年份存在一定的联系。天气的变化每年不同，产出的葡萄酒自然也不同。天气变化比较规律、稳定的地区，不同年份间的差别自然也很小，如阿根廷的蒙多萨位于沙漠区，雨量稀少，仅靠雪水灌溉，天气稳定，年年都有好收成，所以年份对该地葡萄酒的影响并不突出。

红葡萄酒和白葡萄酒对天气的要求并不相同，秋季葡萄收获时的高温有利于红葡萄的成熟，但温度过高会使白葡萄的酸度不足，酿制的白葡萄酒柔弱无力，失去特性。

此外，即使位于同一产区，天气变化对葡萄酒的影响也不相同，不同的葡萄品种，不同排水性和吸热性的土质，加上各种小区域气候的变化等，都会使得对年份好坏的评定无法完全类推适用于整个产区。

有许多产区依循年份的变化酿造出不同类型的葡萄酒，而一些特殊的葡萄酒只有在当年气候条件合适时才能生产酿制。例如，葡萄牙波特酒产区的特优年份波特酒、德国的 Trockenbeeren-auslese 等级的贵腐甜白葡萄酒、匈牙利 TOKAJI 产区的 ASZÚ 贵腐甜白葡萄酒以及法国阿尔萨斯的迟摘葡萄酒（Vendange Tardive）和贵腐甜白葡萄酒等，都是只有在特殊年份才能生产出的难得佳酿。

从 17 世纪末葡萄酒开始被装在玻璃瓶中销售以来，葡萄酒的年份就逐渐开始具有了商业上的价值。现在几乎所有品质佳的葡萄酒都标有年份，特优年份的葡萄酒价格常常比平庸年份的高出数倍。较优年份的酒通常口味比较浓郁、丰富而且耐久存，同时，这也意味着此类葡萄酒需要较长的时间才能达到成熟期，如果在酒品太年轻时就饮用，可能反而比不上正值成熟期且价格低廉的平庸年份的酒品。选择年份酒品时，除了要考虑年份好坏外，葡萄酒是否成熟也要一并考虑，以免享受不到酒的真正香醇。

五、葡萄酒的标签

葡萄酒标签包含了非常多的关于此瓶酒的信息。按照不同国家和地区的规定，有些内容是必须写在酒的标签上的，特别是涉及酒的等级归属、原产地、酒精含量、酿制年份、生产厂家的名称和地址等信息的。图 2－4 为葡萄酒的标签。

图 2－4　葡萄酒的标签

六、世界著名的葡萄酒产地

1. 法国

葡萄酒的法语为 Vin。法国葡萄酒不仅产量高、品种多，而且以其卓越的品质闻名于世。法国葡萄酒酒度最低为8度，这种葡萄酒属大众化饮品（酒度为10～12度的属高级葡萄酒）。法国葡萄酒分成4个等级：A. O. C级，即“法定产区酒”级，其产地、制造方式、品种、产量皆受法国农政单位严格管制；V. D. Q. S级，即“优良产区酒”级，受法国农政单位一定程度管制，这一级最少，这是因为几乎所有优良产区酒都会想办法升格到A. O. C级；V. D. P级，即“地区餐酒”级，受法国农政单位管制程度低，可表现出地方风味；V. D. T级，即“日常餐酒”级，占最大比例，可用任何产区的任何葡萄种酿造。

波尔多、勃艮第、香槟区这3个地区是举世公认的著名葡萄酒产地，风行世界的优秀葡萄酒有半数生产于法国的这些地区。

（1）波尔多（Bordeaux）

波尔多地区位于法国西南部，自古以来就是法国最重要的葡萄酒产地。该区生产红、白、玫瑰红葡萄酒，其中波尔多陈酿红葡萄酒产量最多，最有名气。

波尔多葡萄酒酒系十分庞大、复杂，可分为许多品种和类别，每一种类别都以产地名称或古代城堡命名。波尔多有5个著名葡萄酒产区：美度（Medoc）、圣埃美隆（Saint-Emilion）、格拉夫（Graves）、苏玳（Sauternes）和波美候（Pomerol）。

（2）勃艮第（Burgundy）

勃艮第位于法国东部一风景秀丽的地方，其属下产区从北部的第戎市（Dijon）向南部的里昂市（Lyon）延伸分布，并与南部罗纳河谷（Rhone Valley）葡萄产区连成一片，形成长达数百千米的葡萄苑。勃艮第以其卓越的葡萄酒著称，是当今世界最引人瞩目的高级葡萄酒产地。勃艮第主要生产红、白葡萄酒，其中以红葡萄酒最有名气，产量约占80%，白葡萄酒只约占20%。勃艮第的葡萄苑种植面积小于波尔多，只有3万公顷①左右。由于历史原因，勃艮第的城堡均已毁坏，所以葡萄酒没有以古城堡名称命名。勃艮第红葡萄酒具有樱桃的甜味，并夹带茴香、玫瑰、梅李的复合香味，酒度略高，口感强劲。勃艮第可分成四大产区，即夏布利（Chablis）、金丘（Cote d'Or）、夏隆内丘（Cote de Chalonnaise）和马贡（Maconnais）。

（3）香槟区（Champagne）

香槟区位于法国北部，原是法国一个大省份名称，后来被划分成几个小省份。

法国香槟区有3个最著名的产区，即兰斯山产区（Montagne de Reims）、马恩河谷产区（Vallee de la Marne）、白丘产区（Cote de Blancs）。其中，兰斯山产区出产的香槟酒最有名气。

法国香槟酒的品牌一般不以原料或产地名称命名，而以生产者命名，最著名的有博林格（Bollinger）、海德西克（Heidsieck）、库克（Krug）、梅西埃（Mercier）等。

2. 意大利

意大利是世界上最大的葡萄酒生产国和消费国之一，葡萄酒的意大利语为Vino。

① 1公顷=0.01平方千米。

意大利的葡萄酒种类繁多，风格各异，以佐餐红、白葡萄酒为主，其酒精含量为10%～11%，这种餐桌葡萄酒在意大利叫作“Vini da Pasto”。高级葡萄酒酒度必须不低于13%，至少陈酿4年，头两年用木桶陈酿，后两年需要在瓶中陈酿。

意大利葡萄酒分成两个级别：一个是“原产地管制法”级别，简称“D. O. C”级别，由全国葡萄酒管理委员会对2000多家生产D. O. C级葡萄酒的酿酒厂进行监督管理；另一个是“原产地管制及保证法”级别，简称“D. O. C. G”级别，这个级别要求标准相当高，全国仅有为数不多的葡萄酒品种能“荣登”这一级别的“宝座”。

意大利北部生产的葡萄酒最佳，尤其是皮埃蒙特（Piedmont）和托斯卡纳（Tuscany）两个省份。意大利著名的葡萄酒品牌有巴罗洛（Barolo）、巴巴莱斯科（Barbaresco）、基安帝（Chianti）等。

意大利葡萄酒种类很多，品牌名称常以产地、葡萄品种或业主自定的名称命名，较为复杂。

3. 德国

葡萄酒的德语为Wein，德国是世界上著名的葡萄酒生产国之一，生产历史悠久，酿酒技术卓越，质量管理严格，产品在世界上享有较高声誉。但由于地理气候的限制，德国葡萄种植困难，所以葡萄酒生产工本费高，产品售价比较高。德国以生产白葡萄酒著称，主要采用雷司令、西万尼（Silvaner）和米勒－图高（Muller-Thurgau）3个葡萄品种为原料酿制，其中，雷司令是酿制优质葡萄酒的最好品种之一。德国著名葡萄酒产区主要集中在摩泽尔河和莱茵河两岸地区。

（1）摩泽尔河

该地区葡萄园沿摩泽尔河及其支流萨尔河和鲁沃河两岸分布，生产德国最优秀的白葡萄酒。德国著名的葡萄酒品牌有贝恩卡斯特尔（Bernkasteler）、厄尔丹纳（Erdener）、格雷茨尔（Graacher）、皮尔斯波特尔（Piersporter）、特里顿海默（Trittenheimer）、泽廷格（Zeltinger）。

（2）莱茵河

莱茵河岸自古以来就是德国重要的葡萄种植区，古城堡沿河两岸矗立，护卫着山坡上的葡萄园。其中，3个最重要的葡萄产区是莱茵法尔兹、莱茵高和莱茵黑森。生产的著名葡萄酒品牌有福尔斯特（Forster）、昂格斯坦尔（Ungsteiner）、法亨海默（Wachenheimer）、霍赫海默（Hochheimer）、哈坦海默（Hattenheimer）。

4. 其他国家

（1）西班牙

西班牙是世界上葡萄种植面积最大的国家之一，葡萄园总面积160万顷①。西班牙全国约有16000个酒厂，年产葡萄酒400万吨左右，仅次于意大利和法国，居世界第3

① 1顷=100亩，1亩≈666.667平方米。

位。西班牙葡萄酒业历史悠久，早在公元 14 世纪英国就已进口西班牙葡萄酒。1970 年，西班牙政府确定了葡萄酒产区，建立了全国葡萄酒产地命名协会、农业生产基金协调会以及葡萄酒与葡萄栽培研究所等管理监督机构。

西班牙主要生产红、白、玫瑰红葡萄酒，其中红葡萄酒最有名气。西班牙以红葡萄酒为基酒生产的雪利酒，在世界上非常有名。西班牙的主要葡萄酒产区有阿利坎特、杜埃罗河岸、中部高原、里奥哈、加泰罗尼亚、瓦伦西亚、加利西亚。其中，以位于西班牙北部山区的里奥哈产区最有名气，该区由 3 个生产区组成：里奥哈阿尔塔、里奥哈阿拉维萨和里奥哈巴哈。优质的里奥哈葡萄酒要在橡木桶中陈酿一年和瓶陈两年，称为“珍藏”（Reserva），而特级珍藏（Gran Reserva）则需先在橡木桶中陈酿至少两年、瓶陈至少 3 年以上。

西班牙将葡萄酒分成普通餐酒（Table Wine）和高档葡萄酒（Quality Wine）两类，普通餐酒进一步分为普通餐酒、特级餐酒、单一品种餐酒。

（2）阿根廷

阿根廷是世界第五大葡萄酒生产国，属“新世界葡萄酒”的代表性产国。阿根廷葡萄酒业的发展受西班牙和意大利影响深远。阿根廷的产酒区有圣约翰、拉里奥哈、里奥内格罗和萨尔塔。传统的酿酒葡萄品种是原产于法国的马柏（Malbec）和阿根廷自有的白葡萄品种妥伦特斯（Torrontes）。现在为了刺激出口，葡萄农已经开始大量种植赤霞珠和霞多丽。

（3）美国

与法国和意大利等相比，美国的葡萄酒生产业属于新兴产业，但在近二三十年美国葡萄酒业取得了飞跃式发展，逐渐确立了自己的风格和特色。美国葡萄酒的生产主要集中在加利福尼亚州和纽约州。

加利福尼亚州生产的葡萄酒占全美总量的 75% ~85%，全美最好的葡萄酒均产自加利福尼亚州，主要产区为纳帕谷、索诺玛山谷和俄罗斯河谷。其中，最大、最出名的葡萄酒产地是威廉美特山谷。

纽约州是美国仅次于加利福尼亚州的第二大葡萄酒生产州，年产葡萄酒约 100 万升，该区 2/3 的葡萄品种是美国土生土长的食用葡萄。美法杂交的酿酒葡萄种植面积近年来有所扩大，并且在葡萄酒酿制中起着越来越重要的作用。纽约州葡萄种植园面积约 4000 公顷，其中最著名的是芬格湖地区。

（4）澳大利亚

澳大利亚是葡萄酒新世界产区之一，虽然其酿酒历史不如法国、意大利等国悠久，但其气候、降雨量等得天独厚，因此所酿制的葡萄酒在世界上已经享有一定声誉。澳大利亚拥有大面积的葡萄种植园，向 70 多个国家出口葡萄酒。澳大利亚由于产地不同，葡萄品种也很多，不但能生产红（白）静态葡萄酒、雪利酒、波特酒、玫瑰红起泡葡萄酒，而且剩余的发酵汁还可用于蒸馏制酒。

澳大利亚著名的葡萄酒产地主要集中在南部沿海地区，主要有新南威尔士州的猎人谷、南澳大利亚的麦拉伦威尔、维多利亚的路斯格兰、西澳大利亚的玛格丽特河等。

此外，葡萄牙、匈牙利、智利、瑞士等国也都生产许多著名的优质葡萄酒。

七、我国葡萄酒的发展概况

葡萄酒也是我国主要酿造酒类之一，我国现代葡萄酒工业起步于19世纪，葡萄栽培和葡萄酒酿造技术则主要由国外传入。

我国种植葡萄和酿制葡萄酒最早的地区是新疆，传入中原始于汉代。张骞奉汉武帝之命出使西域，带回了葡萄种植和葡萄酒酿制技术。

东汉末年，葡萄酒被视为“珍异之物”，到了南北朝时期，葡萄酒仍为贵重物品。从唐朝开始，葡萄酒酿造有了较大的发展。贞观十四年（公元640年），唐太宗李世民在位的时候，从高昌得到了马乳葡萄品种及其酿酒方法，宫廷内开始种植葡萄并酿造葡萄酒。此后，葡萄栽培技术从宫廷逐渐传播到民间，酿制葡萄酒开始普遍起来。到了元朝，葡萄酒已成为一种重要的商品。

我国的葡萄酒生产虽已有漫长历史，但发展很慢，生产工艺停留于较初级的阶段。1892年，南洋华侨张弼士集资300万两白银，在山东烟台创建了张裕酿酒公司，改传统手工作坊式葡萄酒生产方法为现代方法，引进欧洲优良葡萄品种及先进酿酒设备，生产优质葡萄酒，此后，太原、青岛、北京、通化等地相继建起葡萄酒厂，逐渐形成了我国民族葡萄酿酒工业。

中华人民共和国成立后，我国葡萄酒工业有了迅速发展，不仅葡萄酒产量上升，葡萄酒品种也从单一的甜葡萄酒转变成干型、半干型的国际流行口味葡萄酒。此后，中外合资生产的长城（GREATWALL）（河北怀来）、王朝（DYNASTY）（天津）等红、白葡萄酒慢慢进入国际市场，并得到国内外消费者的接受和赞赏。除上述有名的葡萄酒外，烟台的雷司令葡萄酒和北京出产的龙徽葡萄酒（DRAGON SEAL）等名品，也深受大众欢迎。

任务二　熟悉啤酒

一、啤酒的起源和发展

啤酒（Beer）的起源与谷物的起源密切相关。人类使用谷物制造酒类饮料已有8000多年的历史，已知最古老的酒类文献，是公元前6000年左右巴比伦人用黏土板雕刻的献祭用啤酒制作法。公元前4000年美索不达米亚地区已有用大麦、小麦、蜂蜜制作的16种啤酒。

公元前18世纪，古巴比伦国王汉穆拉比颁布的法典中已有关于啤酒的详细记载。公元前1300年左右，埃及的啤酒作为国家管理下的优秀产业得到高度发展。拿破仑的埃及远征军在埃及发现的罗塞塔石碑上的象形文字表明，在公元前196年左右当地已盛行啤酒酒宴。

公元前3000年起开始使用苦味剂。苦味剂虽早已使用，但首次明确使用酒花作为苦味剂是在公元768年。

啤酒的酿造技术是由埃及通过希腊传到西欧的。

公元1~2世纪，古罗马政治家普利尼曾提到过啤酒的生产方法，其中包括酒花的使用。

中世纪以前，啤酒多由妇女在家庭中酿制。到中世纪，啤酒的酿造已由家庭生产转向修道院、乡村的作坊生产，中世纪的修道院改进了啤酒酿造技术，与此同时，啤酒的贸易关系也建立并掌握在牧师手中。在欧洲，可用啤酒向教会缴纳什一税、进行交易和向政府缴税。在中世纪的德国，啤酒的酿造业主结成了坚强的同业公会。使用啤酒花做苦味剂的德国啤酒已输往国外，不来梅、汉堡等城市均因此而繁荣起来。17~18世纪，德国啤酒盛行，一度使葡萄酒业不景气。

在美洲新大陆，荷兰、英国的新教徒于17世纪初带入啤酒技术，1637年马萨诸塞州建立了最初的啤酒工厂。不久，啤酒业作为近代工业迅速发展，美国成为超过德国的啤酒生产国。

19世纪初，英国的啤酒生产大规模工业化，19世纪中叶，德国巴伐利亚州开始出现下面发酵法，酿出的啤酒由于风味好，逐渐在全国流行，目前德国92%的啤酒是采用下面发酵法生产的。德国在19世纪颁布法令，严格规定啤酒的原料以保持啤酒的纯度，而且由于实行下面发酵法和进行有规律的酵母纯粹培养，提高了啤酒的质量，这是近代慕尼黑啤酒享有盛誉的基础。

19世纪，酿造学家相继阐明有关酿造技术。1845年，C. J. 巴林阐明发酵度理论；1857年，L. 巴斯德确立生物发酵学说；1881年，E. 汉森发明了酵母纯粹培养法，使啤酒酿造科学得到飞跃发展，由神秘化、经验主义走向科学化。蒸汽机的应用、林德冷冻机的发明，使啤酒的工业化大生产成为现实。目前，全世界啤酒年产量已居各种酒类之首。

世界上生产啤酒最多的国家是美国，德国则是世界上饮用啤酒最多的国家，英、德、日均为世界上著名的啤酒生产国。德国慕尼黑啤酒节已成为国际性的狂欢节日。

二、酿制啤酒的主要原料

酿制啤酒的原料主要可分为四大类：水、可发酵的谷物、酵母和酒花。酿制啤酒使用最多的可发酵谷物是大麦，而水是酿制啤酒的“血液”，麦芽是酿制啤酒的“核心”，酒花是酿制啤酒的“灵魂”。

1. 水

水是酿制啤酒的“血液”，啤酒中至少含有90%的水分，水中无机物的含量、有机物和微生物的存在会直接影响啤酒的质量。一般啤酒厂都需要建立一套酿造用水的处理系统，也有些啤酒厂选择天然高质量的水源，如我国青岛啤酒所使用的就是崂山矿泉水。

2. **大麦**

以籽粒生长形态分类，可将大麦分为二棱大麦、四棱大麦、六棱大麦3种；以播种时间分类，大麦可分为春大麦、冬大麦两种；以麦穗形态分类，大麦分为直穗大麦、曲穗大麦。啤酒工业上用的大麦主要为二棱大麦。

世界上著名的大麦品种有Harrington、Crystal、Optic、Robust等，主要大麦产国有加拿大、澳大利亚、法国、中国等。评价大麦质量主要看它的干粒重、蛋白质含量、发芽力、水分、夹杂量。

3. **酵母**

酵母是一种不能运动的单细胞低等生物，其细胞只有借助显微镜才能看到，肉眼看到的乳白色、湿润的酵母泥是无数酵母细胞的集合体。自然界存在的酵母很多，但不是所有的酵母都可以用来酿造啤酒，科学家们把对啤酒发酵有利的酵母称为啤酒酵母。在啤酒生产中，啤酒酵母需要经过纯粹的培养而获得。啤酒中的酒精和二氧化碳都是啤酒酵母发酵产生的。

4. **酒花**

酒花在我国俗称蛇麻花、啤酒花、忽布等，如图2－5所示。酒花是一种多年生缠绕草本植物，属桑科葎草属，有的植株生长期可达50年，叶子呈心状卵形，常有三五个裂片，叶面非常粗糙，主枝按顺时针方向右旋攀缘而上。只有雌株才能结出花体，每年六七月间开始开花。它含有蛇麻苦味素，啤酒中所具有的独特清爽的苦味实际上就是酒花的贡献，酒花被称为“啤酒之魂”。在酿造啤酒的过程中加入酒花，能够提供给啤酒独特的香气，使啤酒具有特殊的苦味和香味，增强啤酒泡沫的持久性，提高啤酒的稳定性，抑制杂菌的繁殖，杀死发酵过程中产生的乳酸菌和酪酸梭菌，防止啤酒腐败，使啤酒具有健胃、利尿、镇静的医药效果。产地不同，酒花所产生的风味也不同。

图2－5 啤酒花

酒花以茎的颜色分类，可分为紫茎酒花、绿茎酒花、白茎酒花；以成熟期分类，可分为早熟酒花、中熟酒花、晚熟酒花；以酒花类型分类，可分为香型酒花、苦型酒花、兼型酒花。在实际啤酒工业生产中，往往以香型、苦型、兼型酒花来区分。世界著名的酒花有Saaz、Golding、Northern Brewer、Hallertauer等，著名的酒花生产国有德国、捷克、美国、英国等。我国的酒花产地主要位于新疆。酒花的主要成分为α－酸、β－酸、酒花油。工业中使用的酒花制品为压缩花、颗粒酒花、酒花浸膏。

三、啤酒的生产过程

啤酒生产可分为麦芽制造、麦芽汁制造、发酵、过滤灭菌、包装等多道工序。

1. 麦芽制造

大麦浸渍吸水后，在适宜的温度和湿度下发芽，发芽时产生各种水解酶，如蛋白酶、糖化酶、葡聚糖酶等，这些酶可将麦芽本身的蛋白质分解成肽和氨基酸，将淀粉分解成糊精和麦芽糖等低分子物质。发芽到一定程度，就要终止发芽，经过干燥，制成水分含量较低的麦芽。

2. 麦芽汁制造

麦芽经过适当的粉碎，加入温水，在一定的温度下，利用麦芽本身的酶制剂进行糖化（主要是将麦芽中的淀粉水解成麦芽糖），为了降低生产成本，还可以加入一定比例的大米粉（大米粉先加水煮沸）做辅料。制成的麦芽用过滤槽过滤得到麦芽汁，将麦芽汁输送到麦芽汁煮沸锅，将多余的水分蒸发掉，并加入酒花。

3. 发酵

麦芽汁经过冷却后加入酵母菌，输送到发酵罐中开始发酵。传统工艺分为前发酵和后发酵，分别在不同的发酵罐中进行，现在流行的做法是在一个罐内进行前发酵和后发酵。前发酵主要是利用酵母菌将麦芽汁中的麦芽糖转变成酒精，后发酵主要是产生一些风味物质，排除掉啤酒中的异味并促进啤酒的成熟，这一期间，控制罐内压力，使发酵时产生的二氧化碳保留在啤酒中。

4. 过滤灭菌

经过两个星期左右（有些啤酒发酵期可能长达几个月）的发酵，将啤酒过滤，除去啤酒中的酵母菌和微小的颗粒，再经低温（62℃左右）灭菌冷却，啤酒就可以包装销售了。

5. 包装

包装方式主要有瓶装和罐装，此外还有桶装等。

四、啤酒的特点

1. 啤酒的营养价值

啤酒是麦芽糖化后加入啤酒花，由酵母菌发酵酿制成的，它有充沛的二氧化碳和丰富的营养成分，是发热量很高的饮料。它含有约 11 种维生素、17 种氨基酸，并多以液体状态存在于酒液中，1 升啤酒经消化后产生的热量约相当于 10 个鸡蛋、500 克瘦肉、250 克面包或 200 毫升牛奶的热量。啤酒具有清暑、解渴、健胃、利尿、增进食欲等功效，素有“液体面包”的美称，为国际上产量最大的饮料酒。

2. 啤酒的“度”

（1）麦芽汁浓度。麦芽汁浓度是指啤酒酒液中麦芽汁含量所占的体积比例，以度

(°) 来表示。啤酒的麦芽汁浓度一般为 7 ~ 18 度。啤酒通常以麦芽汁浓度来衡量其口味与颜色，另外，啤酒的颜色也受麦芽烘烤程度的影响。近来还有一些麦芽汁浓度在 7 度以下的啤酒面市。

(2) 酒度。啤酒的酒度较低，一般为 1.2 ~ 8.5 度，它与麦芽汁浓度成正比。

五、啤酒的分类

1. 根据啤酒灭菌处理程度分类

啤酒根据是否经过灭菌处理，可分为生啤和熟啤两类。

(1) 生啤。也称鲜啤，北方地区又称之为扎啤。这种啤酒的出现被认为是啤酒消费史上的一次革命。它和普通啤酒相比，只是在最后一道工序上未经灭菌处理。鲜啤中仍有酵母菌生存，所以口味淡雅清爽，酒花香味浓，更易于开胃健脾。生啤的保存期是 3 ~ 7 天。随着无菌灌装设备的不断完善，现在已有能保存两个月左右的罐装、瓶装和大桶装的鲜啤。

扎啤是这种啤酒的俗称，这里的“扎”是英文 Jar 的音译。这种啤酒在生产线上采取全封闭灌装，在售酒器售酒时即充入二氧化碳。

(2) 熟啤。熟啤是装配加盖后，经过高温将啤酒内酵母菌杀死的啤酒，所以其稳定性较好。熟啤多为中浓度啤酒，一般可保存 60 天以上，可远销外地或出口。

2. 按麦芽汁浓度分类

根据麦芽汁浓度啤酒可分为低浓度啤酒、中浓度啤酒、高浓度啤酒 3 种。

(1) 低浓度啤酒。多为鲜甜酒，其浓度（以麦芽汁浓度计）为 2.5 ~ 9 度，含酒精 2.5% 以下。

(2) 中浓度啤酒。其浓度（以麦芽汁浓度计）为 11 ~ 14 度，含酒精 3.2% ~ 4.2%。

(3) 高浓度啤酒。其浓度（以麦芽汁浓度计）为 14 ~ 20 度，含酒精 4.2% ~ 5.5%，高级啤酒和黑啤酒多属于高浓度啤酒。

3. 按啤酒颜色分类

根据啤酒颜色的深浅不同，啤酒可以分为黄啤酒和黑啤酒两种。

(1) 黄啤酒。黄啤酒色浅黄、透明，又称浅黄色啤酒。其口味清爽，酒花香气突出，我国消费以黄啤酒为主，并以色浅者为佳。

(2) 黑啤酒。也称深色啤酒，是用一部分高温烘烤的焦香长麦芽做原料发酵而成的，呈咖啡色，富有光泽，麦芽汁浓度较高，发酵度较低，口味较醇厚，有明显的麦芽香味，氨基酸含量也高一些。

4. 按含糖量分类

(1) 干啤酒。这是指啤酒在酿制过程中将糖分去除，使酒液中糖的含量在 0.5% 以下的啤酒。这种啤酒的特点是发酵度高，含有极少的残留还原糖。其色泽更浅，口感更净，口味更爽，热量更低，适宜对摄取糖有禁忌的人饮用。

（2）半干啤酒。这是指含糖量为0.5%～1.2%的啤酒。

5. 按欧美传统风味分类

（1）慕尼黑啤酒（Munchenal beer）。麦芽汁浓度为12度，特点是色泽深，具有浓郁的焦香麦芽味，口味浓醇而甜，苦味轻。

（2）多特蒙德啤酒（Dortmunder beer）。麦芽汁浓度约为13度，特点是色泽浅，酒精含量较高，苦味轻，口味醇而爽口。

（3）皮尔森啤酒（Pilsner beer）。麦芽汁浓度为11～12度，特点是色泽浅，泡沫好，酒花香味浓，苦味重而不长，口味醇爽。

（4）司陶特啤酒（Stout beer）。其一般产品的麦芽汁浓度为12度，高档产品的麦芽汁浓度为18～20度，特点是色泽深褐，酒花苦味重，有明显的焦麦芽苦味，口味甜而醇，酒度为4～7度，泡沫好。

（5）波特啤酒（Porter beer）。波特啤酒与司陶特啤酒相似，但口味更为浅淡，色泽也不如其深沉，泡沫浓而稠，口味偏甜，酒度为4.5度。

（6）拉格啤酒（Lager beer）。拉格啤酒是经陈酿或贮存过的啤酒，酒质清淡，富有气泡，酒度为4度。

（7）博克啤酒（Bock beer）。博克啤酒是一种特殊酿制的浓质啤酒，一般在春天生产，1年中只有6个月可以供应。博克啤酒浓而甜，色泽为棕色，酒体较重，酒度一般低于4度。

（8）艾尔啤酒（Ale beer）。艾尔啤酒是英式发酵啤酒的总称，酒体完满充实，品质浓厚，口味较苦，二氧化碳含量较低，酒度为4.5度。

6. 按包装容器分类

（1）瓶装啤酒。我国主要有640毫升和355毫升两种包装，国际上还有500毫升和330毫升等其他规格包装。

（2）易拉罐装啤酒。采用铝合金材料，规格多为355毫升，便于携带，但成本高。

（3）桶装啤酒。包装材料一般为不锈钢或塑料，可循环使用，容量为30升，主要用来装生啤。

7. 按酒精浓度分类

（1）低醇啤酒。一般来说，啤酒的酒精含量低于2.5度的称为低醇啤酒。

（2）无醇啤酒。酒精含量低于0.5度的啤酒称为无醇啤酒。这种啤酒是采用特殊的工艺方法抑制啤酒发酵时的酒精成分或是先酿成普通啤酒后采用蒸馏法、反渗透法去除啤酒中的酒精成分制成的酒。这种啤酒不但保留了啤酒原有的风味，而且营养丰富，热量低，深受对酒精有禁忌者欢迎。

六、世界著名啤酒品牌

1. 百威（Budweiser）

美国百威啤酒，百余年发展中一直以其纯正的口感、过硬的质量赢得全世界消费者的青睐，成为世界最畅销的啤酒，长久以来被誉为“啤酒之王”。百威啤酒如图2－6所示。

2. **嘉士伯**（Carlsberg）

嘉士伯啤酒由丹麦啤酒巨人Carlsberg公司出品。Carlsberg公司是仅次于荷兰喜力啤酒公司的国际性生产商，在40多个国家都有生产基地，产品风行全球，远销世界140多个国家和地区，如图2－7所示。

3. **喜力**（Heineken）

喜力啤酒凭借着出色的品牌战略和过硬的品质保证成为全球顶级啤酒品牌。喜力啤酒在全世界170多个国家热销，其优良品质得到业内人士和广大消费者的认可。喜力啤酒主要以蛇麻子为原料酿制而成，口感平顺甘醇，是不含苦涩、刺激味道的啤酒，如图2－8所示。

4. **朝日**（Asahi）

Asahi酒厂的历史可追溯到100多年前，朝日啤酒一直稳居日本前三大啤酒品牌的位置，是日本年销量突破一亿箱的产品，如图2－9所示。

图2－6　百威啤酒

图2－7　嘉士伯啤酒

图2－8　喜力啤酒

图2－9　朝日啤酒

5. **麒麟**（Kirin）

麒麟啤酒发源于1888年，1907年日本麒麟啤酒株式会社得以创立。为了让历史悠久的麒麟品牌更具魅力，麒麟集团努力提供具有独创价值的崭新商品及服务，以满足顾客的生活所需。麒麟啤酒如图2－10所示。

6. **生力**（San Miguel）

香港生力啤酒厂有限公司是1948年菲律宾生力公司在海外设立的首家啤酒厂，该厂出产的啤酒品种有生力啤酒、生力清啤、生力黑啤等。生力啤酒如图2－11所示。

此外，德国的卢云堡（Lowenbrau）、爱尔兰的健力士（Guinness）、新加坡的虎牌（Tiger）、澳大利亚的富士达（Foster's）、墨西哥的科罗娜（Corona）以及我国的青岛啤酒（TSINGTAO），在世界上都享有盛名。

图 2 – 10　麒麟啤酒

图 2 – 11　生力啤酒

七、我国啤酒的发展概况

几千年前我们的祖先就已经能够酿造原始的发酵酒了，古籍所称的“醴酒”实际上是我国古代的原始啤酒，与古埃及人所酿造的麦芽啤酒极为相似。古代的“醴酒”含酒精量低，含糖分较高，不易贮存，加上酿造用具简陋，因此在常温下很快便会酸败变质。随着我国古代“曲”的发明创造，酿酒业得到发展，“醴酒”逐渐被香醇而且容易保存的黄酒、白酒取代。

几千年来，我国的酒业一直以黄酒、白酒为主导，而啤酒迟迟未被重视和开发。直到 20 世纪初，外国公司在我国建立啤酒厂才开始出现啤酒。同期，我国民族资产阶级也开始建立自己的啤酒厂。然而，不论是外国人还是中国人创办、经营的啤酒厂，其生产规模和产量都很小。

1949 年后，我国啤酒工业有了一定的恢复和发展。从 1979 年开始，我国啤酒工业进入高速发展时期。

我国名牌啤酒有很多，如山东青岛啤酒、北京燕京啤酒、广东珠江啤酒、浙江中华啤酒、西湖啤酒以及香港特别行政区的生力啤酒等。现择其中较为著名的介绍如下：

1. 青岛啤酒

青岛啤酒产于山东省青岛市，属淡色啤酒，酒度约 3. 5 度，原麦芽汁浓度为 12 度，啤酒选用较好的大麦为原料，先制成麦芽，再经糖化，制造时添加该厂自产的优质酒花，经煮沸、冷却、发酵、贮藏等工序制成，特点是色淡黄，清澈透明，泡沫洁白、细腻而持久，具有显著的麦芽清香及酒花特有的苦味，饮时爽口，如图 2 – 12 所示。

2. 燕京啤酒

燕京啤酒是经过多道工序，精选优质大麦、燕山山脉地下深层无污染矿泉水、纯正优质啤酒花、典型高发酵度酵母制成的啤酒。燕京啤酒如图 2 – 13 所示。

3. 其他品牌啤酒

其他品牌啤酒有雪花啤酒、金威啤酒、山城啤酒、珠江啤酒、哈尔滨啤酒、崂山啤酒、生力啤酒等。

图 2－12　青岛啤酒

图 2－13　燕京啤酒

小贴士

饮酒知识——喝啤酒的科学

啤酒云：打开从冰箱里取出的啤酒时会听到“哧”的一声，同时酒瓶会冒出一股白烟，这就是“啤酒云”。原来，啤酒里的二氧化碳是经压力溶入的，打开瓶盖时，这些气体分子快速运动消耗能量，使啤酒的温度骤然从9℃降至－1℃，时间只用约0.1秒，瞬间的降温使瓶颈内的气体立即冲出，蒸汽凝结成小水珠，如一缕缕白色云烟从瓶口冒出。

泡沫：啤酒的发明者在啤酒配料中加入蛋白质稠性剂，使泡沫丰富持久，通常可在杯中滞留两三分钟，而且啤酒的泡沫有防氧化作用。

压力：打开瓶盖前猛烈摇晃会增加瓶内压力？国外有专家进行了实验，结果表明，这是人们的一种错觉。其实，温度骤然升高才是压力增加的一大因素，这也需要我们在保管时格外注意。

温度：最适宜饮用温度为4～6℃，冷冻后会变味。

斟酒：斟酒时要分两次倒入，要从距杯口20厘米高处倒酒，首先左右摇摆玻璃杯，途中稍事停顿，待泡沫消失一半后再继续倒。易拉罐啤酒不宜直接对嘴喝，倒入玻璃杯释放掉多余的二氧化碳后再喝感觉会更柔和一些。

杯子：喝啤酒只能用玻璃杯。啤酒杯不能与其他餐具一同洗，因为残留的油脂和洗涤剂成分会影响啤酒泡沫的产生，而且单洗之后还要注意自然晾干，未干的杯子切忌放入冰箱冷冻室，即使有微弱的冰膜也会影响香型和口味。

保管：最忌光照，易拉罐啤酒也不例外，否则两三天就会变质。家庭短期贮藏啤酒时应放冰箱冷藏室或25℃以下稳定的室温环境中。

任务三　熟悉中国黄酒

黄酒是中国特有的酿造酒。黄酒是以糯米、黄米、小米等谷物为原料，蒸熟后加入专门的酒曲和酒药，利用其中的多种霉菌、酵母菌、细菌等微生物的共同作用而酿成的原汁酒，因大多数品种都有黄亮或黄中带红的色泽，故名黄酒。

一、黄酒的起源及发展情况

黄酒历史极为悠久，是全世界最古老的酒精饮料之一。据考证，我国的黄酒起源于远古时代的自然酿酒。

远古时代，农业尚未兴起，我国的先祖们过着女采野果男狩猎的生活。有时采摘的野果食用不完，便被贮存起来，因没有保鲜方法，野果里含有的发酵性糖分与空气中的霉菌、酵母菌相遇，就会发酵，生成含有酒香气味的果子。这种自然发酵现象使祖先有了发酵酿酒的模糊意识，时日长久，他们便积累了以野果酿酒的经验，尽管这种野果酒尚称不上黄酒，但为后人酿造黄酒提供了不可多得的启示。

新石器时期，简单的劳动工具足以使祖先们衣可暖身、食可果腹，而且有了剩余。但粗陋的生产条件难以实现粮食的完备贮存，剩余的粮食只能堆积在潮湿的山洞或地窖中，时日一久，粮食发霉发芽，霉变的粮食浸在水里，经过天然发酵变成酒，这便是天然粮食酒。又经历上千年的摸索，人们逐渐掌握了酿酒的一些技术。

中国是世界上最早用曲药（曲蘖）酿酒的国家。

据考古发掘，我们的祖先早在殷商武丁时期就掌握了微生物“霉菌”繁殖的规律，已能使用谷物制成曲药，发酵酿造黄酒。

到了西周，农业的发展为酿造黄酒提供了完备的原始资料，人们的酿造工艺在总结前人“秫稻必齐，麴蘖必时”的基础上有了进一步的发展。秦汉时期，曲药酿造黄酒的技术又有所提高，《汉书·食货志》载“一酿用粗米二斛，曲一斛，得成酒六斛六斗”，这是我国现存最早用稻米曲药酿造黄酒的配方。《水经注》又载“县有鄢湖，湖中有洲，洲上民居，彼人资以给酿，酒甚醇美，谓之鄢酒”，那个时代在人们心中已有了“品牌意识”——喝黄酒必首推鄢酒，鄢酒誉满天下，是曲药所酿黄酒的代表。

中国人独特的制曲方式、酿造技术，被广泛地流传到日本、朝鲜及东南亚一带。曲药的发明及应用是中华民族的骄傲，是中华民族对人类的伟大贡献，乃至于有人将其誉为古代四大发明之外的“第五大发明”。

黄酒从起源、发展到现在，已形成一整套完整的酿造工艺，成为我国传统的独特酒类。黄酒经过历代人们的改进和提高，逐步形成了四大种类，即江南绍兴酒、北方即墨老酒、福建老酒及大米清酒，其中，尤以绍兴黄酒最为典型。

黄酒的营养价值和药用功能已得到人们的高度赞誉。目前，我国黄酒主要生产地区集中在浙江、江苏、福建、山东、江西、上海等省市。其中，浙江地区生产的黄酒占全国黄酒总产量的50%以上。

二、黄酒的特点及分类

（一）黄酒的特点

黄酒具有酸、甜、苦、辣、鲜五味一体的风格，它集饮料、药用、调味于一身，是我国酒类中最独特的品种。归纳起来，黄酒具有如下几个特点：

1. 含有多种糖类，易被吸收

对绍兴酒中的加饭酒的检测结果表明，加饭酒以葡萄糖为主，每100毫升葡萄糖含量为1.7～2.0克，占总含糖量的54%～66%，因此加饭酒具有浓郁的鲜甜味，其营养成分易被人体吸收。

2. 属于低度酒

黄酒酒度一般为12～18度，是一种低度原汁酒，其酒味醇厚，风味独特，素为消费者喜爱。

3. 含有丰富的氨基酸

黄酒含有多种氨基酸，根据对加饭酒的检测，其氨基酸含量高达5647.7毫克/升，是啤酒的7.2倍、葡萄酒的3.55倍。黄酒中各种氨基酸的含量如此之高，世界酒类中少见。

4. 具有一定的药用、健身功能

黄酒含有多种营养成分，而且热量高，适量饮用有舒筋活血、健脾、强身健体的功效。我国常以黄酒为基酒配制药酒，中医则用黄酒浸泡、炒煮、蒸炙中草药来制作各种中成药。

5. 酿造黄酒的原料质量要求高

酿造黄酒的主要原料是米和水，在浙江绍兴，工人把水和米分别比喻为“酒的血”和“酒的肉”，因此，各地酿造黄酒均采用当地的优质水源和谷物。绍兴酒取当地的鉴湖水，故绍兴酒又有“鉴湖名酒”之称。

6. 酿造工艺独特

我国黄酒是采用多种曲和药酒进行复式发酵酿造而成的，这是世界酿酒技术中的独特发酵工艺。在酿造过程中所采用的淋饭法、喂饭法、摊饭法等，都是我国黄酒的传统生产方法。

黄酒除用作饮料外，在日常生活中还作为烹饪调料或解腥剂。

（二）黄酒的分类

黄酒按生产方法、生产地区及风味特点，可分为江南黄酒、福建黄酒、北方黄酒和大米清酒四大类型。

1. 江南黄酒

江南黄酒以绍兴酒为代表，主要产于浙江省绍兴地区，为我国传统名酒。绍兴酒以糯米或大米为主要原料，以小曲和麦曲为糖化发酵剂。原料配比、工艺操作、酿酒时间等的不同，会形成不同风格的绍兴酒。绍兴酒主要品种有元红酒、加饭酒、花雕酒、香雪酒、善酿酒。

（1）元红酒

元红酒，又称“状元红”，过去这类酒多在酒坛外面涂上朱红色，故此得名。该酒液呈琥珀色或橙黄色，具有明显的绍兴酒特点，酒体醇厚，酒度为 15 度以下，无辛辣、酸涩等异味。饮时宜稍加温，吃鸡、鸭时最适宜饮用。状元红如图 2－14 所示。

（2）加饭酒

加饭酒是加料的摊饭酒，在酿造时用糯米（饭）的数量较多。一般加入糯米的数量多于元红酒 10% 以上，因而取名加饭酒。据考证，在春秋战国时期绍兴地区就开始酿制黄酒，加饭酒是绍兴黄酒中最具独特风味的一个品种。它以上等糯米为原料，加入酒曲后用摊饭法发酵酿制而成。加饭酒需在缸或坛中密封陈酿，陈酿期越长酒质越好。加饭酒酒味浓醇，甘美可口，营养丰富，酒度为 16.5 度左右，含糖量约 2%，有古越龙山、会稽山等品牌。加饭酒如图 2－15 所示。

（3）花雕酒

把加饭酒陈贮多年即为花雕酒。按浙江地方民俗，生下女儿之年要酿酒数坛并泥封窖藏，待女儿长大结婚之日再取出饮用，所以后人称这种酒为“女儿红”。又因这种酒在酒坛外常雕绘有我国民族风格的彩图，故又名“花雕酒”。图 2－16 所示为女儿红。

（4）香雪酒

它是高糖度（20% 左右）、高酒度（20°左右）的黄酒，是绍兴酒中的特殊品种，是用米饭加麦曲、酒药酿成的酒。酒液呈淡黄色，清亮，香浓味醇，甘甜鲜美，适宜饭前、饭后常温饮用，如图 2－17 所示。

图 2－14　状元红

图 2－15　加饭酒

图 2－16　女儿红

图 2－17　香雪酒

（5）善酿酒

将已贮存1～3年的陈酒与新酒混合再发酵，酿制成的酒需陈贮1～3年，所得的酒即善酿酒。该酒香气浓郁，酒质醇厚香甜，并且有独特的风味，可与优质的甜葡萄酒媲美，是绍兴酒中的高级品。

2. 福建黄酒

福建黄酒以福建老酒和龙岩沉缸酒为代表，主要产于福州和龙岩两市。浙江、台湾等地区亦生产类似的酒品。福建黄酒以糯米、大米为主要原料，以红曲和白曲为主要糖化发酵剂酿制而成。其酒液色泽褐红鲜艳，故又称为“红曲酒”。福建黄酒酒质醇厚，余味绵长，酒度约15度，图2－18所示为沉缸酒。

3. 北方黄酒

北方黄酒以山东即墨老酒为代表品种。以黍米为原料所酿制的即墨老酒呈深棕色，清亮透明，有突出的焦香味，饮后回味悠长，酒度为12度，如图2－19所示。

4. 大米清酒

大米清酒是一种改良的大米黄酒，以粳米为原料，用米曲做糖化剂、酵母做发酵剂酿制而成。该酒酒色淡黄透明，糖度、酸度均较低，具有清酒特有的香味。大米清酒以吉林清酒、即墨特级清酒为代表。图2－20所示为杏花村清酒。

图2－18　沉缸酒

图2－19　即墨老酒

图2－20　杏花村清酒

三、黄酒的饮用方法与服务要求

黄酒主要用来佐食，常温或加热后饮用，可用陶瓷酒杯盛酒，亦可用小型玻璃杯。

江南黄酒中的加饭酒适宜吃冷菜时饮用，可温烫后饮用；元红酒饮时宜稍加温，吃鸡、鸭时佐饮最适宜；善酿酒宜佐食甜味菜肴。

福建老酒不仅可烹饪时用作调味品，亦可在餐桌上直接调入菜肴，可增加食物的风味。

黄酒可存放，但开瓶后久存必失其鲜味，因此最好一次性喝完或短期内用完。黄酒酒瓶一般竖立贮存，避光常温下保存。

场景回顾

葡萄酒具有独特的医疗价值，广受欢迎，但市场上各种品牌参差不齐，鱼目混珠，到底该如何鉴别葡萄酒呢？建议从以下两个方面着手：

（1）从标签标注的内容判断。比如，看标识、产品名称、酒度。

（2）从内在质量判断。首先是看外观，酒液是否澄清透明，有光泽，是否有平衡、谐调、优雅的香气。其次是试试口味，看是否有平顺的口感。

项目小结

发酵酒又称酿造酒，可分为葡萄酒、啤酒、黄酒等。发酵酒在世界饮食文化中占有相当重要的地位，其中以葡萄酒、啤酒尤为突出，学习和了解发酵酒的历史及其相关知识，对于了解和发展饮食文化具有相当重要的现实意义。

在当今世界，人们对于饮食文化的研究已经远远超出其基本知识和功能，也不再局限于生理方面的满足，更重要的是人们普遍认识到酒给社会发展带来的积极作用，积极了解酒的知识并加以科学利用。

思考练习题

一、填空题

1. ＿＿＿＿＿＿被称为“发酵酒之王”。

2. 酿制啤酒的主要原料有＿＿＿＿＿＿、＿＿＿＿＿＿、＿＿＿＿＿＿、＿＿＿＿＿＿。

3. 法国最著名的葡萄酒产区是＿＿＿＿＿＿、＿＿＿＿＿＿、＿＿＿＿＿＿3 个地区。

4. 黄酒按生产方法、生产地区及风味特点，可分为＿＿＿＿＿＿、＿＿＿＿＿＿、＿＿＿＿＿＿、＿＿＿＿＿＿四大类型。

二、单项选择题

1. 常见的发酵酒有（　　）。

A. 葡萄酒、啤酒　　B. 雪利酒、水果酒

C. 黄酒、米酒、水果酒　　D. 啤酒、竹叶青酒

2. 香槟酒属于（　　），原产于法国北部香槟地区。

A. 葡萄蒸馏酒　　B. 谷物蒸馏酒

C. 葡萄汽酒　　D. 配制酒

3. 被称为“液体面包”的是（　　）。

A. 啤酒　　B. 葡萄酒

C. 黄酒　　D. 米酒

4. 喜力啤酒产于（　　）。

A. 菲律宾　　B. 荷兰

C. 美国　　D. 丹麦

5. 长城干红葡萄酒产于（　　）。

A. 河北怀来　　B. 山东烟台

C. 河南民权　　D. 北京

三、简答题

1. 葡萄酒按传统的分类方法可以分为哪几种？各种类型分别有哪些代表名品？
2. 啤酒的“度”一般有哪两种？请说出国际上6种著名的啤酒品牌。
3. 气候与葡萄酒的生产年份对葡萄酒品质的影响有哪些？
4. 啤酒是如何分类的？
5. 中国黄酒有哪些特点？

实训项目

以班为单位，在酒吧上课，品尝一些不同品牌的发酵酒，例如，红葡萄酒、啤酒等，任课老师讲解真假酒的识别、酒品优劣的鉴赏等知识，提高学生对发酵酒的认识水平。

项目三　蒸馏酒

学习目标

- 外国蒸馏酒的特点、分类、产地及其著名的代表品牌
- 各种外国蒸馏酒的饮用方法和服务要求
- 中国白酒的分类和著名的代表品牌

任务场景

刚从海南省某旅游学校毕业的学生小吴，来到三亚某五星级酒店大堂上班的第一天，迫切希望酒吧刘主管马上教他调制鸡尾酒的技术，但刘主管告诉他，要学习调酒必须先熟悉或掌握外国蒸馏酒的特点、分类、产地及其著名的代表品牌，但小陈看到酒柜里陈列的那么多外国酒自己一个都不认识，不知道该怎么学……

任务一　熟悉白兰地

一、白兰地的起源与发展

白兰地，是以水果为原料，经发酵、蒸馏制成的酒。通常我们所称的白兰地专指以葡萄为原料，通过发酵再蒸馏制成的酒。而以其他水果为原料，通过同样方法制成的酒，常在白兰地前面加上水果原料的名称，以区别其种类。比如，以樱桃为原料制成的白兰地称为樱桃白兰地（Cherry Brandy），以苹果为原料制成的白兰地称为苹果白兰地（Apple Brandy）。“白兰地”一词属于术语，相当于中国的“烧酒”。

白兰地起源于法国干邑镇，干邑镇位于法国西南部。早在12世纪，干邑生产的葡萄酒就已经销往欧洲各国，外国商船也常来滨海口岸购买葡萄酒。约在16世纪中叶，为便于葡萄酒的出口，减少海运的船舱占用空间及大批出口所需缴纳的税金，同时也为避免长途运输发生的葡萄酒变质现象，干邑镇的酒商把葡萄酒加以蒸馏浓缩后出口，然后输入国的厂家再按比例兑水稀释出售。这种把葡萄酒加以蒸馏后制成的酒，即早

期的法国白兰地。

17 世纪初，法国其他地区开始效仿干邑镇的办法蒸馏葡萄酒，这一做法由法国逐渐传播到整个欧洲的葡萄酒生产国家和世界各地。

1701 年，法国卷入“西班牙王位继承战争”，法国白兰地也遭到禁运。酒商们不得不将白兰地妥善贮藏起来，以待时机。他们利用干邑镇盛产的橡木做成橡木桶，把白兰地贮藏在木桶中。战争结束，酒商们意外地发现，本来无色的白兰地竟然变成了美丽的琥珀色，酒没有变质，而且香味更浓。于是，从那时起，用橡木桶陈酿的工艺，就成为干邑白兰地的重要制作程序。这种制作程序很快流传到世界各地。

1887 年以后，法国改变了出口外销白兰地的包装，从单一的木桶装变成木桶装和瓶装。随着产品外包装的改进，干邑白兰地的身价随之提高，销售量稳步上升。

目前，著名的白兰地生产国有法国、德国、意大利、西班牙和美国。

二、白兰地的特点与分类

白兰地是以葡萄为原料，经过榨汁、发酵等程序，得到含酒精量较低的葡萄原酒，再将葡萄原酒蒸馏，得到的无色烈性酒。将得到的烈性酒放入橡木桶贮存、陈酿，再进行勾兑，以达到理想的颜色、芳香味道和酒度，从而得到优质的白兰地，最后将勾兑好的白兰地装瓶。

白兰地酒度为 40～43 度，其虽属烈性酒，但由于经过长时间的陈酿，其口感柔和，香味纯正，饮用后给人以高雅、舒畅的享受感。白兰地呈美丽的琥珀色，富有吸引力，其悠久的历史也使它蒙上了一层神秘的色彩。

白兰地酿造工艺精湛，特别讲究陈酿时间与勾兑的技艺，其中，陈酿时间的长短更是衡量白兰地酒质优劣的重要标准。干邑地区各厂家贮藏在橡木桶中的白兰地，有的长达 70 年。各厂家利用不同年限的酒，按各自世代相传的秘方精心调配勾兑，创造出各种不同品质、不同风格的干邑白兰地。酿造白兰地很讲究贮存酒所使用的橡木桶。橡木桶对酒质影响很大，因此，对木材的选择和酒桶的制作要求非常严格。由于白兰地酒质的好坏以及酒品的等级与其在橡木桶中的陈酿时间有着紧密联系，因此，酿藏对于白兰地来说至关重要。关于具体酿藏多少年，各酒厂依据法国政府的规定陈酿时间有所不同。

需要强调的是，白兰地在酿藏期间酒质的变化只是在橡木桶中进行的，装瓶后其酒液的品质不会再发生任何变化。

世界上有很多国家都生产白兰地，但以法国生产的白兰地品质最好，而法国白兰地又以干邑和阿玛涅克两个地区的最佳，其中，干邑生产的白兰地最负盛名。

三、白兰地的著名产地及其品牌

（一）干邑

干邑，位于法国西南部，是波尔多北部夏朗德省境内的一个小镇。全世界著名的白兰地大部分来自法国干邑地区。

该地区土壤非常适宜葡萄生长，但由于气候较冷，葡萄的含糖量较低，故此，其葡萄酒产品很难与南方的波尔多地区生产的葡萄酒相比拟。随着蒸馏技术的引进，特别是19世纪在法国皇帝拿破仑的庇护下，干邑地区一跃成为酿制葡萄蒸馏酒的著名产地。法国政府颁布的酒法明文规定，只有在夏朗德省境内干邑镇周围的36个县市所生产的白兰地方可命名为干邑白兰地，除此以外的任何地区都不能用“Cognac”一词，而只能用其他指定的名称来命名。这一规定，以法律条文的形式确立了“Cognac”白兰地的生产地位。

干邑地区又分为6个小区，所产酒的品质也有高低之分，按顺序排列如下：大香槟区—小香槟区—边林区—优质林区—良质林区—普通林区。

1. 干邑白兰地等级划分

干邑白兰地的质量与贮存期有很大关系，贮存时间越长，酒质越好。因此，白兰地在装瓶出售时，在瓶身或贴标上都印有表示酒龄的标识。

2. 干邑白兰地著名品牌

（1）奥吉尔（Augier）

奥吉尔，以酿酒公司名命名，奥吉尔牌白兰地酒有三星和V. S. O. P两款主要产品。三星白兰地散发着橡木香气；而V. S. O. P白兰地采用传统生产方法，使用贮存期12年以上的原酒制作，其口味顺畅、平滑。

（2）百事吉（Bisquit）

百事吉，以酿酒公司名命名，百事吉产品有V. S. O. P产品、X. O产品等。

（3）金花或卡慕（Camus）

以酿酒公司名命名，产品特点是使用旧橡木桶熟化白兰地，从而减少橡木桶的颜色和味道，保证酒质清淡。该公司在法国干邑地区的大香槟区（最好的葡萄种植地块）和边林区都有葡萄园，其产品常常以这两个地区生产的白兰地勾兑其他白兰地制成。此外，该酒厂非常重视酒瓶的包装，赢得了顾客欢迎。该公司的Napoleon（拿破仑）产品采用大香槟区生产的原酒主制，受到世界各地市场的好评。该公司的V. S. O. P产品是针对亚洲顾客口味而设计的，以边林区酿造的原酒为主精心调配而成。

（4）克尔波亚杰（Courvoisier）或拿破仑

克尔波亚杰，以酿酒公司名命名。该公司在拿破仑一世在位时因献上自己公司酿制的优质白兰地而受到赞赏。在拿破仑三世时，它被指定为白兰地承办商。该公司酿制的三星产品是略带甘甜口味的优质白兰地。该公司的V. S. O. P产品，以大香槟区的葡萄为原料，得到市场好评。X. O产品为该公司的最高级产品，如图3－1所示。

（5）轩尼诗（Hennessy）

轩尼诗，以酿酒公司名命名，在拿破仑三世时该公司已经使用能够证明白兰地酒级别的星号，至目前，“轩尼诗”这个名字已经成为白兰地的代名词。它的产品质量不断提高，产品生产量不断扩大。该公司目前有三星、V. S. O. P、X. O 等产品。轩尼诗 X. O 如图 3 –2 所示。

（6）御鹿或海因（HINE）

御鹿，以酿酒公司名命名，由于该酿酒公司一直由英国的海因家族经营和管理，因此在 1962 年被英国伊丽莎白女王指定为英国王室酒类承办商。在该公司的产品中，“Antique”（古董）是圆润可口的陈酿，“Triomphe”（多利翁芙）产品以大香槟区的葡萄为原料，具有高雅的口味和微妙的香气；而“Resesrve”（珍品），由海因家族秘藏的古酒制成，并且有手写的编号。御鹿如图 3 –3 所示。

（7）马爹利（Martell）

马爹利，以酿酒公司名命名，有“稀世罕见的美酒”之美誉。该公司的三星产品能使顾客领略到芬芳甘醇的美酒，其价格大众化。该公司的 V. S. O. P 产品以“Medaillon”（奖章）闻名于世，具有轻柔的口感，是世界上酒迷喜爱的产品；“Cordon Ruby”（红带）是酿酒师们从酒库中挑选各种香味俱全的白兰地混合而成的；该公司的“Napoleon”产品，被人们称作“拿破仑中的拿破仑”，是白兰地中的极品；而“Corbon Blue”（蓝带），口味圆润，气味芳香。金王马爹利如图 3 –4 所示。

图 3 –1　拿破仑 X. O

图 3 –2　轩尼诗 X. O

图 3 –3　御鹿

图 3 –4　金王马爹利

（8）人头马（Rémy Martin）

人头马，以酿酒公司名命名，产品特点是选用大、小香槟区的葡萄为原料，以传统的小蒸馏器进行蒸馏，品质优秀，因此，被法国政府冠以特别荣誉名称“Fine Champagne Cognac”（特优香槟区干邑）。该公司的 Napoleon（拿破仑）产品不是以白兰地级别出现的，酒味刚强；人头马卓越非凡产品口感轻柔、口味丰富，采用 6 年以上的陈酒混合制成；人头马俱乐部有着淡雅和清香的味道；X. O 则具有浓郁芬芳的特点。人头马路易十三和人头马 X. O 特级香槟干邑分别如图 3 –5 和图 3 –6 所示。

（二）其他地区的白兰地及其品牌

1. 阿玛涅克（Armgnac）

又译为阿玛邑、雅文邑，位于法国西南的热尔省，它不如干邑那么出名，但生产的白兰地也是世界优秀酒品。

图3-5 人头马路易十三 图3-6 人头马X.O特级香槟干邑

阿玛邑白兰地呈琥珀色，发黑发亮，酒香浓郁，回味悠长，酒度约为40度，著名的牌子有夏博（Chabot）、圣·毕旁（Saint-Vivant）、索法尔（Sauval）、库沙达（Caussade）、卡尔波尼（Carbonel）、卡斯塔奴（Castagnon）等。

2. **法国白兰地（French Brandy）**

除干邑和阿玛邑以外的所有法国葡萄蒸馏酒，统称为法国白兰地。其价格相对较低，质量不错，外包装亦很讲究，在市场上颇具竞争力。近年来这种普通法国白兰地对干邑白兰地的销售量有较大影响。普通法国白兰地一般放在橡木桶内陈酿2~3年就装瓶出售，较好的品牌有巴蒂尼（Bardinet）、喜都（Choteau）、克里耶尔（Courriere）等。

3. **苹果白兰地**

苹果白兰地是将苹果碾压成苹果泥，再压榨出苹果汁，在自然状态下发酵数月，再加以蒸馏酿制成的一种水果白兰地。它的主要产地在法国的北部和英国、美国等。美国生产的苹果白兰地被称为“Apple Jack”，需要在橡木桶中陈酿5年才能销售；加拿大的称为“Pomal”；德国的称为“Apfelschnapps”。

世界上最为著名的苹果白兰地是法国诺曼底的卡尔瓦多斯生产的，被称为“Calvados”，该酒呈琥珀色，明亮，酒香清芬，果香浓郁，口味微甜，甜度在40~50度。一般法国生产的苹果白兰地需要陈酿10年才能上市销售。

苹果白兰地的著名品牌包括布鲁耶城堡（Chateau Du Breuil）、布拉德（Boulard）、杜彭特（Dupont）、罗杰·古鲁特（Roger Groult）等。

4. **樱桃白兰地**

这种酒使用的主原料是樱桃，酿制时必须将其果蒂去掉，然后将果实压榨后加水，使其发酵，再经过蒸馏、酿藏而成。它的主要产地在法国的阿尔萨斯、德国的斯瓦兹沃特、瑞士和东欧等地区。

另外，在世界各地还有许多以其他水果为原料酿制而成的白兰地，只是在产量、销售量和名气上没有以上白兰地大，如李子白兰地等。

除以上白兰地外，质量较好的白兰地还有美国的克利斯丁兄弟（Christian Brothers）和吉尔德（Guild）、西班牙的卡罗斯（Carlos）、意大利的布顿（Buton）、德国的阿斯巴赫（Asbach）、葡萄牙的康梅达（Cumeada）、加拿大的安大略小木桶（Ontario）等。

四、白兰地的饮用及品尝方法

1. 白兰地的饮用方法

（1）净饮（纯饮）。将一盎司白兰地倒入白兰地酒杯，饮用时用手心温度将白兰地稍加温，让其香味挥发，一边欣赏其香气一边饮用。

（2）加冰块饮用。将少量冰块放进白兰地酒杯，再放一盎司白兰地。

（3）与汽水或果汁混合饮用。将白兰地倒入高杯，加入冷藏过的汽水或果汁。

2. 白兰地的品尝程序

（1）观色。看白兰地的颜色，上乘的白兰地应呈金黄色，晶莹剔透，既灿烂又不娇艳。带有暗红色的白兰地质量较差，有些是添加色素所致。

图 3-7　白兰地专用杯

（2）闻香。法国干邑白兰地香味独特，素有“可喝的香水”的美称。高质量的白兰地其味道并不单一，而应是丰富、有层次的，其香味经久不散。

（3）尝味。第一口不要喝得太多，让一小口白兰地沿着舌头进入喉咙，通过舌头上的不同味感区感受醇香的酒味。第二口可多喝一些，感受那温暖的、没有强烈刺激的、葡萄酒发酵后与橡木桶所形成的酒香味。

根据不同的场合要求，常采用白兰地专用杯（或称球形杯）（见图 3-7）及郁金香形杯。

白兰地酒杯是为了充分享用白兰地而特殊设计的。“闻香”是享受白兰地的主要程序，酒杯窄口的设计就是为了让酒的香味尽量长时间地留在杯内，以供人慢慢享受。酒杯的大肚设计是为什么呢？白兰地的酒精含量在 40 度左右，散发较慢，大肚用来加热有利于酒香散发。为了充分享受其酒香，喝酒时可手掌托杯，以使温度传至酒中，将杯内的白兰地稍加温，易于香气散发，同时又要晃动酒杯，以扩大酒与空气的接触面，促进酒香味的散发。

任务二　熟悉威士忌

威士忌是以大麦、黑麦、燕麦、小麦、玉米等谷物为原料，经发酵、蒸馏后放入橡木桶陈酿、勾兑而成的一种酒精饮料，其颜色为褐色，酒度一般为 40~43 度，最高可达 66 度。威士忌的主要生产国为英语国家。威士忌是世界上最著名的酒品之一，也是谷物蒸馏酒中最重要的烈性酒。

威士忌不仅酿造历史悠久，酿造工艺精良，而且产量大，市场销售旺，深受消费者欢迎，是世界最著名的蒸馏酒品之一，同时也是酒吧单杯“纯饮”销售量最大的酒水品种之一。目前，苏格兰威士忌是世界上最畅销的谷物蒸馏酒。

一、威士忌的起源及发展

12 世纪时，爱尔兰岛上已有一种以大麦作为基本原料生产的蒸馏酒，其蒸馏方法是从西班牙传入的。这种酒含芳香物质，具有一定的医药功能。1171 年，英国国王亨利二世举兵入侵爱尔兰，并将这种酒的酿造方法带到了苏格兰；当时，居住在苏格兰北部的盖尔人称这种酒为“uisge beatha”，意为“生命之水”，这种“生命之水”即威士忌的雏形。

1494 年的苏格兰文献“财政簿册”中曾记载苏格兰人蒸馏威士忌的历史。19 世纪，英国连续式蒸馏器的出现，使苏格兰威士忌实现了商业化生产。

1700 年以后，居住在美国宾夕法尼亚州和马里兰州的爱尔兰和苏格兰移民开始在那里建立起家庭式的酿酒作坊，从事蒸馏威士忌工作。随着美国人向西迁移，1789 年，欧洲大陆移民来到了肯塔基州的波本镇，开始蒸馏威士忌。这种酒后来被称为“肯塔基波本威士忌”（Kentucky Bourbon Whisky），其以优异的质量和独特的风格成为美国威士忌的代名词。

欧洲移民把蒸馏技术带到了美国，同时也传到了加拿大。1857 年，家庭式的“施格兰”（Seagram）酿酒作坊在加拿大安大略省建立，从事威士忌生产。1920 年，山姆·布朗夫曼（Samuel Bronfman）接掌“施格兰”的业务，创建了施格兰酒厂，他利用当地丰富的谷物原料及柔和的淡水生产出优质的威士忌，产品行销世界各地。如今，加拿大威士忌以其酒体轻盈的特点成为世界上配制混合酒的重要基酒。

19 世纪下半叶，日本受西方蒸馏酒工艺的影响，开始进口原料酒，进行威士忌调配。1933 年，日本三得利公司的创始人乌井信治郎在京都郊外的山崎县建立了第一座生产威士忌的工厂，从那时起，日本威士忌逐渐发展起来。

二、威士忌的生产工艺

一般威士忌的酿制工艺流程可分为 7 个步骤（见图 3－8）：

发芽 → 磨碎 → 发酵 → 蒸馏 → 陈酿 → 混配 → 装瓶

图 3－8 威士忌的酿制工艺流程

1. 发芽

首先将去除杂质后的麦类或谷类浸泡在热水中使其发芽，所需的时间因麦类或谷类品种的不同而有所差异，但一般需要一周至两周的时间。待其发芽后再将其烘干或使用泥煤熏干，等冷却后储放大约一个月的时间，发芽的过程即算完成。值得一提的是，在所有的威士忌中，只有苏格兰地区生产的威士忌是使用泥煤将发芽过的麦类或谷类熏干的，这就赋予苏格兰威士忌一种独特的风味，即泥煤的烟熏味，而这是其他种类的威士忌所没有的。

2. **磨碎**

将存放一个月后的发芽麦类或谷类放入特制的不锈钢槽磨碎并煮熟成汁，其间所需要的时间为8～12小时，通常在磨碎的过程中温度及时间的控制相当重要，过高的温度或过长的时间都会影响到麦芽汁（或谷类的汁）的品质。

3. **发酵**

冷却后的麦芽汁加入酵母菌进行发酵的过程，称为发酵。由于酵母菌能将麦芽汁中的糖转化成酒精，因此在完成发酵过程后会产生酒精浓度为5%～6%的液体，此时的液体被称为“Wash”或“Beer”。

酵母菌的种类很多，对发酵的影响又不尽相同，因此各个不同的威士忌品牌都将其使用的酵母菌的种类及数量视为商业机密，不轻易告诉外人。一般来讲，在发酵的过程中，威士忌酒厂会使用至少两种不同品种的酵母菌进行发酵，最多的有将十几种不同品种的酵母菌混合在一起进行发酵的。

4. **蒸馏**

一般而言，蒸馏具有浓缩的作用，因此当麦类或谷类经发酵形成低度的“Beer”后，还需要经过蒸馏的步骤才能形成威士忌，这时的威士忌酒精浓度为60%～70%，被称为“新酒”。

麦类与谷类原料所使用的蒸馏方式有所不同，由麦类制成的纯麦威士忌采取单一蒸馏法，即以单一蒸馏容器进行二次蒸馏过程，并在第二次蒸馏后将冷凝流出的酒去头掐尾，只取中间的“酒心”部分制成威士忌新酒。由谷类制成的威士忌，则采取连续式的蒸馏方法，使用两个蒸馏容器以串联方式一次连续进行两个阶段的蒸馏过程，制成威士忌新酒。

基本上各个酒厂筛选“酒心”的量并无固定、统一的比例标准，完全依酒品要求自行决定。一般各个酒厂取“酒心”的比例多在60%～70%，也有的酒厂为制造高品质的威士忌，取其纯度最高的部分使用，如享誉全球的麦卡伦（Macallan）单一麦芽威士忌。

5. **陈酿**

蒸馏过后的新酒必须要经过陈酿的过程，使其经过橡木桶的陈酿来吸收植物的天然香气并形成漂亮的琥珀色，同时亦可逐渐降低其高浓度酒精的强烈刺激感。

目前，在苏格兰地区有相关的法令来规范陈酿的时间，即每一种酒所标示的酒龄都必须是真实的，苏格兰威士忌至少要在木酒桶中酝藏3年才能上市销售。这样的严格规定，一方面可保障消费者的权益，另一方面则使得苏格兰地区出产的威士忌在全世界建立并保持高品质的形象。

6. **混配**

麦类及谷类原料品种众多，因此由其制造而成的威士忌也存在着各种不同的风味，这时就要靠各个酒厂的调酒大师依其经验的不同和本品牌酒质的要求，按照一定比例搭配，各自调配、勾兑出口味与众不同的威士忌。这个混配过程及其内容被视为绝对的机密，而混配后的威士忌品质的好坏，就完全由品酒专家及消费者来判定了。需要说明的是，这里所说的混配包含两种含义，即谷类与麦类原酒的混配、不同陈酿年代原酒的勾兑混配。

7. **装瓶**

在混配的工序完成后，剩下的就是装瓶了。但是，在装瓶之前还要先将混配好的威士忌再过滤一次，将其杂质去除，这时可用自动化的装瓶机器将威士忌按固定的容量分装至每一个酒瓶，然后贴上各自厂家的商标，最后装箱出售。

三、威士忌的分类

威士忌分类方法很多，依照威士忌所用的原料，威士忌可分为纯麦威士忌、谷物威士忌、混合威士忌。依照生产地，威士忌可分为苏格兰威士忌、爱尔兰威士忌、美国威士忌和加拿大威士忌。

纯麦威士忌是以在露天泥煤上烘烤的大麦芽为原料，用罐式蒸馏器蒸馏后，放入特制木桶陈酿，装瓶前用水稀释制成的威士忌。陈酿5年以上的酒可以饮用，陈酿7～8年为成品酒，陈酿15～20年为最优质酒，贮存20年以上的酒质量下降。此酒烟熏味浓烈，由于其味道过于浓烈，所以只有10%直接销售，约90%的酒用于勾兑混合威士忌。

谷物威士忌采用多种谷物如荞麦、黑麦、大麦、小麦、玉米等为原料，一次蒸馏而成。谷物威士忌是以不发芽的大麦做主料，用麦芽做糖化剂生产的。它与其他威士忌的区别就在于大部分大麦不发芽发酵，因此就不必用泥煤来烘烤，成酒后无泥炭香味。谷物威士忌主要用于勾兑其他威士忌，很少在市场上零售。

混合威士忌是指用纯麦威士忌和各类威士忌掺和勾兑而成的混合威士忌。经过混合的威士忌，原有的麦芽味已被冲淡，嗅觉上更吸引人，很受欢迎，畅销世界各地。平时，如果人们提到威士忌，多半是指混合威士忌。

根据纯麦威士忌和谷物威士忌比例的多少，兑和后的威士忌有普通和高级之分。一般来说，纯麦威士忌用量在50%～80%者，为高级混合威士忌；如果谷物威士忌所占比例大，则为普通威士忌。

四、世界著名的威士忌

1. **苏格兰威士忌**

苏格兰生产威士忌酒已有500多年的历史，苏格兰威士忌有独特的风格，色泽棕黄带红，清澈透明，气味焦香，带有一定的烟熏味，具有浓厚的苏格兰乡土气息，而且口感甘洌、醇厚、劲足、圆润、绵柔，是世界上最好的威士忌酒之一。苏格兰威士忌质量的衡量标准主要是嗅觉感受酒香气味。

苏格兰威士忌可分为纯麦威士忌、谷物威士忌和混合威士忌 3 种类型。目前，世界上最流行、产量最大、品牌最多的便是混合威士忌。苏格兰混合威士忌的原料 60% 来自谷物威士忌，其余则加入纯麦威士忌，它的工艺特征是使用当地的泥煤为燃料烘干麦芽，粉碎、蒸煮、糖化、发酵之后再经壶式蒸馏器蒸馏，产生酒度 70 度左右的无色威士忌，再装入内部烤焦的橡木桶，贮藏 5 年甚至更长一些时间，其中，有很多品牌的威士忌酝藏期超过 10 年。最后，经勾兑混配后调制成酒度在 40 度左右的成品酒出厂。

在整个苏格兰有 4 个主要威士忌酒产区，即北部高地、南部低地、西南部的康贝镇和西部岛屿伊莱。

北部高地产区有近百家纯麦威士忌酒厂，占苏格兰酒厂总数的 70% 以上，是苏格兰最著名的威士忌酒生产区。该地区生产的纯麦威士忌酒体轻盈、酒味醇香。

南部低地约有 10 家纯麦威士忌酒厂。该地区是苏格兰第二个著名的威士忌酒生产区。它除了生产纯麦威士忌外，还生产混合威士忌。

西南部的康贝镇位于苏格兰南部，是苏格兰传统威士忌酒的生产区。

西部岛屿伊莱风景秀丽，位于大西洋中。伊莱岛在酿制威士忌酒方面有着悠久的历史，生产的威士忌酒有独特的味道和香气，其混合威士忌比较著名。

苏格兰威士忌主要名牌产品：

（1）格兰菲迪（又称鹿谷，Glenfiddich）。纯麦威士忌的典型代表。它的特点是味道香浓而油腻，烟熏味浓重突出，品种有 8 年、10 年、12 年、18 年、21 年等，如图 3－9 所示。

（2）兰利斐（又称格兰利菲特，Glenlivet）。该酒酒厂是第一家政府登记的蒸馏酒生产厂，因此该酒也被称为“威士忌之父”，如图 3－10 所示。

（3）麦卡伦（Macallan）。麦卡伦是苏格兰纯麦威士忌的主要品牌之一。麦卡伦的特点是由于在贮存、酿造期间只用雪利酒橡木桶盛装，因此具有白兰地般的水果芬芳味道，被酿酒界人士评为“苏格兰纯麦威士忌中的劳斯莱斯”。在陈酿分类上有 10 年、12 年、18 年以及 25 年等品种，以酒精含量分类则有 40 度、43 度、57 度等品种，麦卡伦 12 年如图 3－11 所示。

图 3－9　格兰菲迪

图 3－10　兰利斐

图 3－11　麦卡伦 12 年

（4）百龄坛（Ballantine's）。百龄坛产品以产自苏格兰高地的8家酿酒厂的纯麦威士忌为主，再配以42种其他苏格兰纯麦威士忌，然后与自己公司生产、酿制的谷物威士忌混合勾兑调制而成，具有口感圆润、浓郁醇香的特点，是世界上最受欢迎的苏格兰混合威士忌之一，产品有特醇、金玺等品种，百龄坛特醇如图3－12所示。

（5）金铃（Bell's）。金铃是英国最受欢迎的品牌之一，创于1825年。其产品都是使用极具平衡感的纯麦威士忌为原酒勾兑而成，产品有Extra Special、Bell's Deluxe（12年）、Bell's Decanter（20年）、Bell's Royal Reserve（21年）等级别，如图3－13所示。

（6）芝华士（Chivas Regal）。Chivas Regal的意思是"Chivas家族的王者"，在1843年，芝华士曾作为维多利亚女王的御用酒。产品有芝华士12年（Chivas Regal 12）、皇家礼炮（Royal Salute）两种规格，芝华士12年如图3－14所示。

图3－12　百龄坛特醇

图3－13　金铃

图3－14　芝华士12年

（7）顺风（Cutty Sark）。顺风是具有现代口感的清淡型苏格兰混合威士忌，酒性较柔和，是国际较畅销的苏格兰威士忌之一。顺风采用苏格兰低地纯麦威士忌作为原酒，与苏格兰高地纯麦威士忌勾兑调和而成，产品分为Cutty Sark、Berry Sark（10年）、Cutty（12年）、St. James（圣・詹姆斯）等，如图3－15所示。

（8）添宝（Dimple）。添宝15年是1989年向世界推出的苏格兰混合威士忌，具有金丝的独特瓶型和散发着酿藏15年的醇香，使其独具一格，深受上层人士喜爱。

（9）格兰特（Grant's）。作为苏格兰纯麦威士忌Glenfiddich的姊妹酒，格兰特威士忌酒给人的感觉是爽快和具有"男性化"的辣味，因此在世界具有较高的知名度。其标准品为Standfast（意为其创始人威廉姆・格兰特常说的一句话"你奋起吧"），另外还有Grant's Centenary、Grant's Royal（12年陈酿）和Grant's 21（格兰特21年极品威士忌）等品种，如图3－16所示。

（10）海格（Haig）。海格以酿酒公司名命名，公司是苏格兰酿制威士忌酒的老店，具有比较高的知名度，其产品有标准品Haig和Pinch等。

图 3－15　顺风　　　图 3－16　格兰特

（11）珍宝（J & B）。该酒取名于该公司英文名称的字母缩写，属于清淡型混合威士忌。该酒由 42 种不同的纯麦威士忌与谷物威士忌混合勾兑而成，且 80% 以上的纯麦威士忌产自苏格兰著名的 Speyside 地区，是目前世界上销量比较大的苏格兰威士忌酒之一，如图 3－17 所示。

（12）约翰尼·沃克（Johnnie Walker）。苏格兰威士忌代表酒，以产自苏格兰高地的 40 余种纯麦威士忌为原酒，混合谷物威士忌勾兑调配而成。Johnnie Walker Red Label（约翰尼·沃克红方或红标）是其标准品，在世界范围内销量很大；Johnnie Walker Black Label（约翰尼·沃克黑方或黑标）是采用 12 年陈酿纯麦威士忌调配而成的高级品，具有圆润可口的风味。另外，还有 Johnnie Walker Blue Label（约翰尼·沃克蓝方或蓝标），是约翰尼·沃克威士忌酒系列中的顶级醇醪；Johnnie Walker Gold Label（约翰尼·沃克金方或金标），是陈酿 18 年的系列酒；Johnnie Walker Swing Superior（约翰尼·沃克尊豪），是威士忌系列酒中的极品，选用 45 种以上的高级纯麦威士忌混合调制而成，口感圆润，喉韵清醇，其酒瓶采用不倒翁设计式样，非常独特；Johnnie Walker Premier（约翰尼·沃克尊爵），属极品级苏格兰威士忌酒，该酒酒质馥郁醇厚，特别适合亚洲人的饮食口味。约翰尼·沃克黑方和红方分别如图 3－18、图 3－19 所示。

图 3－17　珍宝　　图 3－18　约翰尼·沃克黑方　图 3－19　约翰尼·沃克红方

（13）帕斯波特（Passport）。帕斯波特又称护照威士忌，是由威廉·隆格摩尔公司于1968年推出的具有现代气息的清淡型威士忌酒。该酒具有明亮轻盈、口感圆润的特点，非常受年轻人欢迎。

（14）威雀（Famous Grouse）。威雀由马修·克拉克公司出品，Famous Grouse属于其标准产品，此外还有Famous Grouse 15（15年陈酿）和Famous Grouse 21（21年陈酿）等。

此外，比较著名的苏格兰混合威士忌还有Claymore（克雷蒙）、Dewar's（笛沃）、Dunhill（登喜路）、Highland Park（高原骑士）、King of Scots（苏格兰王）、Old Parr（老帕尔）、Something Special（珍品）、Taplows（泰普罗斯）、White Horse（白马）、William Lawson's（威廉·罗森）等。

2. 爱尔兰威士忌

爱尔兰威士忌原产于爱尔兰，其原料除大麦芽外还掺入了20%左右的小麦和黑麦等，贮存期一般为7年，酒度为40度。其酒液中没有烟熏味，口味绵柔，适用于制作混合酒或与其他饮料共饮。

爱尔兰威士忌因其原料不用泥煤烘烤，所以没有焦香味，成熟度较高，风靡世界的爱尔兰咖啡就是以此作基酒调配的。

爱尔兰威士忌著名的酒牌：

（1）约翰·詹姆森（John Jameson）。爱尔兰威士忌的代表。其标准品口感平润并带有清爽的风味，是世界各地酒吧常备酒品之一；Jameson 1780 12年威士忌口感十足、甘醇芬芳，是极受人们欢迎的爱尔兰威士忌名酒。

（2）布什米尔（Bushmills）。布什米尔以酒厂名字命名，该酒以精选大麦制成，生产工艺复杂，有独特的香味，酒度为43度，分为Bushmills、Black bush、Bushmills malt（10年）3个级别。

（3）特拉莫尔露（Tullamore Dew）。该酒起名于酒厂名，酒度为43度，其标签上描绘的狗代表牧羊犬，是爱尔兰的象征。

3. 美国威士忌

美国威士忌分为波本威士忌、黑麦威士忌、混合威士忌，其中以波本威士忌最为著名。

波本是位于美国肯塔基州的一个县城，该处是美国最先使用玉米做原料酿造威士忌的地方。虽然今天的波本威士忌产地已扩大到马里兰州、印第安纳州、伊利诺伊州等地，可一半以上的波本威士忌仍然产于肯塔基州。

波本威士忌酒精含量为40%～50%，选用至少51%的玉米原料酿制而成。事实上，大多数的酒商采用60%或80%的玉米作原料，其余的部分则用黑麦和小麦。波本威士忌是用连续蒸馏两次的方法酿造而成的，必须在新制的烘烤过的白橡木桶内酝酿两年以上，所有的产品均在保温仓库里酝酿和装瓶。

波本威士忌的口味与苏格兰威士忌有很大的区别。波本威士忌被酝藏于烘烤过的橡木桶内，这使其产生一种独特的丰富香味。

美国威士忌的名品：

（1）吉姆·比姆（Jim Beam），又称占边。吉姆·比姆是 Jim Beam 公司生产的具有代表性的波本威士忌酒。该酒以发酵过的稞麦、大麦芽、碎玉米为原料蒸馏而成，具有圆润可口、香味四溢的特点，分为普通（酒度为 40.3 度）、精选（酒度为 43 度）和经过长期陈酿的豪华产品，如图 3 – 20 所示。

（2）杰克·丹尼（Jack Daniel's）。该酒厂位于田纳西州的莲芝堡，是美国最古老的注册酒厂。杰克·丹尼的原料是最上等的玉米、黑麦及麦芽等全天然谷物，配合高山泉水酿制，不含人造成分。制作方法采用独特的枫木过滤法，用新烧制的美国白橡木桶贮存，让酒质散发出天然、独特的馥郁芬芳，如图 3 – 21 所示。

图 3 – 20　吉姆·比姆

图 3 – 21　杰克·丹尼

（3）四玫瑰（Four Roses）。容量为 710 毫升/瓶，酒度 43 度。黄牌四玫瑰味道温和，气味芳香；黑牌四玫瑰味道香甜浓厚；“普拉其那”则口感柔和，气味芬芳香甜。

（4）施格兰王冠（Seagram's 7 Crown）。这是由施格兰公司于 1934 年首次推向市场的口味十足的美国黑麦威士忌。

此外，老祖父（Old Grand Dad）、野火鸡（Wild Turkey）等也较有名气。

4. 加拿大威士忌

加拿大威士忌酒有 200 多年的历史，其著名产品是稞麦（黑麦）威士忌和以黑麦、玉米和大麦为主要原料混合酿制的混合威士忌。在稞麦（黑麦）威士忌中，稞麦（黑麦）是主要原料，占 51% 以上，再配以大麦芽及谷类，此酒经发酵、蒸馏、勾兑等工艺，并在橡木桶中陈酿至少 3 年（一般为 4 ~ 6 年），才能出品。该酒细腻，酒体轻盈淡雅，酒度 40 度以上，特别适宜作为混合酒使用。加拿大威士忌在原料、酿造方法及酒体风格等方面与美国威士忌比较相似。加拿大威士忌气味清爽，口味温和，不少北美人士都喜爱这种酒。

加拿大威士忌著名的品牌有：

（1）皇冠（Crown Royal）。加拿大威士忌的超级品，以酒厂名命名。1936 年英国国王乔治六世访问加拿大时饮用过这种酒，因此而得名，酒度为40度。

（2）施格兰特酿（Seagram's V. O）。该酒以酒厂名字命名，施格兰原为一个家族，该家族热心于制作威士忌酒，后来成立酒厂并以施格兰命名。该酒以稞麦和玉米为原料，贮存6年以上，经勾兑而成，酒度为40度，口味清淡而且平稳顺畅，如图3－22所示。

此外，还有著名的加拿大俱乐部（Canadian Club）、韦勒维特（Velvet）、卡林顿（Carrington）、怀瑟斯（Wiser's）、加拿大O. F. C（Canadian O. F. C）等产品，加拿大俱乐部如图3－23所示。

图3－22 施格兰特酿

图3－23 加拿大俱乐部

五、威士忌常用的饮用方法

1. **净饮（纯饮）**

将威士忌直接倒入威士忌杯饮用。在酒吧服务中，常以一盎司为一个销售单位（1份）进行销售。

2. **加冰块饮用**

先在古典杯中放4～5块冰块，然后将威士忌倒入古典杯饮用。

3. **威士忌兑饮**

威士忌可以做调制鸡尾酒的基酒，如威士忌酸、曼哈顿、古典酒等著名的鸡尾酒就是用它做基酒调制的。

4. **威士忌兑水**

所兑的水可以是冰水或汽水等，如苏格兰苏打，即苏格兰威士忌兑苏打水饮用，方法是先在冷饮杯中放入2～3块小冰块，再加入定量的威士忌和八分满的苏打水，以柠檬饰杯，插入吸管饮用。

任务三 熟悉伏特加

伏特加（Vodka）在俄语中有“水酒”之意，它起源于俄罗斯，通常用马铃薯或多种谷物做原料，经发酵、蒸馏、过滤而成。其酒度较高，标准酒度一般为50度，也有的酒度高达90度，是一种烈性酒，不需贮存即可出售，在俄罗斯、东欧、北欧国家十分流行。

一、伏特加的起源及发展

传说12世纪时，宫廷酿酒师基斯科夫经过一番设计酿制出一种“五色黄金不老”饮料，这种饮料由以稞麦为原料的啤酒和蜂蜜酒一起蒸馏而成，它就是现在伏特加的原型。之后，玉米、土豆等农作物被引进俄国，陆续成为酿酒的新原料。

18世纪，小酒保出身的史密诺夫发明了用白桦木炭过滤伏特加原酒的方法，使得酿出的酒更加纯净、透明。1818年，宝狮伏特加酒厂在莫斯科建成，1930年，伏特加的配方被带到美国，美国也建起了宝狮酒厂，所产的酒酒度很高，在最后过程中用一种特殊的木炭过滤，以求伏特加酒味纯净。随着这种饮品在市场上的销售，热衷鸡尾酒的美国人发现，以伏特加为基酒所调配的“血玛丽”（Bloody Mary）、“螺丝刀”（Screwdriver）等混合酒口味很好，富有特色，因此伏特加在美国逐渐盛行起来。

二、伏特加的特点

伏特加是以多种谷物（玉米等）为原料，用重复蒸馏、精炼过滤的方法除去酒精中所含毒素和其他异物的一种纯净的高酒精浓度饮料。伏特加无色，口味烈，劲大刺鼻，与软饮料混合后变得甘洌，与烈性酒混合变得更烈。由于酒中所含杂质极少，口感纯净，并且可以与其他饮料混合饮用，所以经常用作鸡尾酒的基酒。

三、伏特加的酿造

伏特加的传统酿造法是以马铃薯或玉米、大麦、黑麦为原料，先用精馏法蒸馏出酒度高达96%的酒液，再使酒液流经盛有大量木炭的容器，以吸附酒液中的杂质（每10升蒸馏液用1.5千克木炭连续过滤，不得少于8小时，40小时后至少要换掉10%的木炭），最后用蒸馏水稀释。此酒不用陈酿即可出售、饮用，也有少量的如香型伏特加在稀释后还要经串香程序，使其具有芳香味道。伏特加与金酒一样都是以谷物为原料的高酒精度数的烈性饮料，并且不需陈酿。但与金酒相比，伏特加甘洌、无刺激味，而金酒有浓烈的杜松子味道。

四、世界著名伏特加产地及品牌

1. 俄罗斯伏特加

俄罗斯伏特加最初以大麦为原料，以后逐渐改用含淀粉的马铃薯和玉米，制造酒醪和蒸馏原酒并无特殊之处，只是过滤时将蒸馏而得的原酒注入白桦木活性炭过滤槽，经缓慢的过滤程序，使蒸馏液与活性炭分子充分接触而得以净化，将原酒中所含的油类、酸类、醛类、酯类及其他微量元素除去，得到纯净的伏特加。

俄罗斯伏特加酒液透明，除酒香外几乎没有其他香味，口味凶烈，劲大冲鼻，火一般的刺激，其名品有波士伏特加（Bolskaya）、苏联红牌（Stolichnaya）、苏联绿牌（Moskovskaya）、柠檬那亚（Limonnaya）、斯大卡（Starka）、朱波罗夫卡（Zubrovka）、俄国卡亚（Kusskaya）、哥丽尔卡（Gorilka），苏联红牌和苏联绿牌分别如图 3－24、图 3－25 所示。

2. **波兰伏特加**

波兰伏特加的酿造工艺与俄罗斯伏特加相似，区别只是波兰人在酿造过程中加入了一些草卉、植物果实等调香原料，所以波兰伏特加比俄罗斯伏特加酒体更丰富，更富韵味，名品有蓝牛（Blue Rison）、维波罗瓦（Wyborowa）红牌 38°、维波罗瓦蓝牌 45°、朱波罗卡（Zubrowka）。波兰伏特加如图 3－26 所示。

3. **其他国家和地区的伏特加**

除俄罗斯与波兰外，其他较著名的生产伏特加的国家和地区及品牌还有：

（1）英国。哥萨克（Cossack）、弗拉蒂瓦（Viadivat）、皇室（Imperial）、西尔弗拉多（Silverad）。

（2）美国。宝狮（Smirnoff）、沙莫瓦（Samovar）。宝狮伏特加如图 3－27 所示。

图 3－24　苏联红牌

图 3－25　苏联绿牌

图 3－26　波兰伏特加

图 3－27　宝狮伏特加

（3）芬兰。芬兰地亚（Finlandia）。

（4）法国。卡林斯卡亚（Karinskaya）、弗劳斯卡亚（Voloskaya）。

（5）加拿大。西豪维特（Silhowltte）。

五、伏特加的饮用与服务方法

伏特加的标准用量为每位客人 42 毫升，用利口杯或古典杯服务，可做佐餐酒或餐后酒。

纯饮时，备一杯凉水，以常温服侍，快饮（干杯）是其主要饮用方式。许多人喜欢冰镇后干饮，仿佛冰溶化于口中进而转化成一股火焰般的清热。

伏特加做基酒来调制鸡尾酒，比较著名的有黑色俄罗斯（Black Russian）、螺丝刀、血玛丽等。

任务四　熟悉金酒

金酒（Gin）有许多称谓，香港、广东地区称之为毡酒，台北称之为琴酒，又因其含有特殊的杜松子味道，所以又被称为杜松子酒。

一、金酒的起源及发展

据说金酒诞生于17世纪中叶，由荷兰莱顿大学的医学教授西尔维斯（Sylvius）首创，最初是作为利尿、清热的药剂使用，不久人们发现这种利尿剂香气和谐、口味协调、醇和温雅、酒体洁净，具有净、爽的自然风格，因此被人们作为正式的酒精饮料饮用。据说，荷兰的威廉三世到英国继承王位，于是杜松子酒传入英国，用英文Gin命名，受到欢迎。到了英国女王安妮时期，金酒已传遍苏格兰，并成为英国平民百姓喜欢的廉价酒品。

金酒进入美国后，起初并不受消费者喜欢，尤其是在20世纪20年代开始的禁酒运动时期，美国人认为金酒似乎可以用任何东西来作为酿酒原料，其酿造的容器甚至可以是一个浴缸，因此，美国人称金酒为“浴缸金酒”。

后来，金酒特有的杜松子香味在调制鸡尾酒中起到重要的作用，因此得到了美国人的青睐。随着鸡尾酒的流行，金酒制造业在欧美得到了迅猛发展。现在金酒已成为酒吧必备的饮料。

金酒的怡人香气主要来自具有利尿作用的杜松子。杜松子的加法有许多种，一般是将其包于纱布中，挂在蒸馏器出口部位，蒸酒时，其味便串入酒中。或者将杜松子浸于绝对中性的酒精中，一周后再回流复蒸，将其味蒸入酒中。有时还可以将杜松子压碎成小片状，加入酿酒原料，进行糖化、发酵、蒸馏，以得其味。有的酒厂配合其他香料来酿制金酒，如荽子、豆蔻、甘草、橙皮等。而精准的配方，厂家一向是保密的。

世界上以金酒做基酒调制出来的鸡尾酒有数百种之多，故有人称金酒为鸡尾酒的“心脏”。

二、金酒的分类及著名品牌

世界上金酒可分为两大类：荷兰式金酒和英国式金酒。此外，还有其他国家的金酒。

1. 荷兰式金酒

荷兰式金酒采用大麦、玉米、稞麦等为原料，经糖化、发酵后放入单式蒸馏器蒸馏，然后将杜松子与其他香草类加入蒸馏器，重新用单式蒸馏器二次蒸馏而成。这种方法制造出来的酒除有浓郁香气外还带有麦芽的香味，酒度 52 度左右。

荷兰式金酒是荷兰的国酒，酒液无色透明，酒香与香料味突出，近乎怪异，个性强。因酒的口味过于浓甜，可以盖过其他饮料，所以只适宜单饮，不宜做调制鸡尾酒的基酒。

著名的金酒品牌有波尔斯（Bols）、波克马（Bokma）、亨克斯（Henkes）等，波克马金酒如图 3－28 所示。

2. **英国式金酒**

英国式金酒以稞麦、玉米等为原料，经过糖化、发酵后放入连续式蒸馏器，蒸馏出酒度很高的玉米、稞麦酒精，加入杜松子和其他香料，重新放入单式蒸馏器蒸馏，既可以净饮，又可以用来调酒。

较流行的品牌有哥顿（Gordon's）、比佛塔（Beefeater）等，哥顿金酒和比佛塔金酒分别如图 3－29、图 3－30 所示。

图 3－28 波克马金酒

图 3－29 哥顿金酒

图 3－30 比佛塔金酒

3. **其他国家的金酒**

美国金酒（American Gin）为淡金黄色，因为与其他金酒相比，它要在橡木桶中陈酿一段时间。美国金酒主要有蒸馏金酒（Distiled Gin）和混合金酒（Mixed Gin）两大类。通常情况下，美国的蒸馏金酒在瓶底有“D”字，这是美国蒸馏金酒的特殊标志。混合金酒是用食用酒精和杜松子简单混合而成的，很少单饮，多用于调制鸡尾酒。

金酒的主要产地除荷兰、英国、美国以外，还有德国、法国、比利时等国家，比较常见和有名的金酒有德国的辛肯哈根（Schinkenhager）、西利西特（Schlichte）、多亨卡特（Doornkaat），比利时的布鲁克人（Bruggman）、菲利埃斯（Filliers）、弗兰斯（Fryns）、海特（Herte）、康坡（Kampe）、万达姆（Vanpamme），法国的克丽森（Claessens）、罗斯（Loos）、拉弗斯卡德（Lafoscade）等。

任务五　熟悉朗姆酒

朗姆酒（Rum），又称兰姆酒、糖酒、罗姆酒，是制糖业的一种副产品，它是用甘蔗汁或糖蜜经发酵、蒸馏，在橡木桶中贮存3年以上而成的，其酿制工艺流程如图3－31所示。

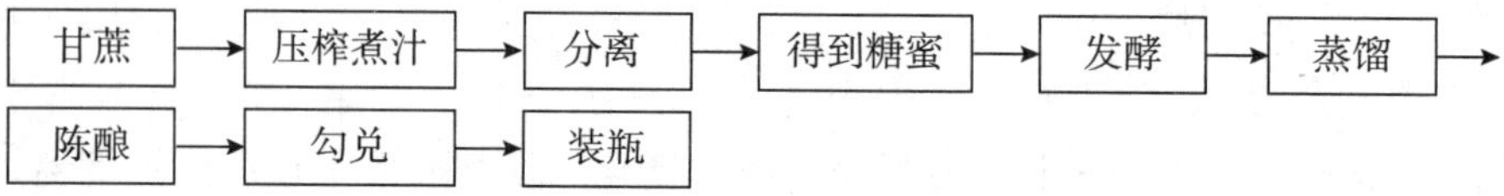

图3－31　朗姆酒的酿制工艺流程

因朗姆酒的原料为甘蔗，所以世界各地产甘蔗多的地区可以生产朗姆酒，如西半球的西印度群岛，美国、墨西哥、古巴、牙买加、波多黎各、海地、多米尼加、特立尼达和多巴哥、圭亚那、巴西等国家。另外，非洲岛国马达加斯加也出产朗姆酒。这些酒以质浓色深的牙买加朗姆酒和味淡色浅的古巴朗姆酒最为著名。朗姆酒是世界上消费量最大的酒品之一。

一、朗姆酒的起源及发展

16世纪，哥伦布发现新大陆后，在西印度群岛一带广泛种植甘蔗，榨取甘蔗汁制糖，在制糖时剩下许多残渣，这种副产品称为糖蜜。人们把糖蜜、甘蔗汁一起蒸馏，就形成了新的蒸馏酒。但当时的酿造方法非常简单，酒质不好，只有种植园的奴隶们喝，而奴隶主们喝葡萄酒。17世纪，西印度群岛的欧洲移民开始以甘蔗为原料制造一种廉价的烈性酒，作为兴奋剂、万能药来饮用，这种酒即现今朗姆酒的雏形。

18世纪，随着世界航海技术的进步以及欧洲各国殖民地政策的推进，朗姆酒生产开始在世界各地兴起。据统计，到1775年，北美洲人均年消费朗姆酒已达4加仑①。至今，朗姆酒仍然是英国海军的传统饮料，许多法国的家庭主妇把朗姆酒作为厨房必备的调料酒。由于朗姆酒具有改变水果类饮品味道的功能，因此朗姆酒亦被当作调制混合酒的重要基酒。

二、朗姆酒的特点与分类

（一）特点

朗姆酒酒度一般为40～43度，少数酒品超过45度，是微黄、褐色的液体，具有细致、甜润的口感及芬芳馥郁的酒精香味。大多数朗姆酒产于热带地区，其酒色越深表

① 1加仑（美）≈3.785升；1加仑（英）≈4.546升。

示贮存年份越久。

（二）分类

1. 按口味分类

（1）淡朗姆酒：色淡，味道精致、清淡，是鸡尾酒基酒和勾兑其他饮料的原料。生产过程中，甘蔗糖只加酵母，发酵期短，塔式连续蒸馏，产出95度的原酒，贮存勾兑，形成浅黄色到金黄色的成品酒，以古巴朗姆酒为代表。

（2）中性朗姆酒：生产过程中，在糖蜜中加水使其发酵，然后仅取浮在上面的澄清的汁液蒸馏、陈化，出售前用淡朗姆酒和浓朗姆酒勾兑至合适程度。

（3）浓朗姆酒：在生产过程中，首先将甘蔗糖澄清，再加入能产丁酸的细菌和产酒精的酵母菌，发酵10天以上，用壶式锅间歇蒸馏，得86%左右的无色原朗姆酒，在木桶中贮存多年后勾兑成金黄色或淡棕色的成品酒。

2. 以颜色分类

（1）白朗姆酒：无色或为淡色，又叫银朗姆酒（Silver Rum），制造时先用活性炭过滤原酒，除去杂味。

（2）金朗姆酒（Golden Rum）：介于白朗姆酒和黑朗姆酒之间的酒液，通常用白朗姆酒和黑朗姆酒混合。

（3）黑朗姆酒（Dark Rum）：浓褐色，多产自牙买加，通常用于制作点心。

三、世界著名朗姆酒品牌

1. 百加地（Bacardi）

百加地朗姆酒是由西班牙移民白卡迪于1862年在古巴创立的。该品牌最早将刺激性强的朗姆酒转变为纯净爽口的淡朗姆酒，目前该品牌朗姆酒的销售量排名世界第一。具体又分为：金色百加地，酒精度数为40度；淡质百加地，酒精度数为44度；暗色百加地，酒精度数为40度。百加地如图3－32所示。

2. 美亚森（Myers's）

美亚森又称美雅士，是牙买加出产的著名暗色老朗姆酒。该酒在牙买加经过蒸馏后装桶运到英国，进行8年的陈酿后才装瓶销售。美亚森芬芳甘醇，气味诱人，酒精度数为40度，除供饮用外，还经常被用来制作糕点。美亚森如图3－33所示。

3. 奇峰（Mount Gay）

奇峰产自西印度群岛的巴巴多斯，始创于1660年，酒精度数为43度，饮用该酒时兑入苏打水或可乐风味更佳。奇峰如图3－34所示。

另外，还有拉姆斯（Lambs）、哈瓦那俱乐部（Havana Club）、摩根船长（Captain Morgan）等名品。

图 3－32　百加地　　图 3－33　美亚森　　图 3－34　奇峰

四、朗姆酒的饮用与服务方法

朗姆酒既可以直接单独饮用，也可以与其他饮料混合成鸡尾酒，在晚餐时作为开胃酒来喝，还可以在晚餐后喝。在重要的宴会上，朗姆酒是极好的选择。

陈年浓朗姆酒可作为餐后酒纯饮，亦可加冰块。纯饮用利口酒杯，兑冰块时用古典威士忌杯。

白色淡朗姆酒如波多黎各的百加地，可做调制混合酒的基酒，可兑果汁饮料、碳酸饮料并加上冰块，金色淡朗姆酒可纯饮或加冰块。

朗姆酒与咖啡、可可或热带水果等原料配合，可以酿造出极好的利口酒。

任务六　熟悉特基拉

特基拉（Tequila）产于墨西哥，以墨西哥珍贵的植物龙舌兰为原料，是经过发酵、蒸馏而得到的烈性酒。

特基拉在制法上不同于其他蒸馏酒，在经过 10 年的栽培后，龙舌兰长满叶子的根部会形成大菠萝状茎块，将叶子全部切除，将含有甘甜汁液的茎块切割后放入专用糖化锅内煮大约 12 个小时，待糖化过程完成之后将其榨汁注入发酵罐，加入酵母和上次的部分发酵汁。有时，为了补充糖分，还得加入适量的糖。发酵结束后，发酵汁除留下一部分做下一次发酵的配料之外，其余的在单式蒸馏器中蒸馏两次。第一次蒸馏后，将会获得一种酒精含量约 25% 的液体；而第二次蒸馏，在经过去除首馏和尾馏的工序之后，将会获得一种酒精含量大约为 55% 的可直接饮用烈性酒。虽然经过了两次蒸馏，但最后获得的酒液，其酒精含量仍然比较低，其中含有很多原材料及发酵过程中所产生的成分，这些成分形成了特基拉风味。和伏特加一样，特基拉在完成了蒸馏工序之后酒液要经过活性炭过滤，以去除杂质。

一、特基拉的起源及发展

据传说，18 世纪中叶，在墨西哥中部的哈里斯克州的阿奇塔略曾发生了严重的火山喷发事件。大火过后，地面上到处是烧焦的龙舌兰，而空气中则充满了一种怡人的香草味，当地村民将烧焦的龙舌兰砸烂，发现里面竟流出一股巧克力色泽的汁液来，放入口中品尝后，有极浓的甜味。于是，墨西哥早期的西班牙移民就将龙舌兰压榨出汁，然后将汁液发酵、蒸馏，制造出无色透明的烈性酒。随后，酿造厂为了寻求上等的龙舌兰原料来到特基拉镇，从此以后特基拉镇就成了特基拉最主要的产地。

1873 年，特基拉被以梅斯卡尔葡萄酒（Mescal Wine）的名字从特基拉镇运到了美国的新墨西哥州，这是该酒第一次被运出国境。1893 年，它以梅斯卡尔白兰地酒（Mescal Brandy）的名义参加了在芝加哥举行的世界博览会；1910 年，它又以龙舌兰葡萄酒（Tequila Wine）的名义参加了在圣安东尼举行的酒类展览会，并且获得金奖。但是，直到玛格丽特（Margarita）鸡尾酒出现以后，特基拉才由墨西哥的当地名酒晋升为风靡世界的饮料，并在世界各地的酒吧占有重要的席位。

二、特基拉的特点与分类

（一）特点

特基拉是一种富有个性的烈性酒，它不仅酿造原料独特，连它的酒瓶和商标设计亦体现了墨西哥当地的民族特色。特基拉呈浅琥珀色，口味凶烈，风格独特，酒度是 38～44 度，带有龙舌兰的独特芳香味，既可单饮，也可调酒使用。

（二）分类

1. 按原料的不同分类

（1）特基拉（Tequila）。墨西哥政府明文规定，只有以特基拉镇周围的产区以及特帕蒂特兰周围的附属产区所生产的特种龙舌兰为原料制成的酒，才被允许冠以 Tequila 之名出售。

特基拉的酒瓶上注有“DGN”或“NOM”的字样，是墨西哥政府酒类质量监控局核准的记号。

（2）梅斯卡尔（Mescal）。用特基拉地区及特帕蒂特兰附属产区以内的各品种为原料，经发酵、蒸馏而成的酒统称为梅斯卡尔。该种类型的酒因所用的龙舌兰原料不如特基拉地区，所以酒质较劣。“梅斯卡尔”是早期西班牙人对龙舌兰所蒸馏的酒的称呼，这个名字已属于一般的酒业术语。

2. 按贮藏方式及成熟度分类

（1）白色特基拉。又称透明或银色特基拉，特征是带有强烈的青草气味。

（2）金色特基拉。又称 Tequila Reposado，蒸馏后放入桶中贮藏，成熟后会变成金黄色，一般来说，金色特基拉放入木桶两个月以上才可以饮用。

（3）古老特基拉。Anejo 在西班牙语中有“古老”之意，其需贮藏于木桶内超过一年，经过长时间酝酿，其强烈的味道被冲淡，制造出的酒具有温和爽口的口感，与白兰地非常接近。

三、世界著名的特基拉品牌

1. **科尔沃**（Cuervo）

科尔沃又称豪帅快活。该酒分为：Cuervo white，是不经酿藏，直接过滤装瓶销售的，此类酒酒度为 40 度，味道纯净；Cuervo gold，这是指在橡木桶中酿藏两年的酒，该酒味道浓厚，酒度也为 40 度；Cuervo 1800，这是该公司的纪念酒，酒度为 38 度。

2. **卡米诺**（Camino）

这是包装比较具有民族特色的特基拉，酒瓶造型采用墨西哥帽子作为瓶塞，瓶身以布披肩围着，宛如一个墨西哥人，酒度为 40 度。

3. **奥美加**（Olmeca）

奥美加的命名起源于奥美加的土著族文化。该酒分为白色特基拉和金色特基拉两种，酒度为 40 度。

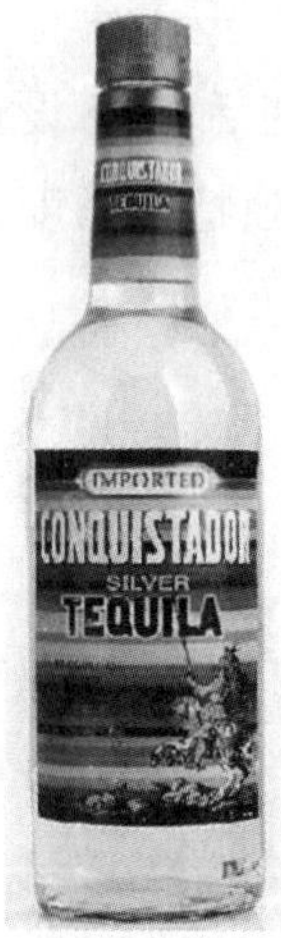

图 3－35　白金武士

另外，还有白金武士（Conquistador）（见图 3－35）、阿卡维拉斯（Agavales）、雷博士（Pepelopez）等众多品牌。

四、特基拉的饮用与服务方法

一般特基拉在常温下纯饮，尤其是陈年金色特基拉，可用利口酒杯或烈酒杯盛酒。

作为餐后酒，特基拉可兑冰块，用古典威士忌杯盛酒。

制作混合饮料时，特基拉可用来兑果汁饮料、碳酸饮料，并加冰块，用容量较大的高身杯盛酒。

在墨西哥，传统的特基拉喝法十分特别，也颇需一番技巧。首先，把盐和辣椒粉撒在手背虎口上，用拇指和食指握一小杯纯龙舌兰酒，再用无名指和中指夹一片柠檬片，迅速舔一口虎口上的盐巴和辣椒粉，接着把酒一饮而尽，再咬一口柠檬片，整个过程一气呵成，无论风味还是饮用技法，都堪称一绝。

任务七　了解国外其他蒸馏酒

一、阿夸维特

阿夸维特是北欧和德国北部地区的特产，这种被称为“烧酒”的烈性酒，是丹麦、德国、挪威和冰岛等国的国酒，一般在德国、挪威被称为“Aquavit”，在丹麦等国被称为“Akvavit”，在瑞典则是两个名字混用。

阿夸维特的主要原料是马铃薯，将马铃薯煮熟后，再配以稞麦或大麦芽糖化、发酵，然后使用连续蒸馏法制出酒精纯度高达95度的蒸馏液，这种蒸馏液用蒸馏水稀释后，再加上各种草根、树皮等。就其制法来说，类似于金酒，至于使用的植物种类与分量，各品种所用有所不同，因此，各种牌子的阿夸维特风味差异十分微妙。稀释后上市销售的阿夸维特，一般酒精含量为40~45度。

阿夸维特从出现至今经历了一个漫长的过程。大约15世纪诞生，当时主要以葡萄酒为基酒进行蒸馏。作为药酒，16世纪改用谷物为原料，18世纪以后开始使用马铃薯作为原料，并一直沿用至今。

著名的阿夸维特有瑞典产的安德森（Anderson）、斯凯尼（Skane），丹麦产的阿尔博格（Aalborg）（见图3-36）、克里斯琴·哈伍那（Christians Havner）、船长（Skipper），挪威产的利尼（Linie），德国名牌银狮（Silbedowe）等。

二、科伦

科伦是德国生产的一种谷物类蒸馏酒，此酒以小麦、大麦、稞麦等为主要原料，经过发酵、蒸馏而成，顺口而绵柔。

主要品牌有卡维特（Corvit）、布罗西亚的光荣（Preussens Gloria）、欧德斯洛（Oldesloer）、犹阿科恩（Urkorn）、比恩特兹（Berentzen）等，如图3-37所示。

图3-36 阿尔博格

图3-37 科伦

三、阿拉克

阿拉克分为两种类型：一种是亚洲、中东地区出产的带有宗教意味的阿拉克，如东南亚的米酒、中东的椰枣酒以及西亚的棕榈籽酒，另一种是以德国为中心生产的欧洲型阿拉克，如德国的格涅沃尔德（Grunerwald）等。阿拉克如图3-38所示。

四、卡沙萨

巴西卡沙萨是用甘蔗做原料经发酵、蒸馏而成的一种白酒，酒精含量在40度左右。在世界消费量最大的蒸馏酒中，巴西卡沙萨排名第三，卡沙萨最大的进口国是德国、巴拉圭、意大利、西班牙和葡萄牙，在伦敦、巴黎及纽约最好的酒吧都能喝到巴西的卡沙萨。卡沙萨如图3－39所示。

在巴西，卡沙萨除直接饮用外，通常被用来与捣碎的柠檬、白糖和冰块一起调制成巴西的国酒Caipirinhe。

图3－38　阿拉克

图3－39　卡沙萨

卡沙萨可以纯饮或替代朗姆酒和特基拉酒做混合饮料饮用。在西班牙等国家，消费者还喜欢把卡沙萨跟可口可乐混在一起喝。它口味甘醇并富有异国情调，在世界各地受到欢迎。

任务八　熟悉中国白酒

白酒又称“白干”“烧酒”，是以曲类、酒母等为糖化发酵剂，利用谷物为原料，经蒸煮、糖化、发酵、蒸馏、贮存、勾兑而成的蒸馏酒。白酒是我国特有的一种蒸馏酒，它与白兰地、威士忌、伏特加、朗姆酒、金酒并列为世界六大蒸馏酒。

一、中国白酒的起源及发展

最早的白酒是从处理酸败的黄酒演变而来的。黄酒是一种低度的发酵原汁酒，味较淡，由于古代造酒技术与设备等原因，黄酒经常会出现酸败变质的现象，因此，古人曾经想用酒代水重酿来提高酒度，但是重复酿造的酒并不能明显地提高酒度。

随着古代酿酒工艺的改革和发展以及铜制蒸馏壶的发明，蒸馏酒开始出现。据《宋史·食货志》记载：宋太宗太平兴国七年（公元982年）后，泸州出现了“小酒”

与“大酒”。这种“大酒”就是一种蒸馏酒，其原料选用、工艺操作、发酵方法及酒的品质等都跟今天的泸州浓香型曲酒非常接近。由此证明，至少从北宋开始我国已出现了蒸馏酒。

宋代蒸馏酒出现之后，我国各地家庭作坊式酿造白酒逐步发展起来；明代生产白酒、饮用白酒已相当普遍；到了清朝，各地已出现一批优质的白酒，如贵州茅台酒、山西汾酒、四川剑南春、泸州老窖大曲酒等。

白酒起源虽晚于黄酒，但发展非常迅速。白酒酒度高，味道香醇，风格独特，深受饮家欢迎。

二、白酒的特点与分类

（一）特点

1. 酿造原料多种多样

酿制白酒的主要原料有高粱、玉米、大米等，薯类原料有鲜薯、干薯、木薯等，代用原料有高粱糠、粉渣、青杠子等。

2. 曲种丰富多彩

用于酿制白酒的曲种品类很多，总的可分成大曲、小曲、麸曲三大类。每个大类根据生产要求又可分成许多不同的曲种。

3. 酿造工艺复杂

酿造白酒需经过原料处理、制曲工序、糖化发酵、蒸馏提纯、贮存老熟、勾兑调味等一系列生产过程，工艺要求高。

4. 酒品命名独特

我国白酒品牌很多，名称纷繁复杂，有以原料取名的，如五粮液、高粱酒；有以产地取名的，如茅台、泸州老窖；有以所用酒曲取名的，如大曲酒、小曲酒；有以工艺特点命名的，如二锅头、老窖酒；有以泉水取名的，如白沙液、卧虎泉酒；有以古代人名称呼的，如杜康酒、太白酒；有采用复合名称的，如双沟大曲、桂林三花酒等。

（二）分类

我国白酒根据香型可分成酱香型、浓香型、清香型、米香型和其他香型 5 种类型。

白酒的香型主要取决于生产工艺、发酵、设备等条件，也就是说，用什么样的生产工艺、发酵方法和什么样的设备，就能生产什么样香型的酒。例如，酱香型白酒是采用超高温制曲、凉堂、堆积、清蒸、回沙等酿造工艺，石窖或泥窖发酵；浓香型白酒是采用混蒸续渣工艺，陈年老窖或人工老窖发酵；清香型白酒是采用清蒸清渣工艺和地缸发酵；米香型白酒是采取浓、酱两种香型酒的某些特殊工艺酿造而成；其他香型的酒如西凤、董酒、景芝白干等，其生产工艺也各有千秋。

1. 酱香型

亦称茅香型，以茅台酒为代表，属大曲酒类。酒酱香突出，幽雅细致，酒体醇厚，回味悠长，清澈透明，色泽微黄。含泸（泸香）不突出，酯香柔雅谐调，先酯后酱，酱香悠长，杯中香气经久不变，空杯留香经久不散（茅台酒有“扣杯隔日香”的说法），味大于香，苦度适中，酒度低而不变。

2. 浓香型

亦称泸香型、五粮液香型，以泸州老窖特曲及五粮液为代表，属大曲酒类。其特点可用6个字、5个词组来概括：6个字是香、醇、浓、绵、甜、净；5个词组是窖香浓郁、清洌甘爽、绵柔醇厚、香味谐调、尾净余长。

浓香型白酒的种类丰富多样，有的是柔香，有的是暴香，有的是落口团，有的是落口散，但其共性是香要浓郁，入口要绵且甜（有“无甜不成泸”的说法），进口、落口后味都应甜（不应是糖的甜），不应出现明显的苦味。浓香型酒的主体香气是窖香（乙酸乙酯），并有糟香或老白干香（乳酸乙酯），以及微量泥香。窖香和糟香要谐调，其中主体香（窖香）要明确，窖泥香也是这种香型酒的独有风格，但不应出头，糟香味应更大，浓香要适宜、均衡，不能有暴香。

3. 清香型

亦称汾香型，以山西汾酒为代表，属大曲酒类。它入口绵，落口甜，香气清正。清香型白酒的特点是清香纯正、醇甜柔和、自然谐调、余味爽净。清香纯正就是主体香乙酸乙酯与乳酸乙酯搭配谐调，琥珀酸的含量也很高，无杂味，亦可称酯香匀称、干净利落。总之，清香型白酒的特点可以概括为清、正、甜、净、长5个字，清字当头，净字到底。

4. 米香型

亦称蜜香型，以桂林象山牌三花酒为代表，属小曲酒类。小曲香型酒一般以大米为原料，其典型风格是在“米酿香”及小曲香基础上，突出以乳酸乙酯、乙酸乙酯与β－苯乙醇为主体组成的幽雅清柔的香气。一些消费者和评酒专家认为，用蜜香表达这种综合的香气更为确切。其特点可概括为蜜香清雅、入口柔绵、落口甘洌、回味怡畅，即米酿香明显，入口醇和，饮后微甜，尾子干净，不应有苦涩或焦煳苦味（允许微苦）。

5. 其他香型

亦称复香型、混合香型，属大曲酒类。此类酒大都工艺独特，大小曲都用，发酵时间长。凡不属上述4类香型的白酒（兼有两种香型或两种以上香型的酒）均可归于此类。此类酒的代表酒为董酒、西凤酒。口感特点：绵柔、醇甜、味正、余长，特有风格突出。

三、我国著名白酒

1. 茅台酒

茅台酒是世界三大名酒之一。茅台酒以高粱为原料，以小麦制曲，属酱香型酒，乙醇含量为52%～55%。茅台酒纯洁微黄，晶莹透亮，酱香突出，幽雅细腻，香气成分达110多种，饮之绵柔醇厚，不刺喉，不上头，回味悠长，饮后空杯能长时间留有余香而不散，故人们称之为留香酒。1915年茅台酒在巴拿马万国博览会上荣获金奖，被誉为世界名酒，如图3－40所示。

2. 汾酒

汾酒产于山西省境内吕梁山东岳、晋中盆地西沿的汾阳市，作为我国白酒类的名酒，山西汾酒可以说是我国历史上最早的名酒。清代成书的《镜花缘》中所列的数十种全国各地名酒，汾酒名列第一。清代名士的笔记文学中，曾多次盛赞山西汾酒。汾酒属清香型白酒，如图3－41所示。

图3－40　茅台

图3－41　汾酒

杏花村汾酒以悠久的历史文化驰名，更以精湛的质量和独特的风格魅力四射。杏花村的空气和土壤中含有多种极有利于汾酒微生物生长的物质，经过上千年的选择、淘汰、优化、繁衍，上百种微生物在这里“安家落户”，形成一个偷不走、搬不掉、唯一适合汾酒生产的独特的“汾酒微生物体系”。这是杏花村汾酒的奥妙之一。

此外，该地地下水源丰富，水质优良，其含水层为第四系松散岩类孔隙水，地层中锶、钙、钼、镁、锌、碘、铁、镁元素含量高，这样的优质水自然会酿出好汾酒。

3. 五粮液

五粮液产于四川省宜宾五粮液集团有限公司，它的历史可追溯到3000多年前。五粮液酒以红高粱、糯米、大米、小麦及玉米为原料，小麦制曲，故又称“杂粮酒”，五粮液属浓香型酒，乙醇含量分39%和52%两种，酒液清澈透明。

宜宾五粮液喷香浓郁、醇厚甘美、回味悠长，以优质糯米、大米、高粱、小麦、玉米五粮为原料酿制而得名。它由宜宾酒厂用“五粮配方，小麦制曲，人工培窖，双轮低温发酵，量质摘酒，按质拼坛，分级储存，精心勾兑”的独特技术和悠久的传统工艺精酿而成，不仅在国内驰名遐迩，而且远销国外。五粮液如图3－42所示。

图 3-42　五粮液

4. **双沟大曲**

双沟大曲产于江苏省泗洪县双沟镇，该酒在 1984 年的第四次全国评酒会以“色清透明，香气浓郁，风味协调，尾净余长”的浓香型典型风格被评为国家名酒。

5. **古井贡酒**

古井贡酒产于安徽省亳州，是以高粱为主要原料的浓香型白酒，酒度为 60 度。

相传魏王曹操在东汉末年曾向汉献帝上表献过该县已故县令家传的“九酝春酒法”，据当地史志记载，该地酿酒取用的水来自南北朝时遗存的一口古井，明代万历年间该地的美酒曾进献给皇帝，因而就有了“古井贡酒”的美称。古井贡酒属于浓香型白酒，具有“色清如水晶，香醇似幽兰，入口甘美醇和，回味经久不息”的特点。

6. **剑南春**

剑南春产于四川省绵竹市，其前身当推唐代名酒剑南烧春。唐宪宗后期李肇在《唐国史补》中就将剑南之烧春列入当时天下的十三种名酒。剑南春酒问世后，质量不断提高，在 1979 年第三次全国评酒会上首次被评为国家名酒。剑南春如图 3-43 所示。

7. **洋河大曲**

洋河大曲产于江苏省泗阳县洋河镇，是以高粱为主要原料的浓香型白酒。洋河镇是一个古老的集镇，地处白洋河和黄河之间，距南北运河不远，自古以来，洋河镇就是个水陆交通畅达、商业繁荣的地方。据史书记载，在宋代时就已有“酒户”酿酒。相传，明代万历年间，从山西来此地贩酒的白姓商人发现这里盛产糯高粱，还有适宜酿酒的好泉水，便在洋河镇开设酿酒糟坊，产出了醇香、甘美的好酒，名噪一时。自此以后，洋河镇逐渐成为一个酒村闹市。

1920—1935 年是洋河大曲最盛之时，当时各地有名的酿酒师云集于此，竞酿好酒。1915 年，洋河大曲在全国名酒展览会上获一等奖，同年又参加了巴拿马万国博览会，获得“国际名酒”称号及金质奖章；1923 年，在南洋国际名酒赛会上，再获“国际名酒”之称号。

“江苏泗阳洋河酒厂”于1949年建立后，洋河大曲得到进一步发展，曾多次被评为江苏省名酒和优质酒。1979年和1984年，在全国评酒会上被评为国家名酒。1984年，在轻工业部酒类质量大赛中又荣获金杯奖。

洋河大曲具有酒液清澈透明、气味芳香浓郁、入口绵柔、鲜甜甘爽、酒质醇厚、余味圆净、回香悠长等特点，为浓香型美酒，酒度有60度、55度、38度等多种。洋河大曲如图3－44所示。

图3－43 剑南春

图3－44 洋河大曲

8. **董酒**

贵州遵义董酒产于贵州董酒股份有限公司，属大曲其他香型优质白酒，它以独特的工艺、典型的风格、优良的品质驰名中外，在中国名酒中独树一帜。

董酒采用优质高粱为原料，以水口寺地下泉水为酿造用水，小曲小窖制取酒醅，大曲大窖制取香醅，酒醅香醅串蒸而成，其工艺简称为“两小，两大，双醅串蒸”。再经量质摘酒，分级陈酿，科学勾兑，严格检验，精心包装而出厂。这一独特、精湛的酿造工艺造就了董酒的典型风格：既有大曲酒的浓郁芳香，又有小曲酒的绵柔、醇和、回甜，还有微微的淡雅舒适的药香和爽口的微酸，酒体丰满谐调。董酒如图3－45所示。

据有关文献报道，董酒含各种酸、酯、醇等微量成分达百余种，现还有数十种未被认识。经贵州省轻工业科学研究所初步探明，董酒香味成分与其他名酒不一样，具有“三高一低”的特点，丁酸乙酯及高级醇、总酸含量较高，是其他名酒的2～5倍，乳酸乙酯含量则是其他名酒的一半以下，“酯香、醇香、药香”是构成董酒香型的几个重要方面。由于酒质芳香奇特，董酒被人们誉为其他香型白酒中独树一帜的“药香型”或“董香型”的典型代表。

9. **泸州老窖特曲**

作为浓香型大曲酒的典型代表，泸州老窖特曲以“醇香浓郁，清洌甘爽，饮后尤香，回味悠长”的独特风格闻名于世。1915年曾获巴拿马万国博览会金质奖，获“国家名酒”的称号，如图 3 –46 所示。

图 3 –45　董酒

图 3 –46　泸州老窖特曲

泸州市是我国浓香型白酒的发源地，仅百年以上的窖池就达 300 多个，其中最老的建造于明朝万历年间（公元 1573 年），距今已有 400 余年。经国家派出专家小组多次考察，确认窖池群为我国酒史发展中保留下来的建造时间最早、保存最完整、持续生产时间最长的珍贵民族遗产，具有极其重要的历史和经济文化价值。

窖池群的窖池一般长 6 ~ 7 米、宽 3 ~ 4 米、深 2. 5 米以上，窖池土质细腻，用优质黄泥和凤凰山下的龙泉井水掺和踩揉建成，故窖内泥土细柔绵软、无夹沙，酒液浸泡其内不易流失。在持续生产的过程中，酒母带着蒸熟的糯高粱粉和曲药粉末进入窖池，经过前期发酵变酒后，其酒液继续浸泡在泥窖内转入后期发酵，用更长的时间使之酯化老熟。在此期间，有一部分酒液渗入四壁，起培植窖泥的作用，而窖泥内所含老酒成分又与新的酒液溶解、酯化、生香，形成酒体风格。

日积月累，这些老酒反复发酵而形成了大量有益微生物生存的环境。这些微生物群体达 400 多种，每一种有益微生物都会赋予酒体一种微量味感。因此，泸州老窖便有了“醇香浓郁，清冽甘爽，饭后尤香，回味悠长”的独特酒质风格。

10. 西凤酒

西凤酒产于陕西省凤翔县柳林镇陕西西凤酒股份有限公司，西凤酒属其他香型（凤型），被评为国家名酒。

图 3 –47　西凤酒

西凤酒以当地特产高粱为原料，用大麦、豌豆制曲，工艺采用续渣发酵法，发酵窖分为明窖与暗窖两种，工艺流程分为立窖、破窖、顶窖、圆窖、插窖和挑窖。蒸馏得酒后，再经 3 年以上的贮存，然后精心勾兑方可出厂。

西凤酒无色，清亮透明，醇香芬芳，清而不淡，浓而不艳，集清香、浓香之优点于一体，幽雅，诸味谐调，回味舒畅，风格独特，被誉为“酸、甜、苦、辣、香五味俱全而各不出头”。西凤酒属凤香型大曲酒，被人们赞为“凤型”白酒的典型代表，酒度分 39 度、55 度、65 度 3 种，如图 3 –47 所示。

四、白酒的饮用方法与服务要求

我国白酒一般作为佐餐酒，纯饮为宜，常温饮用，但在北方严冬季节可温烫，东南亚一带习惯将白酒冰镇后饮用。

饮用白酒可用利口酒杯或高脚烈酒杯，亦可用陶瓷酒具，每客标准用量25毫升，不宜一次性斟太多的酒，以免散失酒味。

中国白酒可以作为调制中式鸡尾酒的基酒，如用茅台酒调制“中国马天尼”，用洋河大曲调成“梦幻洋河”，用五粮液制成“遍地黄金”等鸡尾酒。

采用小口高脚杯时宜“捧斟”，以免沾湿桌面。

中国白酒可长期保存，竖立瓶子，避光，常温存放，用毕应立即将瓶塞盖紧，以免失去香味。

场景回顾

本章介绍了外国蒸馏酒（白兰地、威士忌、金酒、伏特加、朗姆酒、特基拉酒）和中国白酒的基本知识，应掌握它们的酿制原料、制作工艺、口味特点、酒品分类、品牌常识和各类蒸馏酒的服务方法、饮用要求等。

项目小结

在外国，最主要的蒸馏酒是白兰地和威士忌，其次是金酒、伏特加、朗姆酒、特基拉及阿夸维特。我国的蒸馏酒主要是指白酒。本项目详细介绍了中、外蒸馏酒的特点、分类、著名的代表品牌及其饮用方法和服务要求，对餐厅、酒吧服务人员提高服务水平有很重要的现实意义。

思考练习题

一、填空题

1. 白兰地起源于法国________，白兰地酒度为________度。
2. 威士忌在古爱尔兰人的语言里有________之意。
3. 伏特加起源于________，通常用________或多种谷物作原料，经发酵、蒸馏、过滤而成。
4. 朗姆酒的英文是________，以________或糖蜜为主要原料酿制而成。
5. 特基拉酒是产于__________，以__________为原料，经过发酵、蒸馏得到的烈性酒。

二、单项选择题

1. 白兰地酒瓶标签上的 V. S. O. P 表示该酒至少陈放了（　　）年。

A. 5　　B. 4

C. 12～20　　D. 20～30

2. 伏特加酒起源于苏联，通常呈（　　）色。

A. 粉红　　B. 红

C. 金黄　　D. 无

3. 下列酒的品牌中（　　）不属于朗姆酒。

A. Bacardi　　B. Beefeater

C. Captain Morgan　　D. Havana Club

4. 被誉为我国国酒的是（　　），被推崇为“甘泉佳酿”“液体宝石”的是（　　）。

A. 五粮液　竹叶青　　B. 茅台　汾酒

C. 汾酒　茅台　　D. 五粮液　泸州大曲

5. 五粮液产于（　　）。

A. 四川绵竹　　B. 四川泸州

C. 四川宜宾　　D. 四川古蔺

三、简答题

1. 请将干邑白兰地等级划分的各个酒龄标识及其分别代表的酒龄写出来。
2. 白兰地的饮用及品尝方法有哪些？
3. 威士忌按生产原料可以分为哪几类？它们的特点分别是什么？
4. 外国蒸馏酒中可以用作鸡尾酒基酒的有哪些？请写出各自的代表名品。
5. 中国白酒有哪几种香型？请说出各种香型的代表名品。

实训项目

安排两节实操课程，任课老师带领学生品尝常用于调制鸡尾酒的蒸馏酒，让学生熟练掌握各类基酒的性质、特点及其酿制原料和产地。

项目四　配制酒

学习目标

- 熟悉开胃酒的种类及其品牌
- 熟悉甜食酒的种类及其品牌
- 熟悉利口酒的种类及其品牌

任务场景

某职业学校酒店管理专业的学生丽丽在西餐厅实习，她上班的第一天看到一个她认为很奇怪的现象：一名正在用餐的外国女士桌上放了三杯酒，每杯都装得很少，酒液颜色各不相同，她在餐前、餐中、餐后分三次喝完，丽丽听经理说这三杯酒都属于配制酒，但她不明白为什么要这样喝，该如何服务……

任务一　熟悉开胃酒

从广义上来说，开胃酒是指能够增进食欲的餐前酒，如白兰地、香槟酒、威士忌、金酒、伏特加以及某些品种的葡萄酒等。从狭义上来说，开胃酒主要是指以酿制酒或蒸馏酒为基础，调入各种香料，并具有开胃功能的酒。现代开胃酒有味美思（Vermouth）、比特酒（Bitters）及茴香酒（Anisés）3 种重要类型。

一、味美思及其分类、著名品牌

味美思是以白葡萄酒为主要成分，加上苦艾花、胡荽、龙胆、肉桂、金鸡纳树皮等约 30 种香料及含有苦味的中药材，浸渍数个月之后再掺入白葡萄酒（红葡萄酒亦可，有时也会加蒸馏酒以提高酒精浓度）制作而成的酒品。

“Vermouth” 一词源自德语，意为苦艾，故味美思又被称为苦艾酒。我国音译为“味美思”，意指它因特殊的植物芳香而“味美”，因“味美”而被人们“思念”不已。

这种酒有悠久的历史，据说古希腊王公贵族为滋补健身，用各种芳香植物调配开胃酒，饮后食欲大振。到了欧洲文艺复兴时期，意大利的都灵等地渐渐形成以苦艾为主要原料的加香葡萄酒，叫作“苦艾酒”，即 Vermouth。至今世界各国所生产的味美思都是以苦艾为主要原料酿制的。所以，人们普遍认为味美思起源于意大利。目前，味美思的著名产地是意大利和法国。

生产味美思的配方从来都是保密的，味美思的生产工艺要比一般的红、白葡萄酒的复杂。它首先要生产出干白葡萄酒作为原料。优质、高档的味美思，要选用酒体醇厚、口味浓郁的陈年干白葡萄酒，然后选取 20 多种芳香植物，或者把这些芳香植物直接放到干白葡萄酒中浸泡，或者把这些芳香植物的浸液调配到干白葡萄酒中，再经过多次过滤、热处理和冷处理，经过半年左右的贮存，生产而成。

1. 味美思的分类

味美思依据不同标准有许多种分类方法。一种是以产地不同划分，可划分为两种类型，即意大利型味美思、法国型味美思。意大利型味美思以苦艾为主要调香原料，具有苦艾的特有芳香，香气浓，稍带苦味。法国型味美思苦味突出，更具刺激性。

味美思常见的分类方法是按颜色和含糖量来分类，可分为以下 4 种：

（1）干性（Dry，意大利文 Secco，法文 Sec）味美思。干性味美思含糖量为 4% 以下，酒度为 18 度，色泽呈淡金黄色。

（2）白色（White，意大利文 Bianco，法文 Blanc）味美思。白色味美思又译成“比安科”味美思，含糖量为 12% 以下，属半甜型酒，酒度为 16 ~ 18 度，色泽呈淡金黄色。

（3）红色（Red，意大利文 Rosso，法文 Rouge）味美思。该酒加入焦糖调色，因此色泽为棕红色，有焦糖的风味，含糖量为 15%，酒度为 18 度。

（4）玫瑰红（Rose）味美思。该酒以红葡萄酒为基酒，调入香料配制而成。口味微苦带甜，酒度为 16 度，酒液呈玫瑰红色。

2. 世界著名的味美思品牌

（1）马天尼（Martini）。马天尼产自意大利，是世界著名的味美思，该品牌的味美思种类齐全，是酒吧常备酒水品牌之一，如图 4 - 1 所示。

（2）仙山露（Cinzano）。仙山露是产自意大利 Cinzano 公司的世界著名味美思，该公司生产干、白、红 3 种类型的味美思，如图 4 - 2 所示。

（3）诺利 · 普拉（Noilly Prat）。诺利 · 普拉又称奈利帕 · 莱托味美思，由法国 Noilly 公司生产，其种类包括干、白、红 3 种类型（一般调配辣味马天尼时使用诺利 · 普拉作为基酒），如图 4 - 3 所示。

（4）干霞（Gancia）。干霞是产自意大利的世界著名味美思，种类齐全。

（5）香百丽（Chambery）。香百丽是法国生产的著名味美思。

此外，还有意大利的卡帕诺（Carpano）、利凯多纳（Riccadonna），法国的杜瓦尔（Duval）等，都是著名味美思。

图 4－1　马天尼

图 4－2　仙山露

图 4－3　诺利·普拉

二、比特酒及其分类、著名品牌

比特酒又称苦酒或必打士，是在葡萄酒或蒸馏酒中加入树皮、草根、香料及药材浸制而成的酒精饮料，有滋补作用。该酒由古药酒演变而来。配制比特酒的主酒是葡萄酒和食用酒精，用于调味的原料是带苦味的花卉和植物的茎、根、皮，如阿尔卑斯草、龙胆皮、苦橘皮、柠檬皮等。比特酒的酒度为 16～40 度。

比特酒品种很多，有清香型、浓香型，颜色有深有浅，还有不含酒精的比特酒。比特酒的特点是有苦味和药味。

较有名气的比特酒主要产自意大利、法国、特立尼达、荷兰、英国、德国、美国、匈牙利等国家和地区。世界著名品牌有：

（1）金巴利（Campari）。产于意大利米兰，由橘皮和其他草药配制而成，酒液呈棕红色，药味浓郁，口感微苦。苦味来自奎宁，酒度为 26 度，如图 4－4 所示。

（2）西娜尔（Cynar）。产自意大利，由蓟和其他草药浸泡于酒配制而成。蓟味浓，微苦，酒度为 17 度，如图 4－5 所示。

（3）菲奈特·布朗卡（Fernet-Branca）。产于意大利米兰，是意大利最有名的比特酒。菲奈特·布朗卡以多种植物为原料调配而成，味很苦，号称“苦酒之王”，但药用功效显著，尤其适用于健胃，酒度约为 40 度，如图 4－6 所示。

图 4－4　金巴利

图 4－5　西娜尔

图 4－6　菲奈特·布朗卡

（4）亚玛·匹康（Amer Picon）。产于法国，它的配制原料主要有金鸡纳树皮、橘皮和其他多种草药。酒液酷似糖浆，以苦著称，饮用时只用少许，再掺入其他饮料共进，酒度为21度。

（5）苏滋（Suze）。产于法国，它的配制原料是龙胆草的根块，酒液呈橘黄色，口味微苦、甘润，糖分为20%，酒度为16度。

（6）杜宝内（Dubonnet）。产于法国巴黎，它主要将金鸡纳树皮浸于白葡萄酒中再配以其他草药制成。该酒酒色深红，药香突出，苦中带甜，风格独特，有红、黄、干3种类型，以红杜宝内最出名，酒度为16度。

（7）安高斯杜拉（Angostura）。产于特立尼达，以朗姆酒为基酒，以龙胆草为主要调制原料，酒液呈褐红色，药香悦人，口味微苦但十分爽适，在拉美国家深为人们所喜爱，酒度为44度。

三、茴香酒及其著名品牌

茴香酒是欧美国家比较流行的一种餐前开胃酒，该酒是以茴香为主要香料，再在蒸馏酒中加上少量的其他配料如白芷根、柠檬皮等浸制而成的一种酒精饮料。茴香里的茴香油中含有大量的苦艾素，浓度为45%的酒精可以溶解茴香油。茴香酒有无色和有色之分，酒液光泽较好，茴香味浓郁，口感不同寻常，味重而有刺激感，酒度为25~30度。世界著名的茴香酒品牌有：

图4-7　彼诺

1. 彼诺（Pernod）

法国出产的著名苦味酒，具有较强的兴奋作用，常被用作调制开胃类鸡尾酒的材料，如图4-7所示。

2. 里卡德（Ricard）

里卡德是产于法国马赛的世界著名茴香酒，属于染色类茴香酒。

3. 白羊倌（Berger Blanc）

法国生产。

任务二　熟悉甜食酒

甜食酒（Dessert Wine）一般是西餐中食用甜食时饮用的酒品。严格来说，甜食酒应该属于葡萄酒类的强化葡萄酒，它是以葡萄酒为基酒，在葡萄酒的发酵过程中为了保留葡萄酒中所含有的天然葡萄糖分，勾兑葡萄蒸馏酒（白兰地）来终止葡萄酒的发酵过程，从而酿制成的一种酒精含量较高的葡萄酒。甜食酒一般酒精含量为15%~22%，几乎是一般葡萄酒酒精含量的2倍。较高的酒精度数使得甜食酒具有了在开瓶后仍能保存的特点，因此，在国外一些餐馆、酒吧常有此类存酒。甜食酒以西班牙和葡萄牙出产的最为著名，常见的品种有雪利酒、波特酒、马德拉酒等。

一、雪利酒及其世界著名品牌

雪利酒产于西班牙加的斯，属于强化葡萄酒，用葡萄酒兑和白兰地制成。从制造方法上，分淡色的菲奴（Fino）和浓色的欧罗索（Oloroso）两种，先把巴罗米诺葡萄（Palomino）制成干性葡萄酒，装入桶中七八分满，让酒液在桶中酝酿，葡萄酒的表面会繁殖出一层白膜。这时，如制造菲奴，则添加15%以下酒度的酒精，使白膜得以继续繁殖；如果制造欧罗索，则要添加16%以上酒度的酒精，使白膜终止繁殖，使酒液的颜色加深。

雪利酒的陈化有一种独特的“索乐拉方式”。在陈化过程中，将酒桶叠成数层，每年的销售是从最下面那两层的酒中每桶取出1/3去销售，然后用下面第二层的酒注满最底层的桶，下面第三层的又注满下面第二层，如此类推，这样保证酒质的稳定和香醇。雪利酒在最后一道混合工序时，必须把酒度调至30度左右，陈酿时间长达15年左右。

菲奴呈淡黄色而明亮，给人以清新之感；欧罗索呈金黄、棕红色，透明度极好，香气浓郁扑鼻，具有典型的核桃仁香味，越陈越香。

该酒的著名品牌有天杯（Tio-pepe）、潘马丁（Pemartin）、圣地门（Sandeman）、布里斯托（Bristol）等。

二、波特酒及其世界著名品牌

波特酒也称钵酒，是葡萄牙的国酒，产自位于葡萄牙杜罗河地带的葡萄牙第二大城市波尔图，属于强化葡萄酒，用葡萄酒和白兰地兑和而成。根据葡萄牙政府的政策，如果酿酒商想在自己的产品上写“Port”的字样，必须满足3个条件：第一，用杜罗河上游的奥特·斗罗地域所种植的葡萄酿造。为了提高产品的酒度，所用来勾兑的白兰地也必须是这个地区的葡萄酿造的。第二，必须在杜罗河口的维拉·诺瓦·盖亚酒库（Vila Nova de Gaia）内陈化和贮存，并从对岸的波特港口运出。第三，产品的酒度在16.5度以上。如不符合3个条件中的任何一条，即使是在葡萄牙出产的葡萄酒，也不能冠以“Port”字样。

波特酒的制法为：先将葡萄捣烂，发酵，等糖分到10%左右时，添加白兰地终止发酵，但保持酒的甜度。经过两次剔除渣滓的工序，然后运到维拉·诺瓦·盖亚酒库陈化、贮存，一般要陈化2~10年，最后按配方混合调出不同类型的波特酒。

波特酒酒味浓郁芬芳，在世界上享有良好的声誉。波特酒也以陈化时间长者为佳，通常在商标上标有陈化年份。

波特酒大多为红葡萄酒，根据生产工艺的不同，有陈酿波特酒、酒垢波特酒、宝石红波特酒和茶色波特酒等，也有少量干白波特酒。干白波特酒适宜做开胃酒品，茶色波特酒则宜在食用奶酪时饮用。

世界著名的品牌有道斯（Dow's）、克罗夫特（Croft）、泰勒（Taylor's）、席尔瓦（Silva）、方斯卡（Fonseca）、圣地门（Sandeman）等。图4－8所示为波特酒。

三、马德拉酒及其世界著名品牌

马德拉酒产于大西洋葡萄牙属马德拉岛上，是用当地产的葡萄酒和蒸馏酒为基酒勾兑而成的。其酿造方法为：在发酵后的葡萄汁中添加烈酒，然后放在50℃的高温室中贮存数月，这时马德拉酒会呈现出淡黄、暗褐色，并散发出马德拉酒的特有香味。

马德拉酒酒色金黄，酒味香浓、醇厚、甘润，是一种优质的甜食酒，酒色从淡琥珀色到暗红、褐红，味型从干型到甜型。它既是世界上优质的甜食酒，又是上好的开胃酒，酒精含量为16～18度。其主要品牌有马德拉（Madeira）（见图4－9）、鲍尔日（Borges）、巴贝王冠（Crown Barbeito）、法兰嘉（Franca）。

图4－8　波特酒

图4－9　马德拉

任务三　熟悉利口酒

一、利口酒的含义

利口酒又称力娇酒或香甜酒，是一种以食用酒精和其他蒸馏酒为主酒，配以各种调香材料，并经甜化处理的含酒精饮料，利口酒酒度为17～55度，色泽娇艳，气味芳香，有较好的助消化作用，主要用作餐后酒或调制鸡尾酒。

Liqueur是指欧洲国家出产的利口酒，美国产品通常称为Cordial，法国产品则称为Creme（克罗美）。

利口酒从其本身的产品特征上来看，与我国现在的酒类行业划分的配制酒中的果露酒极为相近，其多采用芳香及药用植物的根、茎、叶、果和果浆作为添加料，个别品种如蛋黄酒则选用鸡蛋作为添加料。由于西方人追求浪漫的生活情调，利口酒在外观上呈现出包括红、黄、蓝、绿在内的鲜艳的色彩或复合色彩，可谓色彩斑斓。

二、利口酒的分类

利口酒按照配制时所用的调香材料可以分为果实利口酒、药草利口酒和种子利口酒3种。

世界上利口酒有几千个品种，其中以法国和意大利的产品最有名，现将著名的、常用的部分品种或品牌介绍如下：

1. **荷兰蛋黄酒**（Advocaat）

酒体呈蛋黄色、不透明，采用鸡蛋黄、芳香酒精或白兰地，经特殊工艺制成，营养丰富，需避光冷冻存放，产地是荷兰。

2. **杏子白兰地**（Apricot Brandy）

采用新鲜杏子与法国干邑白兰地加工调制而成，酒体呈琥珀色，果香清鲜，产地是荷兰。

3. **茴香利口酒**（Anisette）

这是一种较古老、较普遍的利口酒类，以茴香籽为主要香料，辅以柠檬皮，兑入蒸馏酒调制而成，属精制的餐后甜酒。茴香利口酒的主要生产国集中在欧洲，其中以法国和意大利的产品最有名。

4. **意大利苦杏酒**（Amaretto）

这种酒是用杏仁和杏子为主要原料配制而成的，饮用时可兑冰激凌、咖啡，或作为蛋糕、苹果派等甜点的调香料。

5. **法国廊酒**（Bénédictine）

又称修士酒、当酒或泵酒，是一种很古老、很著名的利口酒类。它是用白兰地、蜂蜜及20多种草药精制而成的，酒液呈琥珀色，气味浓烈芳香，口味很甜，酒度约为40度。

6. **查尔特勒酒**（Chartreuse）

又名荨麻酒，原产于法国格雷诺伯的卡尔特教团大修道院，至今仍由该修道院专门经营生产。该酒以白兰地为基酒，调入130多种草料配制而成，至今其配方仍高度保密。

7. **咖啡甜酒**（Coffee Liqueur）

咖啡甜酒采用上等咖啡豆，经熬煮、过滤等工艺精酿而成，酒色如咖啡，芳香、浓郁，属餐后用酒，产地是荷兰。

8. **君度酒**（Cointreau）

又译作“冠特鲁酒”或“库安特洛酒”，不过人们习惯沿用香港的叫法“君度”。该酒是由法国和美国君度酒厂生产的一种橙皮酒，是世界同类产品中最有名气的利口酒。该酒酒液无色透明，橙皮香味突出，酒度为40度，适宜作为餐后酒或调制鸡尾酒使用，如图4－10所示。

图4－10 君度酒

9. 薄荷利口酒（Crème de Menthe）

酒体按色泽可分为红、绿、白等，具有很高的糖度，使酒体明显浓稠，不宜直接饮用，可用于兑制鸡尾酒。

10. 可可甜酒（Crème de Cacao）

采用上等可可豆及香兰果原料酿制，分棕、白两种颜色，棕色酒作为餐后酒，白色酒则制作西点用，产地是荷兰。

11. 杜林标（Drambuie）

原产于英国苏格兰，是以苏格兰威士忌为基酒，调入草药、蜂蜜配制而成的，酒度为40度，是世界上最著名的利口酒之一。该酒酒液呈浅金黄色，口味甜美、纯正。

12. 金万利（Grand Marnier）

这是法国生产的一种橙子利口酒，采用干邑地区生产的白兰地浸泡苦橙皮配制而成，酒液呈琥珀色，酒度为34～40度。

任务四　熟悉中国配制酒

一、中国配制酒的起源及发展历程

中国配制酒起源于医疗药用目的。大约1800年前，汉代名医张仲景所著的《伤寒论》和《金匮要略》中就有了药酒的医理及其配制方法的记载。以后历代名家不断改进、完善和创新，使药酒成为我国配制酒中最重要的酒类。

到了元代，我国酿酒技术臻于成熟，蒸馏酒已经大规模生产。蒸馏酒的出现，为生产药酒创造了有利条件。白酒酒度高，药材在酒中的溶解度高，因此医疗效果好，而且制成的酒液不易变质，可以长期地保存下来。

明代李时珍写成的《本草纲目》一书详细介绍了多种药酒的制作方法及其疗效，说明我国当时药酒的配制技术已相当发达。

19世纪我国现代化葡萄酒工业兴起，以葡萄酒为基酒的配制酒开始发展起来。随着现代酿酒技术的提高，配制酒从原有的以草药或动物性药料为主要调制原料，发展到使用各种花卉、果实等原料配制。目前，我国的配制酒已成为花色品种最多的酒类，产品质量不断提高。

二、中国配制酒的特点及分类

（一）特点

我国配制酒的制作方法与外国产品的大致相同，不同之处是我国所用基酒为白酒与黄酒，因此，酒的风格特点完全不同；绝大部分药酒均采用中药材为调料，具有较高的医疗价值。外国配制酒一般不采用动物性原料，而我国独创性地加入乌鸡、蛇等动物性原料，制成滋补型、疗效型配制酒。

（二）分类

我国配制酒种类很多，较难划分，但总的来说有两大分类法：一种是以所用的基酒来分类，另一种是以所用的香料及药材来划分。下面我们以后一种分类方法对其进行介绍。

1. 花类配制酒

以各种花卉的花、叶、根、茎等为原料，采用黄酒、葡萄酒、白酒等为基酒调配而成的酒属花类配制酒。这种酒具有明显的花香，如桂花酒、玫瑰露酒。

2. 果实类配制酒

采用不同的基酒，调入果汁，或用基酒浸泡破碎后的果实配制而成的酒属果实类配制酒。这种酒果香突出，酒度和糖度不高，甘甜爽口，如山楂酒、蜜橘酒等。

3. 芳香植物类配制酒

将除花卉植物以外的芳香植物直接浸泡于基酒，或浸泡后再蒸馏制成的酒，属芳香植物类配制酒。这种酒所加入的植物香料种类很多，绝大部分属中药材，所以又称药香型配制酒。

4. 滋补型配制酒

滋补型配制酒多数以白酒或黄酒为基酒，调配各种动物性药料或植物药材，用浸渍法或将药材单独处理，最后混合配制而成，如人参露酒、十全大补酒及三鞭酒等。

5. 其他酒类

除上述4种类型的配制酒外，我国还仿制了一些外国蒸馏酒，如威士忌、金酒、伏特加、朗姆酒等，我国商业上习惯把这些酒归类为配制酒，在国外，这些酒均属蒸馏酒。

三、我国著名的配制酒

1. 竹叶青酒

竹叶青酒产于山西省汾阳市杏花村酒厂，它以汾酒为原料，加入竹叶、当归、紫檀等中草药材和适量的白糖、冰糖浸制而成。该酒色泽金黄，略带青碧，酒味微甜清香，酒性温和，适量饮用有较好的滋补作用，酒度约为45度，含糖量约为10%，如图4-11所示。

2. 莲花白酒

莲花白酒以优质高粱酒为基酒，加入莲蕊、当归、黄芪、砂仁等20多种中药，采用浸泡、提炼、贮存等工艺酿造而成。其酒液无色透明，酒香浓郁，药香芬芳，口感醇和圆润，酒度约为50度，含糖量约为8%，如图4-12所示。

3. **玫瑰露酒**

玫瑰露酒采用优质高粱酒为基酒，配入砂糖及鲜玫瑰花提取的香料，经调兑、贮存精制而成。其酒液无色透明，玫瑰香味突出，口味醇和圆润，酒度约为52度，含糖量约为8%，属高级配制酒，如图4－13所示。

图4－11　竹叶青酒

图4－12　莲花白酒

图4－13　玫瑰露酒

4. **其他配制酒**

其他配制酒种类很多，如在成品酒中加入中草药材制成的五加皮酒，加入名贵药材的人参酒，加入动物性原料的蛇酒，加入水果的杨梅酒、荔枝酒，等等。

四、配制酒的饮用方法与服务要求

大约在公元前420年，古希腊人希波克拉底首先利用葡萄酒为基酒，调入肉桂等香料，制成一种“药酒”，这就是配制酒的雏形。此后，欧洲国家修道院的僧侣竞相仿制这种饮料，作为治病或强身健体的“万能药”，并不断推陈出新，创制出各种配制酒品。

现在多数配制酒宜作为餐后酒饮用。药酒服用时机应依其药性、功能及个人身体状况而定，滋补型药酒可在进餐时、餐后或睡前适量饮用。

花类、果实类配制酒可冰镇或加冰块后饮用，用利口酒杯盛酒。这类酒在我国多数单饮，很少被用来作为调制鸡尾酒的调料酒。

滋补型配制酒不宜存放太长时间。

场景回顾

西餐的就餐过程中，配制酒的饮用相当广泛，但对酒品的要求相当严格，讲究吃什么菜配什么酒，甚至对饮用时间都非常重视。一名合格的西餐服务人员，必须熟悉这些配制酒的常识。配制酒可划分为开胃酒、利口酒、甜食酒三大类，因其性质、功能各不相同，可分别于餐前、餐中、餐后饮用。

项目小结

配制酒色泽艳丽，味道香醇，口味多种多样，具有一定的药用和保健功能，是一种餐前、饭后的良好饮品，亦是调制鸡尾酒不可缺少的一大类酒，还是当今世界大宗的酒精饮料之一，其著名酒品集中在欧洲主要产酒国，产品行销世界各地，并成为世界配制酒市场的主导产品。目前，世界上普遍的分类法是将配制酒划分为开胃酒、甜食酒、利口酒三大类。学习本项目，对于成为合格的餐厅服务员或调酒师具有非常重要的意义。

思考练习题

一、填空题

1. “Vermouth”一词源自德语，意为__________。
2. 金巴利产于__________。
3. 世界上著名的茴香酒品牌有__________、__________、__________。
4. 甜食酒以__________和__________出产的最为著名。
5. 中国配制酒起源于__________目的。

二、单项选择题

1. 按西餐餐饮搭配习惯分类，比特酒属于（　　）。
   A. 餐前开胃酒　　B. 佐餐酒
   C. 甜食酒　　D. 餐后酒
2. Dubonnet 是一种（　　）。
   A. 味美思　　B. 软饮料
   C. 葡萄酒　　D. 比特酒
3. 在生产过程中没有产生菌花的雪利酒类型是（　　）。
   A. Fino　　B. Amontillado
   C. Oloroso　　D. Cream
4. 意大利的马天尼属于（　　）。
   A. 鸡尾酒　　B. 味美思
   C. 比特酒　　D. 葡萄酒
5. 以下酒品属于配制酒的是（　　）。
   A. Whisky　　B. Coffee Liqueur
   C. Champagne　　D. Beer

三、简答题

1. 比特酒是如何分类的？有哪些世界著名品牌？
2. 什么是波特酒？波特酒有哪些世界著名品牌？
3. 利口酒是如何分类的？请列举其著名品牌。
4. 中国配制酒的特点是什么？如何分类？说说我国有哪些著名的配制酒。
5. 配制酒的饮用方法与服务要求分别是什么？

实训项目

任课老师按餐前、餐中、餐后搭配的原则分别采购不同品牌的配制酒，让学生熟练掌握各类配制酒的性质、特点及其酿制原料和产地。

项目五　非酒精饮料

学习目标

- 熟悉乳饮料、矿泉水、碳酸饮料与果蔬饮料的分类
- 熟悉咖啡和可可的发展历史及其世界名品
- 熟悉咖啡的分类和可可的分布状况
- 掌握世界著名的咖啡品种和冲泡方法
- 熟悉咖啡、可可的功用

任务场景

教师节快到了，针对教师的特点，某酒吧欲推出一系列以非酒精饮料为主料的鸡尾酒，酒吧主管王先生和实习生小陈负责这项工作，他们需要如何做呢？

非酒精饮料又称软饮料，是指一种酒精浓度不超过0.5%（容量比）的提神、解渴饮料。绝大多数无酒精饮料不含有任何酒精成分，但也有极少数软饮料含有微量酒精成分，其作用也仅是调剂饮品的口味或改善饮品的风味。

任务一　熟悉乳饮料

乳饮料是指以牛奶或其他奶制品为主要原料，经过消毒、杀菌等工艺处理后的一种饮料，被人们称作完全营养食物，其所含营养价值几乎能全部被人体消化吸收，并无废弃排泄物。牛奶含有丰富的可为人体提供热量的蛋白质、脂肪、乳糖和人体所需的最主要的矿物质钙、磷以及维生素。牛奶还可制成不同风味的饮料，是人类理想的天然饮品之一。

目前，市场上的牛奶饮品形形色色，光从名称上看就有纯牛奶、纯鲜牛奶、鲜牛奶、酸奶、风味牛奶、含乳饮料等。根据配料的不同，乳饮料可分为纯牛奶和含乳饮料两大类。

一、纯牛奶

1. 乳粉类

乳粉类产品是以乳为原料，经过巴氏杀菌、真空浓缩、喷雾干燥而制成的粉末状产品，一般水分含量在4%以下，是一种常见的固体饮料。乳粉类产品常见的品种有全脂乳粉、全脂加糖乳粉、脱脂乳粉、婴儿配方乳粉等，包装方式为真空袋装或罐听装两种。

2. 液态乳

液态乳又称水奶，是以牛乳为原料，经标准化、均质、杀菌工艺，基本保持了牛乳原有风味和营养物质的乳饮料。液态乳根据杀菌工艺和包装特点，分为巴氏消毒乳、保鲜乳、超高温灭菌乳、发酵乳等。包装方式为瓶装以及现在乳制品行业广泛采用的利乐无菌包装等。

3. 酸奶

酸奶是以新鲜牛乳为原料，添加适量的砂糖，经巴氏杀菌和冷却，加入纯乳酸菌发酵剂，经保温发酵制成的产品。由于酸奶是用纯牛奶发酵而成的，所以酸奶也属纯牛奶中液态奶的一种。

根据所有原料中脂肪的多少，酸奶可分为全脂酸奶、低脂酸奶、脱脂酸奶；按生产工艺分，酸奶可分为凝固型酸奶、搅拌型酸奶；按含糖量的多少分，酸奶可分为淡酸奶和甜酸奶，另外还有果粒酸奶等。包装方式为瓶装、袋装以及现在乳制品行业广泛采用的利乐无菌包装等。

和新鲜牛奶相比，酸奶不但具有新鲜牛奶的全部营养成分，而且具有下列营养特点：

（1）能将牛奶中的乳糖和蛋白质分解，使人体更易消化和吸收；

（2）有促进胃液分泌、提高食欲、加强消化的功效；

（3）乳酸菌能减少某些致癌物质的产生，因而有防癌作用；

（4）能抑制肠道内腐败菌的繁殖，并减弱腐败菌在肠道内产生的毒素，防止衰老；

（5）有降低胆固醇的作用，特别适宜高血脂的人饮用；

（6）维护肠道菌群生态平衡，形成生物屏障，抑制有害菌对肠道的入侵；

（7）通过产生大量的短链脂肪酸促进肠道蠕动及菌体大量生长改变渗透压而防止便秘；

（8）乳酸菌可以产生一些增强免疫功能的物质，可以提高人体免疫功能，防止疾病。

4. 冰激凌及其制品

冰激凌是以牛奶、奶油为主要原料，加入糖分、食用香精、食用乳化稳定剂等，经过混合搅拌、杀菌、冷冻等工艺制成的一种美味可口的乳类冷饮。冰激凌是一种营养价值极为丰富的乳类冷饮，有全脂、低脂、脱脂和各种果味冰激凌、夹心冰激凌、果仁冰激凌、蔬菜冰激凌等不同风味品种，可一年四季享用。

优质的冰激凌应具有以下特点：感官色泽均匀一致，柔和自然；形态完整，组织细腻光滑，无冰结晶体；具有天然食品特有的颜色和香味，并带有浓浓的乳香；甜度适中，口感细腻，奶油味浓但不油腻。

目前流行的冰激凌制品有圣代、巴菲、奶昔等。

（1）圣代（Sundae）。圣代又称新地，始创于美国。圣代又分英式圣代和法式圣代，现在我们所称的圣代即英式圣代，是由冰激凌和压碎的水果、核桃仁或果汁等原料做成的冷冻饮品。

（2）巴菲（Parfait）。巴菲是用糖浆或甜酒、冰激凌、鲜果、打过的奶油做成的冻糕。

（3）奶昔（Milk Shake）。奶昔是把冰激凌、奶油或鲜奶等加以搅拌，待起泡沫后放入玻璃杯的冷冻食品。奶昔具有清凉可口、香滑宜人的特点，是夏令消暑佳品。

二、含乳饮料

含乳饮料可分为配制型含乳饮料和发酵型含乳饮料。配制型成品中蛋白质含量不低于1%的称为含乳饮料；发酵型成品中蛋白质含量不低于0.7%的称为乳酸菌饮料。

1. 配制型成品——含乳饮料

含乳饮料是以新鲜的牛奶为主要原料，添加各种调味剂、食品添加剂等，经灭菌等工艺制成的。含乳饮料允许加水制成，从配料表上可以看出，这种牛奶饮品的配料除了鲜牛奶以外，一般还有水、甜味剂、果味剂等，而水往往排在第一位。国家标准要求含乳饮料中牛奶的含量不得低于30%，也就是说，水的含量不得高于70%。因为含乳饮料不是纯奶做的，所以其营养价值不能与纯牛奶相比。这种奶制品与灭菌纯牛奶的不同处在于，由于添加了巧克力、草莓等，既有奶的原味，又有巧克力、草莓等口味。

2. 发酵型成品——乳酸菌饮料

乳酸菌饮料主要是以鲜乳或乳粉、植物蛋白乳（粉）、果菜汁或糖类为原料（有的添加食品添加剂与辅料），经杀菌、冷却、接种乳酸菌发酵剂、培养发酵、稀释而制成的活性乳酸菌饮料。

任务二　熟悉矿泉水及其他饮用水

水是人体液的主要成分，是人机体代谢反应的基础，是生命之源，所以科学饮水就显得格外重要。矿泉水以含有一定量有益于人体健康的矿物质、微量元素或游离二氧化碳气体而区别于普通的地下水。人类需要矿物质，本身却不能制造矿物质，只有通过饮水、食物来获得，以维持人体正常的生理功能。矿泉水由于没有受到外来的污染，不含热量，且含有一定量的有益于人体健康的矿物质，所以是人类理想的保健饮料。

从1868年法国佩里埃公司生产第一瓶饮用天然矿泉水开始，矿泉水的商业化运营至今已有100多年的历史。到20世纪三四十年代，矿泉水的生产与消费已遍及欧洲各国。20世纪70年代以后，又遍及美洲、亚洲各国，年平均增长速度达到了10%以上，大大超过了同期其他工业的发展速度。

瓶装矿泉水越来越受到人们的欢迎，法国、意大利是世界上最大的瓶装矿泉水生产国和消费国，同时也是世界上最大的矿泉水出口国。始建于1905年的青岛崂山矿泉水有限公司（原青岛汽水厂），是我国瓶装矿泉水最早的生产企业。

一、矿泉水的分类

（一）按其矿物质含量

我们通常见到的矿泉水从口感上可分为微咸、微甜和无味3种，以其矿物质含量大致可分为以下4种类型：

1. 重碳酸盐类矿泉水

阴离子以重碳酸盐为主，主要有碳酸氢钠矿泉水、重碳酸钙矿泉水以及它们的复合型矿泉水。

2. 碳酸矿泉水

矿泉水中含有大量的二氧化碳气体，饮之有特殊的碳酸饮料刺激气味。

3. 医疗矿泉水

这种矿泉水中含有对某种疾病有特殊治疗成分的矿泉水，是天然合成“药水”。我国东北地区和西南地区的一些矿泉水具有特殊的医疗效果。

4. 特殊成分矿泉水

特殊成分矿泉水如铁矿泉水、硅矿泉水、锂矿泉水等。

（二）按国内外矿泉水的生产状况

从国内外矿泉水的生产状况来看，矿泉水可分为天然矿泉水和人造矿泉水两大类。

1. 天然矿泉水

天然矿泉水是指通过人工钻孔的方法引出的地下深层未受污染的水。这种矿泉水常以原产地命名，并在矿泉所在地直接生产、包装。由于受产地地质结构和水文状况的影响，这种水在矿物质成分含量上差别很大，因此它们的生物效应也不尽相同。

（1）不含气矿泉水。不含气矿泉水是目前最为流行的矿泉水。原矿泉水中不含有二氧化碳气体，只需将矿泉水用泵抽出，经沉淀、过滤，加入适量稳定剂后就可装瓶，以保证矿泉水中的有益成分不致损失。如原矿泉水中含有二氧化碳等气体，则脱除气体后即为不含气矿泉水。

（2）含气矿泉水。将天然矿泉水及所含的碳酸气一起用泵抽出，通过管道进入分离器，使水气分离，气体进入气柜加压，矿泉水自分离器底部流出，经泵打入储罐进行消毒处理，然后进入沉淀池除去杂质，再过滤到另一储缸，经过滤处理后的矿泉水须加入柠檬酸、抗坏血酸等稳定剂，以保留矿泉水中适量的有益元素。装瓶前将过滤后的矿泉水导入气液混合器与二氧化碳气体混合，最后装瓶。

2. **人造矿泉水**

将优质泉水、地下水或井水用人工的方法过滤、矿化、除菌等，加工而成的水属人造矿泉水。人造矿泉水所含的成分可通过人为的选择来调整，并使其成分保持相对稳定。

人工矿化有两种方法：一是直接强化法，即将优质天然泉水、井水或其他地下水进行杀菌和活性炭吸附，使之成为不含杂质、无菌、无异味的纯净水，然后加入含有特种成分的矿石和无机盐，经过一定时间的溶解矿化，然后过滤，装瓶前以紫外线杀菌，再行装瓶；二是二氧化碳浸浊法，即在一定压力下使含二氧化碳的原料水与一定浓度的碱土金属盐相接触，使碱土金属盐中有关成分与含二氧化碳的原料水反应，生成碳酸氢盐于水中，使原水矿化，待达到预期矿化度时，经过滤、杀菌再行装瓶。人造矿泉水的生产可以不受地区及其他自然因素的影响，是未来矿泉水的生产方向。

二、矿泉水的保健作用

长期饮用矿泉水对人体有较明显的营养保健作用。以我国天然矿泉水含量达标较多的偏硅酸、锂、锶为例，这些元素具有与钙、镁相似的生物学作用，能促进骨骼和牙齿的生长发育，有利于骨骼钙化，防治骨质疏松，还能预防高血压，保护心脏，降低心脑血管的患病率和死亡率。

因此，偏硅酸含量高低是世界各国评价矿泉水质量最常用、最重要的界限指标之一。矿泉水中的锂和溴能调节人中枢神经系统活动，具有安定和镇静情绪的作用。长期饮用矿泉水，还能补充膳食中钙、镁、锌、硒、碘等营养素的不足，对于增强机体免疫功能，延缓衰老，预防肿瘤，防治高血压、痛风与风湿性疾病，有良好作用。此外，绝大多数矿泉水属微碱性，适合人体内环境的生理特点，有利于维持正常的渗透压和酸碱平衡，促进新陈代谢，加速疲劳恢复。

三、世界著名矿泉水品牌

1. **阿波利纳斯**（Apollinaris）

阿波利纳斯是产自德国莱茵地区的著名瓶装矿泉水，其含有天然的碳酸气体，具有较好的口感。

2. **依云**（evian）

依云又称埃维昂，产自法国，为重碳酸钙镁型矿泉水。依云矿泉水以纯净、无泡、略带甜味而著称于世。

3. **佩里埃**（Perrier）

佩里埃又称巴黎水，是法国出产的高度碳酸型矿泉水。它来源于 Gard bouillens 喷出的"沸滚水"，装在当地朗格多克玻璃厂生产的绿色瓶中，是世界著名的矿泉水品牌之一。除直接饮用外，还适合与威士忌酒兑饮，甚至在法国的许多酒吧、俱乐部作为苏打水使用。

4. **维特尔**（Vittel）

这是产自法国的无泡型矿泉水，略带咸味，是世界公认的最佳天然矿泉水，非常适合在就餐时饮用，如果冰镇，口感更佳。维特尔属于重碳酸钙镁型矿泉水。

5. **维希**（Vichy）

这是法国著名的重碳酸钙镁型矿泉水，维希矿泉水略带咸味，口感上佳，以其医药价值闻名全球，是世界著名的瓶装矿泉水品牌。

6. **圣·佩里格林诺**（San Pelle Grino）

产自意大利的起泡型天然矿泉水，富含矿物质，口感甘洌而味美。

7. **卡瑞·克斯堡**（Garci Crespo）

产自墨西哥的天然矿泉水，富含矿物质，碳酸气体含量较少，也无其他强烈味道。

8. **崂山**

产自我国青岛，是重碳酸钙型矿泉水，含有极丰富的矿物质元素，口感清纯。

9. **长白山**

产于我国吉林省长白山地区，地处长白山火山群，含有多种矿物质及天然碳酸气，是我国优质矿泉水之一。

10. **五大连池**

产于我国黑龙江省五大连池市，水源地处火山群，碳酸气体含量高，含有多种矿物质及微量元素，20 世纪 60 年代开始生产。

除了上述品种之外，世界著名的矿泉水品牌还有德国的杰罗斯泰纳、俄罗斯北高加索的纳尔赞矿泉、法国的沃尔沃特和康翠克斯、美国的山谷和魅力、英国的占尔等。

四、其他饮用水类型

随着消费水平和生活质量的提高，人们对饮用水质量的重视程度也日益提高，从过去传统饮用的井水、自来水、矿泉水到现在品类繁多的纯净水、蒸馏水、太空水、离子水以及活性水等，人们饮用水的挑选范围进一步扩大，同时，对饮用水的质量和健康要求越来越高。

1. **纯净水**

纯净水以符合生活饮用水卫生标准的水为原料，通过电渗析法、离子交换法、反渗透法、蒸馏法及其他适当加工方法制得，密封于容器且不含任何添加物，可直接饮用。

大多数正规的纯净水生产厂家均采用反渗透法生产纯净水。反渗透法是一种净化水的方法，即将水加压通过孔径为0.0001微米的反渗透膜，颗粒直径大于此孔径的各种离子、分子及颗粒物均被阻于膜的一侧，透过膜的即为纯净的反渗透水。此法可将水中的细菌、病毒等微生物除去，各种化合物、氯消毒副产物和其他有机物绝大部分会被去除，故可生饮，口感较好。

2. **蒸馏水**

原水经过滤、净化、软化和高温蒸馏，水汽化出来再冷凝制成的瓶装水称为蒸馏水。蒸馏水含氧量较天然水高出许多。但目前许多人认为饮用太纯的水对身体不利，这实际上是没有科学依据的。有关理论研究认为，人在吃各种食物的时候体内已摄取到足够多的营养元素，饮水的作用，只是补充体内的水分需要，已无必要过分强调添加其他微量元素，故对饮水的最重要指标要求是水质的纯与净，而蒸馏水经蒸馏可有效地将细菌、悬浮物等杂质去除，正好符合“纯与净”的标准。

3. **离子水**

原水（自来水、地下水）经过净化装置过滤，去除水中的余氯、铁锈等多种有机毒物和原水中的杂质，再经过矿化处理，会使许多人体必需的矿物质及微量元素进入水中，而后进入电解槽进行电解，电解时所有菌类均已被杀死，这样带正电的矿物质则集于阴极成为碱性离子水，带负电的矿物质则集于阳极成为酸性离子水。供饮用的主要是碱性离子水，长期饮用碱性离子水具有降血脂、降血糖、抗疲劳及抗氧化的作用，而酸性离子水则具有漂白、杀菌、收敛和美容洁肤的作用。

4. **富氧水**

富氧水能改善人体的运动表现力，增强体力、体质和体能，还可使人保持头脑清醒和精神集中，反应敏捷，增强记忆力等。研究结果表明，在同等环境或运动状态下，喝富氧水能保持人体血液中氧平衡、增强人体器官功能。

我国比较著名的饮用水品牌有屈臣氏、娃哈哈、乐百氏、正广和、农夫山泉、益力、景田等。另外，国际知名的雀巢公司也在国内津沪两地设立了现代化的水厂。

任务三　熟悉碳酸饮料、果蔬饮料及其他软饮料

一、碳酸饮料及其类型、著名品牌

碳酸饮料是在经过纯化的饮用水中压入二氧化碳气体，并添加甜味剂和香料制成

的一种饮料。因含有二氧化碳气体，所以我国许多地区又称之为“汽水”。这类饮料重要的质量特征是具备特有的甜度、酸感和二氧化碳的清凉口感。在制造过程中要添加酸味剂、无机盐类，在低温、低压的条件下，充入二氧化碳气体，使二氧化碳气体溶于饮料。碳酸饮料除糖外，其他营养成分的含量很少或者没有，但因含二氧化碳，可助消化，并能促进体内热气排出，产生清凉爽快的感觉，所以具有清凉解暑的功能。

碳酸饮料按是否含有香料，可分为含香料的碳酸饮料和不含香料的碳酸饮料；按其原料不同，可分成可乐型碳酸饮料、果汁型碳酸饮料、果味型碳酸饮料和苏打水等几种类型。

1. 可乐型碳酸饮料

该饮料是用可乐果（或其他类似辛香的果香混合香气）、柠檬酸、月桂、香精调制而成并以焦糖着色的一种含有咖啡因的碳酸饮料。世界上著名的品牌有可口可乐和百事可乐。

2. 果汁型碳酸饮料

该饮料是指原果汁含量不低于2.5%的碳酸饮料，如橘汁汽水、菠萝汽水等，名品有新奇士等。

3. 果味型碳酸饮料

该饮料是指以食用香精为主要赋香剂，原果汁含量低于2.5%的碳酸饮料，如柠檬汽水等，名品有雪碧、七喜等。

4. 苏打水

该饮料是以苏打水为原料制成的碳酸饮料，不含任何其他香味剂和糖分，可直接饮用，同时又是调制各种碳酸饮料的必备原料。

二、果蔬饮料的类型及其特点

（一）果汁类饮料

果汁类饮料是以成熟适度的新鲜或冷藏果实为原料，经机械加工所得的果汁或混合果汁类制品，或加入糖液、酸味剂等配料所得的制品。其成品可供直接饮用或稀释后饮用。果汁饮料包括的范围很广，它包括浓缩果汁、纯天然果汁、果汁饮料、水果饮料、天然果浆、果肉果汁、发酵果汁等饮料。果汁饮料由于含有丰富的有机酸，可刺激胃肠分泌，帮助消化，还可使小肠上部呈酸性，有助钙、磷的吸收，但也因果汁中含有一定水分，具有不稳定性，易发酵、生霉，因此要特别注意此类饮料的保质期和保存条件，以防造成不必要的浪费。

1. 浓缩果汁

浓缩果汁是用新鲜水果榨汁后加以浓缩的，即用物理方法除去原果汁中的水分，含有100%原果汁并具有该种水果原汁应有特征的制品。浓缩果汁不得加糖、色素、防腐剂、香料、乳化剂及人工甘味剂，但需冷冻保存，以防变质。浓缩果汁作为果汁饮料的基本原料，也可加水稀释直接饮用，同时也是酒吧调酒的基本原材料之一。

2. **纯天然果汁**

纯天然果汁是指由新鲜成熟果实直接榨汁后不经稀释、发酵而成的纯果汁，也指由浓缩果汁加以稀释复原成原榨汁状态的果汁。在酒吧，此类果汁可以是购买的包装制品，也可以由酒吧工作人员使用新鲜水果在宾客面前现榨获取，常见的有橙汁、苹果汁、草莓汁、水蜜桃汁、葡萄汁、梨汁、猕猴桃汁以及具有热带风味的菠萝汁、杧果汁、百香果汁和野生的沙棘汁、野蔷薇汁、黑加仑汁等。

3. **果汁饮料**

果汁饮料是用天然果汁加入糖、水、柠檬酸、香料及其他原料调配至适宜的酸甜度制成的饮品，其原果汁含量不低于10%。目前，此类饮品较为流行，基本上各大饮料厂商均生产诸多系列口味的果汁饮料。

4. **水果饮料**

水果饮料是在果汁（或浓缩果汁）中加入糖液、水、酸味剂等调制而成的清汁或混汁制品。成品中果汁的含量不低于5%，如橘子饮料、菠萝饮料、苹果饮料等。

5. **天然果浆**

天然果浆是指水分较低或黏度较高的果实经破碎筛滤后所得的稠厚状加工制品。一般供宾客稀释后饮用。

6. **果肉果汁**

果肉果汁又叫带果肉果汁。果肉经打浆、粉碎后呈微粒化混悬液，再添加适量的糖、香料、酸味剂调制而成。一般要求原果浆含量45%以上，果肉细粒含量20%以上，并具有一定的稠度。

7. **发酵果汁**

发酵果汁是在果汁中加入酵母进行发酵，得到含酒精量5%左右的发酵液，再在所得的发酵液中添加适量的柠檬酸、糖、水，调配成酒精含量低于0.5%的软饮料。这种饮料具有鲜果的香味，又略带醇香的味道，常加入碳酸气体，使口感爽适，如苹果西打等。

果汁类饮料饮用时需先放入冰箱冷藏，最佳饮用温度为10℃左右。鲜果汁很难保鲜，接触日光和空气的时间一长，其内部的维生素等营养物质就会受到损害，原有风味就会消失。即使及时冷藏，日后饮用时口味也不似即榨即饮般新鲜和纯正，甚至可能变质，饮用后影响健康。因此，鲜榨果汁保鲜时间为24小时；罐装果汁开启后可保存3～5天；稀释后的浓缩果汁只能存放两天，所以应尽量做到用多少兑多少，以免浪费。

因此，在购买鲜果汁的过程中，对包装的选择尤为重要。考虑到果汁的新鲜度和避光要求，除了关心果汁的生产日期外，还要特别观察果汁包装的阻光程度。目前欧美先进国家的绝大部分鲜果汁都采用了最先进的利乐砖型无菌包装技术，它采用特殊的复合包装材料，有极佳的阻光性和隔氧性，能有效保护果汁免受光线、空气和微生物的侵入，即使在常温下也能长时间地保持果汁的新鲜和品质，喝起来和鲜榨的一样。

（二）蔬菜汁饮料

这是使用一种或多种新鲜蔬菜汁（或冷藏蔬菜汁）、发酵蔬菜汁，加入食盐或糖等配料，经脱气、均质及杀菌处理后所得的饮品，具有一定的营养价值。常见的有胡萝卜汁、番茄汁、西芹汁、南瓜汁等。由于我国长期以来对蔬菜有鲜食的习惯，蔬菜汁饮料在我国尚难以得到较快发展。因此，目前多数厂商以生产、销售果蔬复合型饮料为主，以满足消费者群体的需要。

三、其他软饮料

1. 植物蛋白饮料

以植物果仁、果肉及大豆为原料，经纯化、研磨、去残渣，加入（或不加入）风味剂（糖类、乳、咖啡、可可、果蔬汁液、着色剂和食用香精等），经脱臭、均质等处理后制得的高压杀菌或无菌包装乳状饮料，含有植物蛋白等多种营养成分。常见的有椰子汁、杏仁露、花生奶、豆奶等。

2. 运动饮料

这是针对体育运动而研制的一种饮料，具有较好的口感，含有适量的糖（6%）、钠（0.05%），无碳酸盐和咖啡因，不含防腐剂，可补充人体因激烈运动流汗所失掉的钠、钾、镁和碳水化合物，缓和因疲劳和体温上升所造成的消耗。

运动饮料中的糖是葡萄糖、果糖和蔗糖混合物，有利于小肠的吸收，有助于尽快恢复肌糖原，从而起到补充能量和改善口感的作用；饮料成分中含有适量的钾、钠等电解物质，电解质中主要成分是钠盐，可以补充人在运动中因出汗丢失掉的钠盐，同时可以刺激口渴，增加液体饮用量，帮助肌体存留水分；良好的口感可以刺激人体对液体的摄入量，有助于身体及时补充水分。

运动饮料的营养素成分和含量能适应运动员或参加体育锻炼人群的运动生理特点、特殊营养需求，并能相对提高运动能力。这种饮料也适用于劳动强度高的从业人员以及高温条件下失汗较多的人员。运动饮料含钠量较高，患有高血压的人运动后饮用运动饮料会使血压升高，所以高血压患者不宜多饮运动饮料。

著名的运动饮料品牌有佳得乐（Gatorade）、美国可口可乐公司的动乐（POWERADE）等。

3. 功能饮料

功能饮料又称保健饮料，是指通过调整饮料中营养成分和含量比例，在一定程度上调节人体功能的饮料。据有关资料对功能饮料的分类，广义的功能饮料包括运动饮料、能量饮料和其他有保健作用的饮料。功能饮料大致可分为补充型饮料和功能型饮料两类。

补充型饮料如脉动、健力宝等，其作用是有针对性地补充人体运动时丢失的营养。

功能型饮料有红牛、力保健等，它们是通过在饮料中添加维生素、矿物质等各种功能因子，使之具有某种功能，以满足特定人群的保健需要。

功能饮料是继碳酸饮料、果蔬饮料后的新型饮品，功能饮料能够帮助饮用者获得和补充有效营养成分，促进神经、肌肉功能恢复，尽快消除疲劳，提高大脑工作效率，改善工作状态和体力，是当今饮料行业发展的新趋势。

我国有得天独厚的自然条件和丰富的资源，加之现代科学技术，功能饮料发展前景十分广阔。

4. 花粉饮料

以植物花粉为原料，经脱腥、提炼处理，配以蜂蜜、糖及其他调味剂等制成的饮料，主要产品种类有花粉汽水、花粉汽酒、花粉口服液及花粉晶等。花粉饮料的色、香、味均具有花粉的特征，富含蛋白质、多种氨基酸、维生素及有益人体健康的微量元素，是一种良好的天然保健饮料。

另外，还有根据某些特殊需要而研制成的具有针对性的新型饮料，如我国南方传统的凉茶饮料（如王老吉）以及专供老人、幼儿饮用的无咖啡因、无钠、低糖、无化学添加剂的饮料等。

任务四　熟悉咖啡

一、咖啡的起源与发展

咖啡树是生长在热带和亚热带高原上的一种常绿灌木，栽种三年后开始结果，果实呈深红色，内有两颗种子，即生咖啡豆（Coffee Bean），经焙炒研磨成粉，即可制成咖啡饮料。目前，世界上咖啡种植带（Coffee Belt）主要分布在北纬 25 度、南纬 30 度之间的热带和亚热带地区。咖啡是世界上历史最悠久、消费量最大的饮料品种之一。

咖啡的种植始于 15 世纪，几百年的时间里，阿拉伯半岛的也门是世界上唯一的咖啡出产地，咖啡的市场需求极为旺盛。在也门的摩卡港，当咖啡被装船外运时，往往需要重兵保护。同时，也门也采取种种措施以杜绝咖啡树苗被携带出境。尽管有许多限制，来圣城麦加朝圣之人还是偷偷地将咖啡树苗带回了自己的家乡，由此咖啡很快就在印度落地生根。当时，意大利的威尼斯有无数的商船队与来自阿拉伯的商人进行香水、茶叶和纺织品交易，这样，咖啡就通过威尼斯传到了欧洲的广大地区。许多欧洲商人渐渐习惯饮用咖啡这种饮料。后来，在欧洲许多城市的街头出现了兜售咖啡的小商贩，咖啡在欧洲得到了迅速普及。

对咖啡的强劲需求，为咖啡在原产地以外的其他地区迅速扩展打下了坚实的基础。17 世纪，荷兰人将咖啡引到了自己的殖民地印度尼西亚。与此同时，法国人也开始在非洲种植咖啡。时至今日，咖啡在人们生活中已是不可或缺的饮料。

二、咖啡的作用

一方面，咖啡里含有的咖啡因有刺激中枢神经或肌肉的作用，可使神经或肌肉功能恢复，工作效率提升，具有清醒头脑的效果，能使头脑反应灵敏。

另一方面，也能提高心脏机能，使血管扩张、血液循环良好，平定头痛，使人精神舒畅。此外，由于刺激交感神经，可以抑制副交感神经兴奋引起的气喘。咖啡也有帮助消化的作用，特别是食用过多肉类时，胃液分泌过多，饮用咖啡可促进消化。咖啡还有脱臭效果，将研磨咖啡、冲泡过的残渣放于容器干燥，放入冰箱或鞋箱，可以当作脱臭剂。咖啡也可用于隐藏味道，如将即溶咖啡用开水溶化，使其味道沾于肉上，再经特定工序，可制成可口的料理。

三、咖啡的分类

咖啡的分类方法很多，我们在日常生活中所见到的咖啡无外乎两种：一种是焙炒咖啡，也就是我们所讲的咖啡豆研磨咖啡，饮用起来较为麻烦，需要研磨和使用专用的器皿，所以，在我国很多人是在酒吧或咖啡厅里享用它；另一种是速溶咖啡，又被称为即溶咖啡，它的优点是保鲜期长，口味经久，而且最重要的是更快捷、经济，也更干净。

咖啡可以从产地、品种及流行情况几个方面来进行分类。

（一）按产地分类

1. 巴西（南美洲）

巴西是世界第一大咖啡生产、出口国。这个最大的咖啡生产地，其各种等级、种类的咖啡消费量约占全球总消费量的 1/3，在全球咖啡交易市场上地位重大。

这里的咖啡种类繁多，其中最出名的就是山多斯咖啡，它口感香醇、中性，可以直接煮，或和其他种类的咖啡豆混成综合咖啡。其他种类的巴西咖啡因不需过多的照顾，可以大量生产，虽然味道较为粗糙，但不失为物美价廉的咖啡。

2. 哥伦比亚（南美洲）

这个产量仅次于巴西的第二大咖啡工业国，较有名的产地如麦德林、马尼萨雷斯、波哥大、亚美尼亚等所栽培的咖啡豆皆为阿拉比卡种，味道相当浓郁，品质、价格也很稳定，煎焙过的咖啡豆显得更大且漂亮。该产地从低级品至高级品都能生产，其中有些是世上少有的好货，味道香醇，令人喜爱。

3. **墨西哥（中美洲）**

墨西哥是中美洲主要的咖啡生产国，这里产出的咖啡口感舒适，芳香迷人。上选的墨西哥咖啡有科特佩（Coatepec）、华图司科（Huatusco）、欧瑞扎巴（Orizaba），其中，科特佩被认为是世上最好的咖啡品种之一。

此国的咖啡栽培地带，无论是地理条件或气候条件都与南方的危地马拉类似，主要产地分布于柯柯拉贝古、澳阿路卡等州。产于高地的水洗式咖啡豆，其香味与酸味极佳。咖啡等级按海拔高度分为阿尔多拉（4000～4200英尺①）、普利马·拉巴多（2800～3300英尺）、布恩·拉巴多（2100～2500英尺）三大类，多销往美国。

4. **危地马拉（中美洲）**

危地马拉的中央地区种植着世界知名、风味绝佳的好咖啡，这里的咖啡豆多带有炭烧味、可可香，酸度稍高。危地马拉咖啡的第一产地位于紧邻墨西哥山岳地带的圣马尔克斯，第二产地为南部的凯萨尔德南哥，哥帮、安地古亚也很出名。危地马拉咖啡微酸、香醇且顺口，是混合式咖啡的最佳材料，其分类依海拔标高分为7个等级，产于高地者更为香醇，产于低地的咖啡豆则品质较低。

5. **萨尔瓦多（中美洲）**

产于高地者，为大小匀称的大颗粒咖啡豆，口感香浓、温和。这里的咖啡也是依据海拔标高而分为3个等级：高地（Strictly High Grown，SHB）、中高地（High Grown Central，HEC）、低地（Central Standard，CS）。

6. **洪都拉斯（中美洲）**

山岳地带的水洗咖啡豆较受欢迎，产于低地的咖啡豆则品质略逊一筹。知名的产地有圣塔巴拉、格拉西阿斯、东方的科马亚格亚、邻近尼加拉瓜的乔尔提卡。咖啡豆的大小有中到大型，其特征是口感温和。此地的优质产品也按产地的海拔高度分为3个等级。

7. **哥斯达黎加（中美洲）**

哥斯达黎加的高纬度地方所生产的咖啡豆在世界上赫赫有名，浓郁，味道温和，但极酸，这里的咖啡豆都经过细心的处理，正因如此，才有高品质的咖啡。著名的咖啡是中部高原所出产的，生产地大致可分为太平洋沿岸、大西洋沿岸及中间地带3个地区，并且各依标高而分其等级。所有的咖啡豆颗粒都相当大，尤其是太平洋沿岸高地所产的咖啡豆，酸且香浓，属上等级别。大西洋沿岸低地的咖啡豆酸而不醇，并无特别之处。

8. **古巴（西印度群岛）**

该地咖啡豆的特征是中大颗粒，颜色为明亮的绿色。等级依咖啡豆的大小而分成特级、中级、普通3个级别。“克里德尔山”是古巴最引以为傲的良质大型高级咖啡豆。

---

① 1英尺=0.3048米。

9. **牙买加（西印度群岛）**

栽培于横断岛上的山脉斜坡，品种可分为 3 个级别——蓝山咖啡、高山顶级咖啡及牙买加优洗咖啡。其中，蓝山咖啡的风味、香味、浓度、酸味十分调和，具有相当高的评价，产品几乎都销往日本。

10. **也门（西亚）**

也门为阿拉比卡种的发祥地。也门的摩卡咖啡曾经风靡一时，在世界各地刮起一阵摩卡旋风，只可惜好景不长，在政治的动荡及没有规划的种植之下，摩卡咖啡的产量十分不稳定，但其所产的摩卡咖啡仍是用来搭配其他咖啡豆或综合咖啡豆的“灵魂”。

巴尼马塔尔地区产的“马塔里”及卅那亚地区产的“萨纳尼”，都是有名的咖啡，“金马塔里”也产自巴尼马塔尔。

除上述国家和地区外，还有一些非洲国家的咖啡亦相当有名，这些国家是加纳、科特迪瓦、几内亚等，其咖啡豆的特征在此不一一介绍。

（二）按品种分类

1. **蓝山咖啡**

蓝山咖啡是咖啡中的极品，产自牙买加，得名于加勒比海环抱之中的蓝山。蓝山咖啡拥有所有好咖啡的特点，不仅口味浓郁香醇，而且其酸味、甜味、苦味均十分调和，又有极佳风味及香气，适合做单品咖啡，宜中度烘焙。因产量极少，价格昂贵无比，所以市面上一般都以味道近似的咖啡调制，如图 5 - 1 所示。

2. **摩卡咖啡**

原产地为埃塞俄比亚。摩卡是阿拉伯地区也门共和国的一个港口，当年阿拉伯地区种植的咖啡豆通过摩卡港运出，所以人们把阿拉伯地区产的咖啡统称为摩卡咖啡。摩卡咖啡豆小而香浓，其酸味优雅，酸味强，甘味适中，风味独特，含有巧克力的味道，是极具特色的一种纯品咖啡。中度烘焙有柔和的酸味，深度烘焙则散发出浓郁香味，偶尔会在调酒时使用，如图 5 - 2 所示。

图 5 - 1　蓝山咖啡

图 5 - 2　摩卡咖啡

3. **曼特宁咖啡**

原产地为印尼苏门答腊。气味香醇，酸度适中，苦味丰富，十分耐人寻味，适合深度烘焙，会散发出浓厚的香味。曼特宁咖啡是印尼生产的咖啡中品质最好的一种咖啡，是苦味咖啡的代表。

4. **哥伦比亚咖啡**

产地是哥伦比亚，具有独特的酸味及醇味，品质及香味稳定，是调配综合咖啡的上品。

5. **圣多斯咖啡**

圣多斯是巴西最大的海港，是世界上最大的咖啡输出港、最大的咖啡交易地。其咖啡豆等级由第二等至第八等，第二等最好。巴西咖啡味道柔和、微酸、微苦，口味特殊、高雅，为中性咖啡之代表，是调配温和咖啡不可或缺的品种，几乎所有的混合咖啡豆中都有巴西咖啡豆，而且比例很高。

6. **炭烧咖啡**

炭烧咖啡是一种重度烘焙的咖啡，味道焦、苦，不带酸，咖啡豆有出油的现象，极适合用于蒸汽加压咖啡。

7. **夏威夷康娜咖啡**

夏威夷康娜咖啡产于夏威夷康娜地区。夏威夷康娜咖啡口味浓郁芳香，并带有肉桂香料的味道，酸度也较适度。现在市面上大多数自称为“康娜”的咖啡，只含有不到5%的真正夏威夷康娜咖啡。

8. **爪哇咖啡**

爪哇咖啡产于印尼爪哇岛，属于阿拉比卡种，烘焙后苦味极强而香味极清淡，但感觉不到任何酸味。这种口味深受荷兰人的喜爱。此种咖啡豆常用于混合咖啡与即溶式冲泡咖啡。

9. **肯尼亚咖啡**

肯尼亚咖啡是非洲高地栽培的代表性咖啡。最好的咖啡等级是豆型浆果咖啡，上等咖啡光泽鲜亮，肉质厚，呈圆形，味道芳香、浓郁，酸度均衡可口，具有极佳的水果风味，口感丰富。

10. **危地马拉咖啡**

危地马拉咖啡产于危地马拉，属于阿拉比卡种，是酸味较强的品种之一，味道香醇而略具野性，曾享有世界上品质最佳的声望。

（三）按流行的情况分类

1. **卡布奇诺**

20世纪初，意大利人阿奇加夏在发明蒸汽压力咖啡机的同时也发明了卡布奇诺，卡布奇诺是在偏浓的咖啡上倒入以蒸汽发泡的牛奶，此时咖啡的颜色就像卡布奇诺教会的修士在深褐色的外衣上覆上一块头巾一样，咖啡因此而得名，如图5－3所示。

2. 意大利浓咖啡

具有浓郁的香味及强烈的苦味，咖啡的表面浮现一层薄薄的咖啡油，这层油正是意大利浓咖啡诱人香味的来源，适合那些追求强烈味觉感受的人，如图5－4所示。

图5－3 卡布奇诺

图5－4 意大利浓咖啡

3. 爱尔兰咖啡

爱尔兰咖啡是一种既像酒又像咖啡的咖啡，原料是爱尔兰威士忌加咖啡豆。特殊的咖啡杯，特殊的煮法，认真而执着，古老而简朴。爱尔兰咖啡杯是一种方便于烤杯的耐热杯。烤杯的方法可以去除烈酒中的酒精，让酒香与咖啡调和。威士忌拥有一股独特而浓烈的熏香和淡淡的甜味，用威士忌调成的爱尔兰咖啡，更能将咖啡的酸甜味道衬托出来，如图5－5所示。

4. 皇家咖啡

据说拿破仑在远征俄国时遇到酷寒的冬天，于是命人在咖啡中加入白兰地以取暖，因此发明了这道咖啡。刚冲泡好的皇家咖啡，在舞动的蓝白火焰中猛然蹿起一股白兰地的芳醇，勾引着期待中的味觉，雪白的方糖缓缓化为诱人的焦香甜味，一小口一小口品啜着，令人无端幻想坐拥皇宫的雍容喜悦，如图5－6所示。

图5－5 爱尔兰咖啡

图5－6 皇家咖啡

5. **维也纳咖啡**

维也纳咖啡乃奥地利最著名的咖啡，是马车夫爱因·舒伯纳发明的，也许正是由于这个原因，今天人们偶尔也会称维也纳咖啡为“单头马车”，如图5－7所示。

图5－7　维也纳咖啡

6. **冰咖啡**

冰咖啡源于日本，并成为日本人的流行饮品。其制作方法是用深度烘焙的咖啡豆调制出热浓咖啡饮料，并马上投入冰块使其快速冷却。此时，要用打蛋器搅动冰块，使咖啡形成泡沫，再用细目过滤网将咖啡泡沫捞起弃除。此法可去除咖啡的苦涩味，制成的冰咖啡口感滑润细腻。

四、咖啡的冲泡方法

（一）滤纸冲泡

1. **特点**

这是最简单的咖啡冲泡法。滤纸可以使用一次便丢弃，比较卫生，也容易整理，且开水的量与注入方法也可以调整。一人份也可以冲泡，此乃人数少时的最佳冲泡法。

2. **器具**

滴漏器有一孔与三孔之分，在此使用三孔式。注入开水用的壶壶口最好尖而细小，将开水垂直地倒于咖啡粉上比较适当。

3. **冲泡的重点**

（1）一人份的咖啡粉分量为10～12克，而开水温度是100℃。

（2）喜欢清淡咖啡的人，分量约一人8克。

（3）喜欢浓苦味的人，分量可一人12克，并充分地蒸煮。

（4）开水量依人数多寡而准备。

（5）过滤的抽出液不要滴到最后一滴为止（倘若全部滴完可能会有杂味或杂质等）。

4. **冲泡的程序**

（1）沿着缝线部分折叠过滤纸然后放入滴漏。

（2）以量匙将中度研磨的咖啡粉依人数份（一人份为10～12克）倒入滴漏，再轻敲几下使咖啡粉表面平坦。

（3）用茶壶将水煮开，倒入细嘴水壶，从中心点轻且稳地、缓慢地以螺旋方式注入开水，使开水渗透且遍布咖啡粉。

（4）为了将可口的成分抽出，应将已膨胀起来的咖啡粉多蒸一下（停留约 20 秒）。

（5）第二次注入开水时，从咖啡粉的表面慢慢注入。注水量的多寡必须与抽出咖啡液的量一致。

（6）抽出液达到人数分量时即可停止，因过滤纸内残留着开水，将其丢弃。

（二）法兰绒滤网冲泡

1. 特点

以法兰绒滤网冲泡出的咖啡香醇可口，不过，滤网的整理与保管要特别注意，否则咖啡味道会低落。

2. 冲泡前的准备

（1）开水注入后咖啡粉会膨胀，因此要选择稍大些的滤网。

（2）滤网的起毛面做外侧，充分将水拧掉，皱纹弄平后使用。

（3）滤布使用后要用水好好地清洗，为了防止氧化，要加水放在冷藏库里，而且必须每天换水，否则会起水垢，导致布目堵塞。使用时，以温开水冲泡，再充分拧干。

3. 冲泡的程序

（1）在滤网的内侧，将咖啡粉一人份 10～12 克放入滤布，再将咖啡粉弄平。

（2）浅烘焙的咖啡，水温要求为 95℃左右，深烘焙的水温则要低些，最初细线般地注入，边控制注水量边画圆注入。咖啡粉起细泡后焖蒸 20 秒，这段时间须“暂停”。第二次以后，每次用等量的开水以旋涡状注入，从中心到外侧再回到中心。

（3）不要让开水完全滴完，照人数份注入即可，在滤布内的开水尚有残留状态时取出。

（4）抽出终了，咖啡液的温度降低时要加热而不使其沸腾，轻摇后再倒入咖啡杯。

（三）蒸汽加压煮咖啡器

1. 特点

蒸汽加压煮咖啡器的原理乃是利用蒸汽压力瞬间将咖啡液抽出。

2. 器具

器具分为直台式咖啡器（家庭用）与自动式咖啡器（主要是营业用），在此介绍直台式咖啡器的使用方法。

3. 冲泡前的准备

（1）为了提高抽出效果，要将放入桶中的咖啡粉压实，而上半部水壶中的蒸汽不要漏掉，要好好地将其盖住。

（2）配合人数使用。需使用比人数分量还大的容量器具，若蒸汽压微弱，所抽出的咖啡会不太可口。

4. 冲泡的程序

（1）下半部的袋子里注入所需人数分量的开水，再将深烘焙与细研磨的咖啡粉放入桶中，一人份为6～8克，从上面轻轻压挤。

（2）上半部的壶和桶与下半部的壶组合，特别是在上半部的壶须好好地拴紧。

（3）给组好后的器具加火。下半部水壶中的水沸腾后水柱会上升，承空后从火上移开（由粉层通过热开水往上喷到上半部水壶中的咖啡液会被抽出）。

（4）器具非常烫，所以要注意不被烫伤，注入事先保温的咖啡杯。

（四）水滴式咖啡器

1. 特点

使用冷水，花时间抽出的方法。前一天晚上准备好，第二天早上就可以享受香浓的咖啡。喝热咖啡时要注意不要使其沸腾。

2. 冲泡前的准备

为了使抽出过程中点滴的速度不变，活栓不能松弛。咖啡豆以深烘焙、细研磨的较好。

3. 冲泡的程序

（1）在滴漏里放入所需人数分量的咖啡粉后，轻轻地压挤，注入少量的水使咖啡粉全部浸湿。

（2）在烧杯上放滴漏，在其上的槽桶里注入所需人数分量的水（3人份为300～350毫升）。

（3）盖好盖子。本器具的情况是经3～4小时才可制成咖啡。想喝咖啡时，将盖子、桶槽、滴漏取掉，倒入烧杯内加热。注意，勿使其沸腾后再倒入咖啡杯。

（五）伊芙利克咖啡器具

1. 特点

也称土耳其式咖啡壶，有长柄，多由纯铜或黄铜制成。

2. 冲泡的重点

三次调煮，在沸腾前从火上移开，加少量的水。

3. 冲泡的程序

（1）准备深烘焙的咖啡豆（一人份约5克），放入乳钵或磨子里研磨成粉状。

（2）为相应人数份的咖啡粉加适量的开水，同时加入香料，接着开小火，起泡后、沸腾前从火上移开，加点水，待泡沫消失后再加火，如此重复3次。

（3）待咖啡粉沉下后，将咖啡缓缓注入杯中。

（六）虹管咖啡煮沸器

1. 特点

也称虹吸式冲泡咖啡壶，可以边观赏咖啡抽出过程边享受咖啡的乐趣，这也是虹管咖啡煮沸器的魅力。

2. 器具

（1）保管上比较麻烦，因为是玻璃制品，所以要注意不能使其破损。

（2）使用后过滤嘴要仔细清洗，并用清水浸泡，然后保存在冰箱里。

3. 冲泡前的准备

（1）底部的水完全沸腾后再将上半部插入，太早插入无法使咖啡很好地抽出。

（2）在短时间内适当地搅拌咖啡粉，花太多时间会使咖啡浑浊，香味消失。

4. 冲泡的程序

（1）在底部倒入刚在水壶里煮沸的水，将外侧的水滴擦拭干净，再以酒精灯加热。接着给上面的漏斗装上滤嘴，拉下弹簧使其固定。之后，将粗研磨咖啡粉按人数分量倒入。

（2）待底部的水充分沸腾后，将倒有咖啡豆的漏斗转入（插进，使其固定）。

（3）开水上升至漏斗时，以竹匙子将浮上来的咖啡粉搅拌几下使其下沉。

（4）约经过 1 分钟后将火熄灭。火熄灭后，咖啡液会由滤布滤过而流至底部。

（5）咖啡液流下后，从上面将漏斗取下。轻轻摇晃以使咖啡液均匀，加温后再倒入杯中。

图 5－8 所示为虹吸式冲泡咖啡壶。

图 5－8　虹吸式冲泡咖啡壶

（七）咖啡渗滤壶

1. 特点

这种冲泡方法现在已很少见，不过，从前在美国深受欢迎，在日本也曾风靡一时。

2. 冲泡方法

（1）在水壶中加入所需人数分量水并加热，其间将粗研磨的咖啡粉（约一人份 10 ~ 12 克）放入后盖。

（2）待水壶中的水沸腾后，先将火熄灭。

（3）再以小火加热，视咖啡抽出情况决定是否将火熄灭。

任务五 熟悉可可

一、可可的起源与发展

最早食用可可的是墨西哥的阿兹台克人。哥伦布发现了美洲新大陆后，把可可豆带到了西班牙。1657 年，英国伦敦出现了第一家可可商店，专卖可可饮料，当时的售价相当昂贵。到了 18 世纪，可可开始在欧洲流行起来。此后，可可逐渐传播到世界各地。

可可从南美洲外传到欧洲、亚洲和非洲的过程是曲折而漫长的。16 世纪前，可可还没有被生活在亚马孙平原以外的人所知，那时它还不是可可饮料的原料。因为种子十分稀少珍贵，所以当地人把可可的种子（可可豆）作为货币使用，名叫“可可呼脱力”。

16 世纪上半叶，可可通过中美地峡传到墨西哥，接着又传入印加帝国（今巴西南部的领土），很快为当地人所喜爱。他们采集野生的可可，把种仁捣碎，加工成一种名为“巧克脱里”（意为“苦水”）的饮料。16 世纪中叶，欧洲人来到美洲，发现了可可并认识到这是一种宝贵的经济作物，他们在“巧克脱里”的基础上研发了可可饮料和巧克力。16 世纪末，世界上第一家巧克力工厂由当时的西班牙政府建立起来。

可可定名很晚，直到 18 世纪瑞典的博物学家林奈才为它命名。后来，由于巧克力和可可粉在运动场上成为最重要的能量补充剂，发挥了巨大的作用，人们便把可可树誉为“神粮树”，把可可饮料誉为“神仙饮料”。

随着世界上可可饮料及可可类食品产量的不断增长，可可成为世界食品工业中的一种重要的原料。

二、可可的分布状况

可可树原产于南美洲亚马孙河上游的热带雨林，主要分布在赤道南北纬 10°以内较狭窄的地带，主产国为加纳、巴西、尼日利亚、科特迪瓦、厄瓜多尔、多米尼加和马来西亚，主要消费国是美国、德国、俄罗斯、英国、法国、日本和中国。其中，非洲的加纳是最大的可可生产国，“Forastero”（福拉斯特洛）这种优质品种的可可豆即产于这个国家。1922 年，我国台湾地区引种试种成功，中国现主要种植地在海南。

三、可可的主要成分及其作用

可可豆（生豆）含水分 5.58%、脂肪 50.29%、含氮物质 14.19%、可可碱 1.55%、其他非氮物质 13.91%、淀粉 8.77%、粗纤维 4.93%，其灰分中含有磷酸 40.4%、钾 31.28%、氧化镁 16.22%。可可豆中还含有咖啡因等神经中枢兴奋物质以及单宁，单宁与巧克力的色、香、味有很大关系。其中，可可碱、咖啡因会刺激大脑皮质，消除睡意，增强触觉与思考力以及调整心脏机能，还有扩张肾脏血管、利尿等作用。可可豆是制造可可粉和可可脂的主要原料。可可粉与可可脂主要用来制作饮料以及巧克力糖、糕点及冰激凌等食品。

场景回顾

非酒精饮料是指几乎不含酒精的解渴饮料。作为调酒师，应熟悉各种可以补充水分并有一定营养物质、口感符合人们饮用要求的饮料，包括咖啡和可可。

项目小结

非酒精饮料是日常生活中补充人体水分的来源之一，碳酸饮料和其他的非碳酸饮料如茶、果汁等，不仅能解渴，而且在饮用时能使人产生愉悦感。饮料的良好滋味能促使人们愿意更多地摄取水分，这对于人们的身体健康来讲非常重要。咖啡和可可作为世界三大饮料的其中两种，在人们的生活中起到很大的作用。

思考练习题

一、填空题

1. 世界三大饮料是指__________、__________、__________。
2. 根据配料的不同，乳饮料可分为__________和__________两大类。
3. 目前流行的冰激凌制品还有__________、__________、__________等。
4. 矿泉水从口感上可分为__________、__________、__________3 种。
5. 碳酸饮料按其原料不同分成________、________、________、________等几种类型。世界上的名品有________。

二、单项选择题

1. 依云矿泉水产于（　　）。

A. 意大利　　B. 德国

C. 法国　　D. 墨西哥

2. 冰咖啡起源于（　　）。

A. 日本　　B. 美国

C. 英国　　D. 古巴

3. 摩卡咖啡原产于（　　）。

A. 特立尼达　　B. 埃塞俄比亚

C. 爪哇　　D. 古巴

4. 蓝山咖啡产自（　　）。

A. 巴西　　B. 牙买加

C. 危地马拉　　D. 哥伦比亚

5. 可可最大的生产国是（　　）。

A. 巴西　　B. 科特迪瓦

C. 加纳　　D. 尼日利亚

三、简答题

1. 什么叫作软饮料？哪些饮料属于软饮料？
2. 矿泉水有哪些保健作用？
3. 什么是果蔬饮料？它们的代表名品有哪些？
4. 世界上流行的咖啡品种有哪些？
5. 可可的主要成分及其作用有哪些？

实训项目

由任课老师示范制作流行的六种咖啡，学生品尝并练习。

项目六　鸡尾酒调制

学习目标

- 鸡尾酒的由来及发展
- 鸡尾酒的分类和特点
- 调酒师的职业及其素质要求
- 调酒常用的器具和设备
- 鸡尾酒的调制方法及创作艺术
- 花式调酒的技法
- 酒吧服务知识

任务场景

某职业学校高星级饭店运营与管理专业学生参加某酒店酒吧调酒师岗位的招聘活动，他们被要求现场调制出一款指定鸡尾酒，同学们非常珍惜这次机会，设法将平时所学知识正常地发挥出来。那么，要调制好一款鸡尾酒，需要哪些知识呢？

任务一　熟悉鸡尾酒

鸡尾酒（Cocktail）是指将两种或两种以上的饮料按一定的配方、比例和调制方法混合而成的一种含酒精的饮料。鸡尾酒历史悠久、影响深远、品种繁多，这使其几乎成为混合酒的代名词。

一、鸡尾酒的起源及发展

有关鸡尾酒的首次文字记载是在1806年，美国的一本名为《平衡》的杂志记载了鸡尾酒是用酒精、糖、水（或冰）或苦味酒混合的饮料。

鸡尾酒在美国流行后被传入英国和世界其他地方，第二次世界大战期间，鸡尾酒的消费在西方军人、青年男女中已成风气。第二次世界大战后，鸡尾酒成为人们休闲、社交的一种媒介。鸡尾酒之所以流行，一是因为它所具有的特殊的色、香、味能吸引众多的消费者，二是因为稀释淡化后的酒能被大多数人尤其是女士接受和喜爱。

鸡尾酒不仅具有酒的基本特性，能加快血液循环，使心情舒畅、摆脱疲劳，而且具有一般饮料所具有的营养、保健作用。鸡尾酒以其多变的口味、华丽的色泽、美妙的名称，满足了现代人对浪漫世界的遐想。鸡尾酒适合许多场所，为大多数人喜爱。改革开放后，尤其是近年来，鸡尾酒开始在我国流行起来。

早期的鸡尾酒缺乏严格的配方，有关的记载也很少，因此调制鸡尾酒时常带有较大的随意性。随着鸡尾酒的流行和发展，各种研究鸡尾酒的书籍不断出现，世界各地调制鸡尾酒的技术逐步完善并正规化。

1951 年，国际调酒师协会（简称 IBA）在英格兰成立，并在世界主要地区和国家发展成员国，由各成员国在本地区建立各自相应的组织机构。该协会致力于发展国际调酒师培训工作，组织了一系列的培训课程，为世界各地有志于从事调酒工作的年轻人提供了良好的学习机会，并通过培训规范了世界各地的调酒操作技术。

从 1976 年开始，国际调酒师协会每三年举办一次国际调酒师大赛（简称 ICC），这一赛会使世界各国年轻的调酒师充分展现高超的技艺，达到了互相学习、交流的目的，大大地提高了世界调酒技术水平，促进了国际调酒业的发展。

调酒的目的在于调制出颜色、香气、味道俱佳的酒品，成为现代酒吧不可或缺的组成部分之后，这门技术得到了极大程度上的重视。随着年代的推移，有些鸡尾酒的配方发生了变化，许多新配方出现，形成了后浪推前浪的热潮。

如今，鸡尾酒已从一种民间饮料发展成为一种国际性的高品位社交饮品。在西方世界，尤其是美国，鸡尾酒已成为人们生活中常见、常用的饮料。

二、鸡尾酒的特点及分类

（一）鸡尾酒的特点

经过多年的发展，现代鸡尾酒已不再是若干种酒及乙醇饮料的简单混合物，其种类繁多，配方各异，色、香、味兼备，盛载考究，装饰华丽。总之，现代鸡尾酒有如下特点。

1. 花样繁多，调法各异

用于调酒的原料有很多类型，各种酒所用的配料种数也不相同，就算以流行的配料种类确定的鸡尾酒，各配料在分量上也会因地域不同、人的口味各异而有较大变化，从而冠以新的名称。

2. 具有刺激性

鸡尾酒具有一定的酒精浓度，有明显的刺激性，能使饮用者兴奋。适当的酒度可使饮用者紧张的神经得到缓和，肌肉得以放松。

3. **能够增进食欲**

鸡尾酒是增进食欲的“催化剂”，饮用后因酒中含有的微量调味饮料如酸味、苦味等饮料的作用，饮用者的食欲有所改善。

4. **色泽优美**

鸡尾酒具有细致、优雅、匀称的色调，常规的鸡尾酒有澄清型鸡尾酒和浑浊型鸡尾酒两种类型。澄清型鸡尾酒色泽透明，除极少量鲜果带入的固形物外，没有其他沉淀物。

5. **口味优于单体组分**

鸡尾酒必须有卓越的口味，而且这种口味应该优于单体组分。品尝鸡尾酒时舌头的味蕾应该充分扩张，这样才能尝到刺激的味道。如果调制的鸡尾酒过甜、过苦或过香，都会影响风味。

6. **冷饮性质**

鸡尾酒需足够冰冻，如朗姆类混合酒，以沸水调配，自然不属典型的鸡尾酒。当然，也有些酒种既不用热水调配，也不强调加冰冷冻，其某些配料是温的或处于室温状态，这类混合酒属于广义的鸡尾酒范畴。

7. **盛载考究**

鸡尾酒由式样新颖大方、颜色协调得体、容积大小适当的载杯盛载，并配有装饰物，显得魅力无限。

（二）鸡尾酒的分类

1. **按使用时间和地点分类**

（1）餐前鸡尾酒。餐前鸡尾酒是以促进食欲为目的的鸡尾酒，口味分甜和不甜两种，甜味的饰以樱桃，不甜的饰以橄榄。餐前鸡尾酒如马天尼和曼哈顿。

（2）俱乐部鸡尾酒。俱乐部鸡尾酒是在正餐（午晚餐）时代替头盘、汤菜而上的具有丰富滋养成分的鸡尾酒，略带刺激性，色泽鲜艳，功能在于调和入口饭菜，如三叶草俱乐部。

（3）餐后鸡尾酒。餐后鸡尾酒以甜味酒为主，用以促进消化。

（4）晚餐鸡尾酒。在晚餐时饮用的是辣口鸡尾酒。

（5）睡前鸡尾酒。在晚间睡觉前饮用睡前鸡尾酒，可促进睡眠。睡前鸡尾酒多用具有滋补性的茴香、鸡蛋等材料调配。

（6）香槟鸡尾酒。香槟鸡尾酒在庆祝宴会等场合饮用，主要用香槟调配，香气清爽、典雅。

2. **按所用的基酒分类**

可分为金酒类、威士忌类、白兰地类、伏特加类、朗姆类、特基拉类鸡尾酒等。

3. **按混合方法分类**

（1）短饮类鸡尾酒。酒精含量较高，香料味较重，如马天尼、曼哈顿等。

（2）长饮类鸡尾酒。用烈酒加果汁或汽水混合而成，酒精含量较低，是一种温和的混合酒，如柯林斯、菲兹、宾治等。

（3）热饮类鸡尾酒。热饮类鸡尾酒是一种用烈酒加沸水冲兑混合而成的酒精含量较低的鸡尾酒，如托地、高罗等。

任务二　熟悉调酒常用的器具和设备

一、调酒常用器具

1. **玻璃器皿**

玻璃器皿包括在酒吧内部使用的烟灰缸、酒杯等，数量最多的是酒杯。

酒杯是用来盛放酒水的容器，是直接供客人使用的。酒杯一般有平光玻璃杯、刻花玻璃杯和水晶玻璃杯等，根据酒的档次和格调选用。每一种酒杯都有许多不同的样式。

酒杯的容量习惯用盎司（oz）计算，现在统一按毫升（ml）计算。

酒杯的主要类型如下：

（1）烈酒杯。其容量规格一般为56ml，用于各种烈性酒（白兰地除外），只限于在净饮（不加冰）时使用，如图6－1所示。

（2）老式洛克杯。又叫古典杯，其容量规格一般为224～280ml，大多用于喝加冰块的酒和净饮威士忌，有些鸡尾酒也使用这种酒杯，如图6－2所示。

（3）果汁杯。容量规格一般为168ml，用于喝各种果汁，如图6－3所示。

图6－1　烈酒杯

图6－2　古典杯

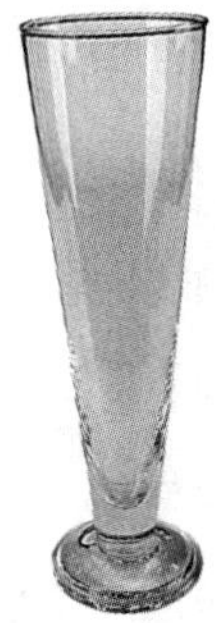

图6－3　果汁杯

（4）高杯。容量规格一般为224ml，用于喝特定的鸡尾酒或混合饮料，有时喝果汁也用高杯。

（5）柯林杯。其容量规格一般为280ml，用于喝各种烈酒加汽水等软饮料的混合饮料、各类汽水、矿泉水和一些特定的鸡尾酒（如各种长饮），又称长饮杯、哥连士杯。

（6）阔口香槟杯。其容量规格一般为126ml，用于喝香槟酒和某些鸡尾酒，如图6－4所示。

（7）郁金香形香槟杯。容量规格一般为126ml，用于喝香槟酒，如图6－5所示。

（8）白兰地杯。容量规格一般为224～336ml，净饮白兰地时使用，如图6－6所示。

图6－4　阔口香槟杯

图6－5　郁金香形香槟杯

图6－6　白兰地杯

（9）水杯。容量规格一般为280ml，喝冰水和普通汽水时使用。

（10）啤酒杯。啤酒杯有两种类型，一种类型容量规格一般为336～504ml，在酒吧中喝生啤时使用；另一种类型容量规格一般为280ml，在餐厅里喝啤酒时使用，在酒吧中女士们常用这种杯喝啤酒，如图6－7所示。

（11）鸡尾酒杯。容量规格为98ml，调制鸡尾酒以及喝鸡尾酒时使用，如图6－8所示。

（12）餐后甜酒杯。容量规格为35ml，用于喝各种餐后甜酒，如彩虹鸡尾酒、天使之吻鸡尾酒等。

（13）白葡萄酒杯。容量规格为168ml，用于喝白葡萄酒，如图6－9所示。

（14）红葡萄酒杯。容量规格为224ml，用于喝红葡萄酒，如图6－10所示。

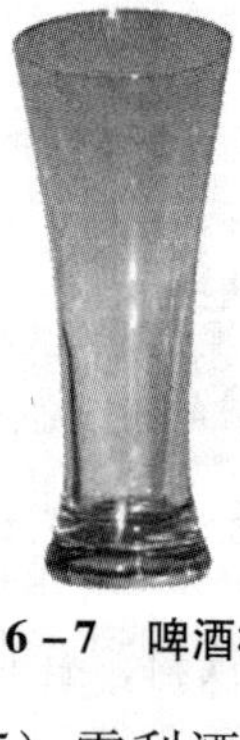

图6－7　啤酒杯

图6－8　鸡尾酒杯

图6－9　白葡萄酒杯

图6－10　红葡萄酒杯

（15）雪利酒杯。容量规格为56ml或112ml，专门用于喝雪利酒，如图6－11所示。

（16）波特酒杯。容量规格为56ml，专门用于喝波特酒，如图6－12所示。

图6－11　雪利酒杯

图6－12　波特酒杯

（17）特饮杯。容量规格为336ml，喝各种特色鸡尾酒用。

（18）酸酒杯。容量规格为112ml，喝威士忌酸鸡尾酒用。

（19）爱尔兰咖啡杯。容量规格为210ml，喝爱尔兰咖啡用。

（20）果冻杯。容量规格为98ml，吃果冻、冰激凌用。

（21）苏打杯。容量规格为448ml，用于吃冰激凌。

（22）水罐。容量规格为1000ml，装冰水、果汁用。

（23）滤酒器。有几种规格，如168ml、500ml、1000ml等，用于过滤红葡萄酒或出售散装红、白葡萄酒。

2. 其他用具

酒吧工具很多，一般根据酒吧的需要选用。

（1）酒吧开刀。用于开启红、白葡萄酒瓶的木塞，也可用于开汽水瓶、果汁罐头，如图6－13所示。

（2）T形起塞器。用于开启红、白葡萄酒瓶的木塞，如图6－14所示。

（3）量杯（量酒器）。用于度量酒水的分量，如图6－15所示。

（4）滤冰器。调酒时用于过滤冰块，如图6－16所示。

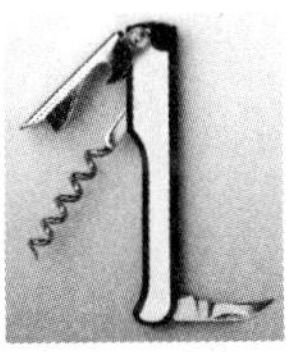

图6－13　酒吧开刀

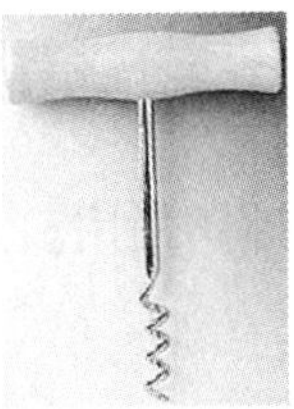

图6－14　T形起塞器

图6－15　量酒器

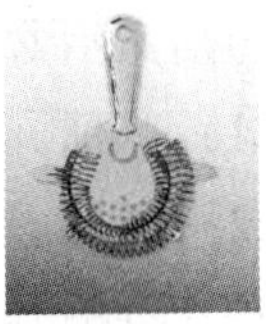

图6－16　滤冰器

（5）开瓶器。用于开启汽水、啤酒瓶盖。

（6）开罐器。用于开启各种果汁、淡奶等罐头。

（7）酒吧匙。分大、小两种，用于调制鸡尾酒或混合饮料，如图6－17所示。

（8）摇酒器。用于调制鸡尾酒，按容量分大、中、小几种型号，如图 6－18 所示。

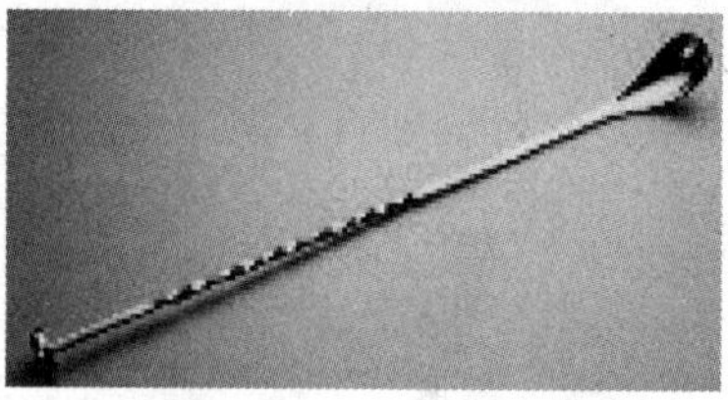

图 6－17　酒吧匙

图 6－18　摇酒器

（9）调酒杯。用于调制鸡尾酒，如图 6－19 所示。

（10）砧板。用于切水果等装饰物。

（11）果刀。用于切水果等装饰物。

（12）调酒棒。调酒用。

（13）酒签。穿装饰物用。

（14）挤柠檬器。挤新鲜柠檬汁用。

（15）吸管。客人喝饮料时用。

（16）杯垫。垫杯用。

（17）冰夹。夹冰块用，如图 6－20 所示。

图 6－19　调酒杯

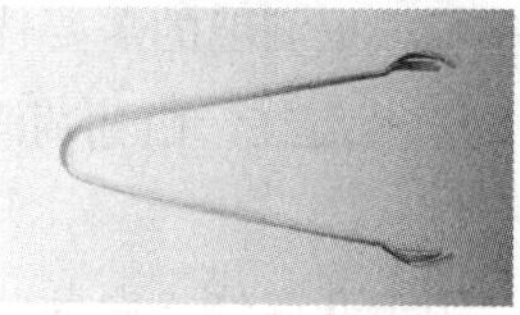

图 6－20　冰夹

（18）柠檬夹。夹柠檬片用。

（19）冰铲。装冰块用。

（20）宾治盆。装什锦果宾治或冰块用。

（21）冰桶。客人饮用白葡萄酒或香槟酒时冰镇使用。

（22）漏斗。倒果汁等酒水用。

（23）香槟塞。打开香槟后做瓶塞用。

二、调酒常用设备

1. 制冷设备

（1）冰箱（雪柜、冰柜）。这是酒吧中用于冷藏酒水饮料，保存适量酒品和其他调酒用品的设备，大小型号可根据酒吧规模、环境等条件选用。冰箱内部分层，以便存放不同种类的酒品和调酒用品。柜内温度要求保持在4～8℃。通常，白葡萄酒、香槟、玫瑰红葡萄酒、啤酒需放入柜中冷藏。

（2）立式冷柜。用于专门存放香槟和白葡萄酒。里面分成横竖成行的格子，香槟及白葡萄酒横插入格子存放，温度保持在4～8℃，如图6－21所示。

（3）制冰机。这是酒吧中用来制作冰块的机器，可自行选用不同的型号。冰块形状也可分为正方体、球体和长方体等多种。正方体冰块使用起来较方便，不易融化。制冰机如图6－22所示。

（4）碎冰机。酒吧中因调酒需要许多碎冰，碎冰机也是一种制冰机，但制出来的冰为碎粒状，如图6－23所示。

（5）生啤机。生啤为桶装，一般客人喜欢喝冰的生啤，生啤机专为此设计，如图6－24所示。生啤机分为两部分：气瓶和制冷设备。气瓶装二氧化碳用，输出管连接到生啤酒桶，有开关控制气压输出。工作时输出气压保持在25个标准大气压（有气压表显示）。气压低表明气体已用完，需另换新气瓶。制冷设备是急冷型的。整桶的生啤无须冷藏，连接制冷设备后，输出来的便是冰的生啤，泡沫厚度可由开关控制。生啤机不用时必须断开电源并取出插入生啤酒桶口的管子。生啤机需每15天由专业人员清洗一次。

图6－21　立式冷柜

图6－22　制冰机

图6－23　碎冰机

2. 清洗设备

洗杯机是专用的清洗设备。洗杯机中有自动喷射装置和高温蒸汽管。较大的洗杯机可放入整盘的杯子进行清洗。一般先将酒杯放入杯筛再放进洗杯机，调好程序按下电钮即可清洗。有些较先进的洗杯机还有自动输入清洁剂和催干剂装置。洗杯机有许多种，型号各异，可根据需要选用，有一种小型的、旋转式洗杯机每次只能洗一个杯子，一般装在吧台的边上。洗杯机如图6－25所示。

在许多酒吧中因资金和地方限制，还得用手工清洗酒吧设备。手工清洗需要清洗槽盘。

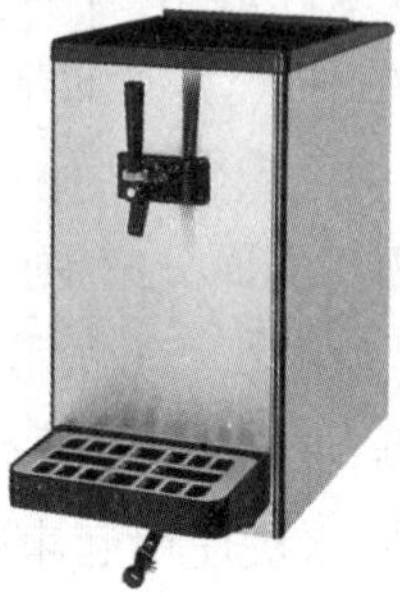

图 6－24　生啤机

图 6－25　洗杯机

3. 其他常用设备

（1）电动搅拌机。调制鸡尾酒时用于较大分量搅拌或搅碎某些食品，如图 6－26 所示。

（2）果汁机。果汁机有多种型号，主要作用有两个：一是冷冻果汁；二是自动稀释果汁（浓缩果汁放入后可自动与水混合）。果汁机如图 6－27 所示。

图 6－26　电动搅拌机

图 6－27　果汁机

（3）榨汁机。用于榨取鲜橙汁或柠檬汁等，如图 6－28 所示。

（4）奶昔搅拌机。用于搅拌奶昔（一种用鲜牛奶加冰激凌搅拌而成的饮料），如图 6－29 所示。

（5）咖啡机。煮咖啡用，有许多型号，如图 6－30 所示。

图 6－28　榨汁机

图 6－29　奶昔搅拌机

图 6－30　咖啡机

（6）咖啡保温炉。将煮好的咖啡装入大容器，放在炉上保持温度。

（7）电源设施。

（8）收款机。

另外，还有舞池、演出台、视听设备、台球设施、游戏机、简便的烹调设备、酒水服务车、酒水展示架等。

三、常用器具的清洗与消毒方法

1. 器皿的清洗与消毒

器皿包括酒杯、碟、咖啡杯、咖啡匙、点心叉、烟灰缸、滤酒器等（烟灰缸用自来水冲洗干净就行）。清洗时通常分为4个步骤：

（1）冲洗。用自来水将用过的器皿上的污物冲掉，这道程序必须要冲干净，不留任何点状、块状污物。

（2）浸泡。将冲洗干净的器皿（带有油迹或其他冲洗不掉的污物）放入洗洁精溶液浸泡，然后擦洗直至没有任何污迹。

（3）漂洗。把浸泡后的器皿用自来水漂洗，使之不带有洗洁精的味道。

（4）消毒。用开水、高温蒸汽或化学消毒法（也称药物消毒法）进行消毒。常用的消毒方法有高温消毒法和化学消毒法，凡有条件的地方要采用高温消毒法，其次才考虑化学消毒法。

高温消毒法分为以下几种。

①煮沸消毒法。这是公认的简单而又可靠的消毒法。将器皿放入水中，将水煮沸2~5分钟就可以达到消毒目的。但要注意，器皿要全部浸没在水中；消毒时间从水沸腾后开始计算；水煮沸后中间不能降温。

②蒸汽消毒法。消毒柜（车）上插入蒸汽管，管中的流动蒸汽是过饱和蒸汽，一般温度在90℃左右，消毒时间为10分钟。消毒时要尽量避免消毒柜漏气。器皿之间要留有一定的空间，以利于蒸汽穿透、流通。

③远红外线法。使用远红外线消毒，在120~150℃高温下持续消毒15分钟基本上可达到消毒目的。

一般情况下不提倡采用化学消毒法，但在没有高温消毒的条件下可考虑采用化学消毒法。常用的药物有：氯制剂，种类很多，使用时用其1%溶液浸泡器皿3~5分钟；酸制剂，如过氧乙酸，使用时用0.2%~0.5%溶液浸泡器皿3~5分钟。

2. 用具的清洗与消毒

用具通常只接触酒水，不接触客人，所以只需直接用自来水冲洗干净。但要注意，酒吧匙、量杯不用时一定要泡在干净的水中，水要经常更换。摇酒器、电动搅拌机每使用一次就需要清洗一次，消毒方法也有高温消毒法和化学消毒法。

任务三　熟悉鸡尾酒的调制方法

一、鸡尾酒的基本结构

鸡尾酒的基本结构是基酒、辅料、配料和装饰物。

1. 基酒

基酒又称鸡尾酒的酒基或酒底，以烈性酒为主，如伏特加、威士忌、白兰地、朗姆酒、金酒、特基拉等蒸馏酒，也有少量的鸡尾酒是以开胃酒、葡萄酒、利口酒等为基酒的。通常中式鸡尾酒以茅台、汾酒、五粮液、竹叶青等高度酒为基酒。

基酒是鸡尾酒的主体，决定了鸡尾酒的口味和特点，其含量一般不应少于一杯鸡尾酒总量的1/3。

2. 辅料

辅料又称调和料，是指用于冲淡、调和基酒的原料。辅料一般有味美思、利口酒、红石榴汁、橙汁、柠檬汁、西柚汁、柳橙汁、菠萝汁、番茄汁、苹果汁、阳桃汁、椰子汁、小红莓果汁、汤力水、苏打水、七喜汽水、干姜水、雪碧、可口可乐、运动饮料等。

辅料能缓和基酒的刺激性，还可用来衬托、引导基酒的韵味，增强鸡尾酒的品尝层次，使其成为更加可口的中性饮品。

3. 配料

配料是指一些用量较少但又能体现鸡尾酒特色的材料。鸡尾酒常用的配料有红石榴汁、柠檬汁、莱姆汁、鲜奶油、鲜奶、椰奶、可尔必思、蓝柑汁、蜂蜜、薄荷蜜、葡萄糖浆，以及糖、盐、豆蔻粉、月桂粉、鸡蛋、杏仁露、芹菜粉、红樱桃、绿樱桃、香草片、洋葱粒、橄榄粒、辣椒酱、辣椒油等，常用调酒配料如图6－31所示。

图6－31　常用调酒配料

4. 装饰物

装饰物主要对鸡尾酒起点缀、增色作用，常用的装饰物可分为点缀型装饰物、调味型装饰物、实用型装饰物三大类。点缀型装饰物有红（绿）樱桃、橙皮、橄榄、柠檬、菠萝、西芹、鲜薄荷等；调味型装饰物是指用有特殊风味的调料和水果来装饰饮品，如豆蔻粉、盐、糖、草莓、薄荷叶等；实用型装饰物是指吸管、酒签、调酒棒等装饰物。

装饰物的颜色和口味应与鸡尾酒酒液和谐一致，外观色彩缤纷，给人以赏心悦目的艺术享受。

二、鸡尾酒的调制原理

（1）鸡尾酒通常用烈性酒（金酒、威士忌、朗姆酒、伏特加、白兰地和特基拉等）作为基酒，再加入其他的酒或饮料如果汁、汽水和香料等配制而成。

（2）调制时烈性酒可以与任何味道的酒或其他饮料搭配，调和成鸡尾酒。

（3）味道相同或近似的酒或饮料可以互相混合，调制成鸡尾酒。

（4）味道不相同的酒或饮料如药味酒与水果酒一般不宜互相混合。

（5）清淡、有汽的酒水在调制鸡尾酒时只采用兑和法及调和法调制。

（6）调制任何鸡尾酒时冰块都应首先放入，然后是基酒，最后放配料。

三、鸡尾酒的调制规则

1. 鸡尾酒调制的基本原则

（1）饮料混合均匀。

（2）调制前杯应先洗净、擦亮，酒杯使用前需冰镇。

（3）按照配方的步骤逐步调配。

（4）量酒时必须使用量酒器，以保证调出的鸡尾酒口味一致。

（5）搅拌饮料时应避免时间过长，防止冰块融化过多而淡化酒味。

（6）摇晃时动作要自然优美、快速有力。

（7）用新鲜的冰块，冰块的大小、形状与饮料要求一致。

（8）用新鲜的水果装饰。切好后的水果应存放在冰箱内备用。

（9）使用优质的碳酸饮料。碳酸饮料不能放入摇酒器摇晃。

（10）水果挤汁时最好使用新鲜柠檬和柑橘，挤汁前应先用热水浸泡，以挤出更多的汁液。

（11）装饰要与饮料要求一致。

（12）上霜要均匀，杯子不可潮湿。

（13）蛋清是为了增加酒的泡沫，要用力摇匀。

（14）调好的酒应迅速提供给客人。

（15）动作规范、标准、快速、美观。

2. 鸡尾酒调制的标准要求

（1）时间。调完一杯鸡尾酒规定时间为 1 分钟。吧台的实际操作中要求一名调酒师在 1 小时内能为客人提供 80 ~ 120 杯饮料。

（2）仪表。必须穿白衬衣、马夹，戴领结，调酒师的形象不仅影响酒吧的声誉，还会影响客人的饮酒情趣。

（3）卫生。多数饮料是不需加热而直接为客人服务的，所以操作上的每个环节都应严格按卫生要求和标准进行。任何不良习惯如手摸头发、脸部等，都会直接影响客人健康。

（4）姿势。动作熟练，姿势优美，不能有不规范动作。

（5）载杯。所用的杯与饮料要求一致，不能用错。

（6）用料。要求所用原料准确，少用或错用主要原料都会破坏饮品的标准味道。

（7）颜色和味道。颜色深浅要适宜，饮料的味道应正常，不能偏重或偏淡。

（8）调法。调酒方法与饮料要求一致。

（9）程序。要依次按标准要求操作。

（10）装饰。装饰是酒水服务最后一个环节，不能缺少。装饰与酒水要求一致、卫生。

3. 鸡尾酒调制方法

（1）掺兑（漂浮）法。把各种饮料成分依次放入杯中，掺兑完后即可服务。掺兑调制而成的混合饮料有彩虹酒等。有时这类饮料还需要简单搅拌，如海波饮料、果汁饮料等。七色彩虹如图 6 – 32 所示。

（2）搅拌（兑和）法。把各种饮料成分和冰块放进调酒杯，然后搅拌混合物，调制鸡尾酒。搅拌的目的是在最少稀释的情况下把各种成分迅速冷却混合。马天尼如图 6 – 33 所示。

（3）摇混（摇晃）法。饮料放进调酒壶要用手摇动混合，不能通过搅拌来混合。成分如糖、奶油、鸡蛋和部分果汁等用这种方法调制。红粉佳人如图 6 – 34 所示。

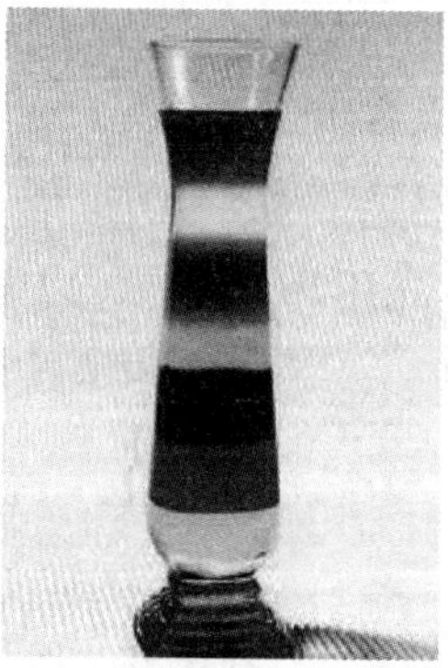

图 6 – 32　七色彩虹

图 6 – 33　马天尼

图 6 – 34　红粉佳人

（4）电动调和法（电动搅拌机搅拌法）。用电动果汁机或搅拌器调制混合而成，主要是用来混合固定食物和冰块饮料，如波斯猫漫步，如图 6－35 所示。任何摇混饮料都可使用这种方法，但不如手摇的效果好。

图 6－35　波斯猫漫步

从绝大多数饮料的调制来看，一般都使用以上方法中的两种或两种以上来完成。

4. 调制鸡尾酒的一般步骤

选择相应名称、形状、大小的酒杯→杯中放入所需的冰块→确定调酒方法及盛酒容器（调酒壶或酒杯）→量入所需基酒（基酒的数量与载杯容量有关）→量入少量的辅助成分→调制→装饰→服务。

5. 鸡尾酒调制的规范动作

（1）传瓶、示瓶、开瓶、量酒

①传瓶。这是指把酒瓶从酒柜或操作台上传到手中的过程。传瓶一般有从左手传到右手和从下方传到上方两种情形。用左手拿瓶颈传到右手上，用右手拿住瓶的中间部位，或者直接用右手从瓶的颈部上提至瓶中间部位。要求动作快、稳。

②示瓶。把酒瓶展示给客人，方法是用左手托住瓶下底部，右手拿住瓶颈部，呈 45 度角把商标面向客人。

传瓶到示瓶是一个连贯动作。

③开瓶。右手拿住瓶身，左手中指逆时针向外拉酒瓶盖，用力得当时可一次拉开。同时，用左手虎口即拇指和食指夹起瓶盖。开瓶是在酒吧没有专用酒嘴时使用的方法。

④量酒。开瓶后立即用左手中指和食指与无名指夹量杯（根据需要选择量杯大小），两臂略微抬起呈环抱状，把量杯放在靠近容器的正前上方约一寸处，量杯要端平。然后，右手将酒倒入量杯，倒满后收瓶口，右手同时将酒倒进所用的容器。用左手拇指顺时针盖盖儿，然后放下量杯和酒瓶。

（2）握杯、溜杯、温烫

①握杯。古典杯、海波杯、柯林斯杯等平底杯应握杯子下底部，切忌用手掌拿杯口；高杯应拿其细柄部；白兰地杯用手握住杯身，通过手热使其芳香溢出（指客人饮用时）。

②溜杯。将酒杯冷却后用来盛酒，通常有以下几种情况：冰镇杯，将酒杯放在冰箱内冰镇；放入上霜机，将酒杯放入上霜机上霜；加冰块，有些可加冰在杯内冰镇；溜杯，杯内加冰块使其快速旋转至冷却。

③温烫。这是指将酒杯烫热后再用来盛饮料，通常有以下几种情况：火烤，用蜡烛来烤杯，使其变热；燃烧，将酒度高的烈酒放入杯中燃烧，至酒杯发热；水烫，用热水将酒杯烫热。

冰镇、溜杯、温烫分别如图 6－36、图 6－37、图 6－38 所示。

图 6－36　冰镇

图 6－37　溜杯

图 6－38　温烫

(3) 搅拌

搅拌是混合饮料的方法之一，它是用吧勺在调酒杯或饮用杯中搅动冰块，使饮料混合，具体操作中要求左手握杯底，右手按握“毛笔”姿势使吧勺的勺背靠杯边按顺时针方向快速旋转，搅动时只有冰块转动声，搅拌五六圈后，用滤冰器在调酒杯口迅速将调好的饮料滤出。

(4) 摇壶

这是使用调酒壶来混合饮料的方法，具体操作形式有单手、双手两种。

①单手摇壶：右手食指按住壶盖儿，用拇指、中指、无名指夹住壶体两边，手心不与壶体接触，摇壶时尽量手腕用力，手臂在身体右侧自然上下摆动。要求：力量要大，速度要快，动作要连贯。手腕可使壶按“S”形、三角形等路线摇动。

②双手摇壶：左手中指按住壶底，拇指按住壶中间过滤盖儿处，其他手指自然伸开。右手拇指按壶盖儿，其余手指自然伸开，固定壶身。壶头朝向自己，壶底朝外并略向上方。摇壶时可在身体左上方或正前上方摇，要求两臂略抬起，呈伸曲动作，手腕成三角形摇动。

(5) 上霜

上霜是指在杯口边沾上糖粉或盐粉，具体要求是用柠檬皮擦杯口中边，要求匀称。操作前要把酒杯空干，然后在酒杯中放入糖粉或盐粉，沾完后把多余的糖粉或盐粉弹去。

(6) 调酒全过程

①短饮：选杯→放入冰块→溜杯→选择调酒用具→传瓶→示瓶→开瓶→量酒→搅

拌或摇壶→装饰→服务。

②长饮：选杯→放入冰块→传瓶→示瓶→量酒→搅拌或掺兑→装饰→服务。

四、鸡尾酒色彩和口味的配制

（一）鸡尾酒色彩的配制

鸡尾酒之所以如此具有诱惑力，与其五彩斑斓的颜色分不开。色彩的配制在鸡尾酒调制中至关重要。

1. 鸡尾酒原料的基本色

鸡尾酒是通过基酒和各种辅料调配混合而成的，这些原料的不同颜色是构思鸡尾酒色彩的基础。

（1）糖浆。糖浆是由各种含糖比例不同的水果制成的，颜色有红色、浅红色、黄色、绿色、白色等。我们较为熟悉的糖浆有红石榴糖浆（深红色）、山楂糖浆（浅红色）、香蕉糖浆（黄色）等。糖浆是鸡尾酒中常用的调色辅料。

（2）果汁。果汁是通过水果挤榨而成的，具有水果的自然颜色，含糖量比糖浆低得多，常见的有橙汁（橙色）、香蕉汁（黄色）、椰汁（白色）、西瓜汁（红色）、草莓汁（浅红色）、番茄汁（粉红色）等。

（3）利口酒。利口酒颜色十分丰富，包括赤色、橙色、黄色、绿色、青色、蓝色、紫色。有些利口酒同一品牌有几种不同颜色，如可可酒有白色、褐色，薄荷酒有绿色、白色，橙皮酒有蓝色、白色等。利口酒也是鸡尾酒调制中不可缺少的辅料。

（4）基酒。基酒除伏特加、金酒等少数几种无色烈酒外，大多数酒都有自身的颜色，这也是构成鸡尾酒色彩的基础。

2. 鸡尾酒颜色的调配

鸡尾酒颜色需按色彩配比的规律调制，调配的主要注意事项如下：

（1）在调制彩虹酒时，首先，要使每层酒高度相等，以保持酒体形态最稳定的平衡；其次，应注意色彩的对比，如红与绿、黄与蓝是接近互补色关系的一对色彩，白与黑是色明度差距极大的一对色彩；最后，将暗色、深色的酒水置于酒杯下部，如红石榴汁，将明亮或浅色的酒水放在上部，如白兰地、浓乳等，以保持酒体的平衡。只有这样调出来的彩虹酒，才会给人以观感美。

（2）在调制有层色的部分海波饮料、果汁饮料时，应注意颜色的比例配备。一般来说，暖色和纯色的诱惑力强，应占比例小一些，冷色和浊色比例可大一些。例如，特基拉日出，红石榴汁小沉杯底，上面大部分为淡橙色，这样就能产生一种平衡美感。

（3）鸡尾酒的色彩混合调配。在鸡尾酒家族中，绝大部分都是将几种不同颜色的原料混合调制成某种颜色的鸡尾酒。

第一，需要事先了解两种或两种以上不同的颜色混合后产生的新颜色，如黄色、蓝色混合成绿色，红色与蓝色混合成紫色，红色、黄色混合成橘色，绿色、蓝色混合成青绿色等。

第二，在调制鸡尾酒时应把握好不同颜色原料的用量。颜色原料用量过多则色深，量少则色浅，酒品就达不到预想的效果。例如，红粉佳人主要用红石榴汁来调出粉红色的酒品效果，在标准容量鸡尾酒杯中一般用量为 1 茶匙，多于 1 茶匙颜色为深红，少于 1 茶匙颜色呈淡粉色，体现不出红粉佳人的魅力。

第三，注意不同原料对颜色的作用。冰块是调制鸡尾酒不可缺少的原料，不仅对饮品起冰镇作用，对饮品的颜色、味道也起稀释作用，冰块在调制鸡尾酒时的用量、时间长短直接影响鸡尾酒颜色的深浅。另外，冰块本身具有的透亮性，使在古典杯中加了冰块的饮品更具有光泽，更显晶莹透亮。

奶、蛋等均具有半透明的特点且不宜同饮品的颜色混合。调制中用这些原料时，奶起增白效果，蛋清可增加泡沫，蛋黄能增强口感，使调出的饮品呈朦胧状，从而增强饮品的诱惑力。

碳酸饮料配制饮品时，一般在各种原料成分中所占比例较大，酒品的颜色都较浅或味道较淡。碳酸饮料对饮品颜色有稀释作用。

果汁原料因其所含色素的关系，本身具有颜色，应注意颜色的混合变化。例如，日月潭库勒，绿薄荷和橙汁一起搅拌使其呈草绿色。

3. 鸡尾酒的情调创造

酒吧是最讲究氛围的场所，通过鸡尾酒的不同色彩来传达不同的情感，可以创造特殊的酒吧情调。

红色鸡尾酒和混合饮料，表达一种幸福和热情、活力和热烈的情感；紫色饮品，给人以高贵而庄重的感觉；粉红色的饮品，传达浪漫的情感；黄色饮品，给人一种辉煌、神圣的感觉；绿色饮品，使人联想起大自然，产生平静、希望的感觉；白色饮品，给人纯洁、神圣、善良的感觉。

（二）鸡尾酒口味的配制

人们对味道的感受是通过鼻（嗅觉）和舌（味觉）来体验的，鸡尾酒味道是由具有各种天然香味的饮料成分来调配的，所以它的味道调配过程不同于食品的烹调。食品一般需要在烹调过程中通过煎、炒、熏、炸等加热方法使其不同风味的物质挥发，而调酒时，酒和果汁的温度过高芳香物质会很快挥发，香味会消失，而冰块能使鸡尾酒在保持芳香味的最佳温度下完成调制。鸡尾酒的味道一般不会过酸、过甜，鸡尾酒是一种较为适中、能满足人们各种口味需要的饮品。

1. 鸡尾酒基本味及原料

（1）酸味：柠檬汁、青柠汁（菜姆汁）、番茄汁等。

（2）甜味：糖、糖浆、蜂蜜、利口酒等。

（3）苦味：金巴利苦味酒、苦精及新鲜橙汁等。

（4）辣味：辛辣的烈酒，以及辣椒、胡椒等辣味调料。

（5）咸味：盐。

（6）香味：酒及饮料中有各种香味，尤其是利口酒中有多种水果和植物香味。

2. 鸡尾酒不同口味的调配

将以上不同味道的原料进行组合，能够调制出具有不同风味和口感的饮品。

（1）绵柔香甜的饮品。用奶、蛋和具有特殊香味的利口酒调制而成的饮品，如白兰地亚历山大、金菲士等。

（2）清凉爽口的饮品。用碳酸饮料加冰与其他酒类配制的长饮，具有清凉、解渴的功效。

（3）酸味圆润的饮品。以柠檬汁、青柠汁和利口酒、糖浆为配料，与烈酒调配出的酸甜鸡尾酒，香味浓郁，入口微酸，回味甘甜。此类酒在鸡尾酒中占有很大比例。酸甜味比例根据饮品及各地人们的口味不同而不同。

（4）酒香浓郁的饮品。基酒占绝大多数比例，使酒体本味突出，配以少量辅料增加香味，如马天尼、曼哈顿。这类酒辅料含量少，口感甘洌。

（5）微苦香甜的饮品。以金巴利或苦精为辅料调制出来的鸡尾酒，如亚美利加诺、尼格龙尼等。这类饮品入口虽苦但持续时间短，回味香甜，并有清热的作用。

（6）果香浓郁、丰满的饮品。新鲜果汁配制的饮品，酒体丰满，具有水果的清香味。

不同地区的人们对鸡尾酒口味的要求各不相同，在调制鸡尾酒时应根据顾客的喜好来调配。一般欧美人不喜欢含糖或含糖量高的饮品，为他们调制鸡尾酒时糖浆等甜物要少放，碳酸饮料最好是不含糖的。东方人，如日本、中国港台顾客，喜欢甜口，可使饮品甜味略突出。在调制鸡尾酒时，还应注意世界上各种流行口味的鸡尾酒，如酸甜类鸡尾酒或含苦味鸡尾酒是目前较流行的饮品。对于有特殊口味要求的顾客，可征求客人意见后调制。

3. 不同场合的鸡尾酒口味

鸡尾酒种类繁多，尽管在鸡尾酒酒吧中品类应有尽有，但是某一特定的场合对鸡尾酒的品种、口味也有特殊的要求。

（1）餐前鸡尾酒。餐前鸡尾酒是指在餐厅正式用餐前或者是在宴会开始前提供的鸡尾酒。这类鸡尾酒首先要求酒精含量较高，要选择具有开胃作用的酸味、辣味饮品，如马天尼、吉姆莱特等。

（2）餐后鸡尾酒。这是在正餐后饮用的鸡尾酒品，要求口味较甜，具有助消化、收胃功能，如黑色俄罗斯等。

（3）休闲场合鸡尾酒。这主要是在游泳池旁、保龄球场、台球厅等场所提供的鸡尾酒，要求酒精含量低或者无酒精，以清凉、解渴的饮料为佳，一般为果汁混合饮料、碳酸混合饮料等。

五、品尝鸡尾酒的方法

作为调酒师，特别是有经验的调酒师，不但要懂得调制鸡尾酒，而且要会品尝、鉴别调制好的鸡尾酒品种。

品尝分为 3 个步骤：观色、嗅味、品尝。

调好的鸡尾酒都有一定的颜色，观色可以断定配方分量是否准确，例如，红粉佳人调好后呈粉红色，青草蜢调好后呈奶绿色，干马天尼调好后清澈透明，如清水一般。如果颜色不对，整杯鸡尾酒就要重新做，不能售给客人，也不必再去嗅味了。更明显的如彩虹鸡尾酒，只观色便可断定是否合格，任意一层浑浊了都不能再出售。

嗅味是用鼻子去闻鸡尾酒的香味，但在酒吧中不能直接拿起整杯酒来嗅味，而是要用酒吧匙。凡鸡尾酒都有一定的香味，首先是基酒的香味，其次是所加进的辅料酒或饮料的香味，如果汁、甜酒、香料等的不同香味，变质的果汁会使整杯鸡尾酒报废。

品尝鸡尾酒时不能像喝白开水那样大口大口喝，而是要一小口一小口地喝，喝入口中要停顿一下再吞咽，如此细细品尝才能分辨出多种不同的味道。

六、调制鸡尾酒应掌握的换算关系

各国调制鸡尾酒的度量单位不太一样，通常英美配方中用盎司（oz），德国用厘升（cl），其他国家用毫升（ml），它们之间的换算关系如下：

1 厘升（cl）=10 毫升（ml）

美制 1 盎司（oz）=29.6 毫升（ml）

英制 1 盎司（oz）=28.4 毫升（ml）

任务四　了解鸡尾酒的创作艺术

鸡尾酒自诞生以来，经过人们不断地创作和发展，已形成 30 多种类型、几千个配方。这些配方不仅体现了调酒师精湛的调制技术，也融合了创作者丰富的调酒创作艺术。因此，鸡尾酒不仅是调酒师调制技术的体现，更是创作者创作灵感、创作意念和艺术修养的完美结晶。

一、鸡尾酒的创作原则

鸡尾酒是一种自娱性很强的混合饮料，它不同于其他任何一种产品的生产，它可以由调制者根据自己的喜好和口味特征来尽情地想象、发挥。但是，如果要使它成为商品，在酒店、酒吧中销售，那就必须符合一定的规则，它必须适应市场的需要，满足消费者的需求。因此，鸡尾酒调制必须遵循一些基本原则。

1. **新颖性**

任何一款新创鸡尾酒都必须突出一个“新”字。此外，创作的鸡尾酒无论在表现手法上还是在色彩、口味以及酒品所表达的意境等方面，都应令人耳目一新，给品尝者以新意。

鸡尾酒的新颖，关键在于其构思的奇巧。构思是人们根据需要而形成的设计导向，这是鸡尾酒设计制作的思想内涵和灵魂。鸡尾酒的新颖性原则，就是要求创作者充分运用各种调酒材料和各种艺术手段，通过挖掘和思考来体现鸡尾酒新颖的构思，创作出色、香、味、形俱佳的新酒品。

鸡尾酒集多种艺术特征于一体，形成了自己的艺术特色，从而给消费者以视觉、味觉和触觉等艺术享受。因此，在创作鸡尾酒时要将这些因素综合起来思考，以确保鸡尾酒的新颖、独特。

2. **易于推广**

任何一款鸡尾酒的设计都有一定的目的，要么是设计者自娱自乐，要么是为了在某个特定的场合渲染或烘托气氛，但更多的是专业调酒师为了酒店、酒吧经营需要而进行的专门创作。创作的目的不同，决定了创作者的设计手法也不完全一样，作为经营所需而设计创作的鸡尾酒，在构思时必须遵循易于推广的原则，即要将它当作商品来创作。

第一，鸡尾酒的创作不同于其他商品，它是一种饮品，必须满足消费者的口味需要，因此，创作者必须充分了解消费者的需求，使自己创作的酒品能适应市场需要，易于被消费者接受。

第二，既然创作的鸡尾酒是一种商品，那就必须考虑其营利性质，必须考虑其创作成本。鸡尾酒的成本由调制的主料、辅料、装饰品等直接成本和其他间接成本构成。成本的高低尤其是直接成本的高低，直接影响到酒品的销售价格，价格过高消费者接受不了，会严重影响到酒品的推广。因此，在进行鸡尾酒创作时，应当选择一些口味较好价格又不是很贵的酒品做基酒来调配。

第三，配方简洁是鸡尾酒易于推广和流行的又一因素。从以往的鸡尾酒配方来看，绝大多数配方都很简洁，易于调制，即使是以前比较复杂的配方，随着时代的发展、人们需求的变化，也变得越来越简洁。例如，新加坡司令，当初发明的时候调配材料有十多种，但由于其复杂的配方很难记忆，制作也比较麻烦，因此，在推广过程中被人们逐步简化，变成了现在的配方。所以，在设计和创作新鸡尾酒时，必须使配方简洁，一般每款鸡尾酒的主要调配材料应控制在 5 种或 5 种以内，这样既利于调配又利于流行和推广。

第四，遵循基本的调制法则并有所创新。任何一款新创作的鸡尾酒，既要易于推广，还必须易于调制，调制方法的选择不外乎摇晃、搅拌、掺兑等。当然，鸡尾酒在调制方法上也是可以创新的，如将摇晃法与搅拌法结合、将摇晃法与掺兑法结合等。

3. **色彩鲜艳、独特**

色彩是表现鸡尾酒魅力的重要因素之一，任何一款鸡尾酒都可以通过赏心悦目的色彩来吸引消费者，并通过色彩来增加鸡尾酒自身的鉴赏价值。因此，鸡尾酒的创作者们在创作鸡尾酒时都特别注意酒品颜色的选用。

鸡尾酒中常用的色彩有红、蓝、绿、黄、褐等几种，在以往的鸡尾酒中出现最多的颜色是红、蓝、绿以及少量黄色，而在鸡尾酒创作中，这几种颜色也是用得最多的，这使得许多酒品在视觉效果上缺乏新意，缺少独创性。因此，创作时应考虑到色彩的与众不同，增强酒品的视觉效果。

4. **口味卓绝**

口味是评判一款鸡尾酒好坏以及能否流行的重要标准，因此，鸡尾酒的创作必须将口味作为一个重要因素予以认真考虑。

口味卓绝的原则是，新创作的鸡尾酒在口味上首先必须诸味调和，酸、甜、苦、辣诸味必须谐调，过酸、过甜或过苦都会抑制人的味蕾对味道的品尝能力，从而降低酒的品质。其次新创鸡尾酒在口味上还需满足消费者的口味需求，虽然不同地区的消费者口味有所不同，但作为流行性和国际性很强的鸡尾酒，在设计时必须考虑其广泛性要求，在满足绝大多数消费者共同需求的同时适当兼顾本地区消费者的口味需求。

此外，在口味方面还应突出基酒的口味，避免辅料“喧宾夺主”。基酒是任何一款酒品的根本和核心，无论采用何种辅料，最终形成何种口味特征，都不能掩盖基酒的味道，不能主次颠倒。

二、鸡尾酒创作的基本要素

鸡尾酒的创作过程实际上是一个艺术品的创造过程。在设计、创作鸡尾酒之前应当首先明确和考虑创作鸡尾酒的以下几个方面。

1. **鸡尾酒创作的目的**

通常，人们设计、创作鸡尾酒时一般包含两种目的：一种是自我感情的宣泄；另一种是刺激消费。要达到自我感情宣泄的目的，只要不违背鸡尾酒的调制规律，在调制创作新款鸡尾酒过程中看到自我的存在，得到快感的诱发和移情便可以了。而要达到刺激消费的目的，则要把新款鸡尾酒看成商品，那就要求设计者更好地认识与把握消费者的心理需求，善于发现人们潜在的需求，从而有效地促进消费。

2. **鸡尾酒设计的创意**

创意是人们根据需要而形成的设计意念，而意念是一款新型鸡尾酒设计的思想内涵和灵魂。鸡尾酒创意对能否创作出具有非凡的艺术感染力的作品有重大的影响，创作时创作者的思路一定要清晰，创作者还要善于思考和挖掘，善于想象，不断形成新的设计意念。

3. 鸡尾酒创作的个性与特点

鸡尾酒创作要突出个性、突出特点，一杯好的鸡尾酒的调制，需要多方面相互联系、相互作用。每个人的个性都具有无限的丰富性和巨大的差异性，因此，在设计新款鸡尾酒时所面对的材料虽是有限的，但设计是无限的。只有设计者与表现对象的个性相适应，才能产生有特色的新颖设计。为此，从设计者的个性考虑，首先应充分发挥其主观能动性，展现其个性所形成的风格，促使其标新立异；其次在不断加深客观认识的过程中，因个性适应而形成的异化，又能使设计者开辟新的设计天地。

4. 创作的联想

联想是内在凝聚力的爆破和情感的释放，是激发感染力的动力。鸡尾酒之所以能超出酒的自然属性，以其艺术魅力吸引消费者，很重要的原因是鸡尾酒凝聚了设计者的联想。一款鸡尾酒的设计要以色彩、形体、嗅觉、口感为媒介来表现深藏在设计者内心的各种情感，如果失去联想，那鸡尾酒也就丧失了它的魅力。

三、鸡尾酒设计寻求的侧面

基于上述鸡尾酒创作所应当考虑的 4 个要素，设计鸡尾酒时可以从多方位、多层次、多侧面去体现创造的需要，反映创造的意念，渲染创造的个性，扩散创造的联想。

1. 时间侧面

时间与生命紧紧地交织在一起，与人类生存息息相关，透过这个侧面，任何人都会有所思、有所想，这也就为新款鸡尾酒的设计带来了取之不尽的素材与灵感。

2. 空间侧面

空间给我们无限的遐想，结构、材料构成空间，色彩体现空间，人的心灵只有在空间中自由飞翔，才可能真正体会空间中的天、地、日、月、朝、暮、风、云、雨、露，从而设计出具有空间美的鸡尾酒。

3. 博物侧面

世界万物都有其美丽、神奇的方面，无论是日、月、水、土还是风、霜、雨、雪，无论是绿草还是鲜花，对万千事物的各种理解，都可以赋予鸡尾酒设计以美丽、神奇的联想，从而创造出独具魅力的新款鸡尾酒。

4. 典故侧面

精彩的典故，仅凭只言片语就能形象地点明历史事件，揭示出耐人寻味的人生哲理。巧妙运用典故，会形成鸡尾酒内涵丰富的意念，外国也多运用这种手法。例如，自由古巴这款鸡尾酒，就是源于古巴挣脱西班牙统治，争取独立时的口号——“自由古巴万岁”这样一个典故。另外，在设计鸡尾酒时，设计者还可以从人物、文字、历史、军事、伦理等展开联想。

四、鸡尾酒的命名方法

认识鸡尾酒的途径因人而异，但是若从其名称入手，可谓一条捷径。鸡尾酒的命名，基本划分为以下 6 种：

1. 以鸡尾酒的基本结构与调制原料命名

（1）金汤力（Gin Tonic）。即金酒与汤力水兑饮。19 世纪晚期，英军在印度为预防热带地区的疟疾，在英式干金酒中加入味苦的药液奎宁混合饮用，如今酒吧所采用的奎宁水（汤力水）中奎宁的含量已很少，作为一种碳酸饮料其已无药效，奎宁水只是作为金酒的调缓剂，使酒液显示出清爽的苦味。

（2）B&B。B&B 是由白兰地和 16 世纪法国诺曼底地区班尼狄克丁修道院所生产的香草利口酒（Benedictine DOM）混合而成的，其命名采用两种原料酒名称的缩写合成。

（3）香槟鸡尾酒（Champagne Cocktail）。该类鸡尾酒以香槟、葡萄汽酒为基酒，添加苦精、果汁、糖等调制而成，其命名较为直观地体现了酒品的风格。

（4）宾治（Punch）。宾治类鸡尾酒起源于印度，有“五种原料混配调制而成”之意。

根据鸡尾酒的基本结构与调制原料来命名鸡尾酒，范围广泛，直观鲜明，能够增加饮者对鸡尾酒风格的认识。诸如特基拉日出（Tequila Sunrise）、葡萄酒冷饮（Wine Cooler）、爱尔兰咖啡（Irish Coffee）等，均采用这种命名方法。

2. 以时间、季节命名

用创作的时间或季节来命名鸡尾酒是一种常用的方法。例如，六月玫瑰菲兹（Rose in June Fizz）等。用此法来命名，常表示某个时间的特点，作者通过丰富的生活经历和创作的灵感来抒发自己的真实情感。

3. 以地名命名

鸡尾酒是世界性饮料，多以地名命名。饮用各具地域和民族风情的鸡尾酒，犹如环游世界。

（1）马天尼。美国旧金山一家酒吧的领班汤马士为一名酒醉将去马天尼滋的客人解酒而即兴调制了一款鸡尾酒，并以这一地名命名。

（2）曼哈顿。据说，这一款经典的鸡尾酒是英国前首相丘吉尔的母亲杰妮创制的，她在曼哈顿俱乐部为自己支持的总统候选人举办宴会，并用此酒招待来宾。该酒以黑麦威士忌、甜苦艾酒、苦精等调制而成，以地名“曼哈顿”命名。

以地名命名的典型的鸡尾酒还有环游世界（Around the World）、布朗克斯（Bronx）、横滨（Yokohama）、长岛冰茶（Long Island Iced Tea）、新加坡司令（Singapore Sling）、阿拉斯加（Alasky）、再见！东方之珠（Bye-bye My Love）等。

4. 以自然景观命名

以自然景观命名的鸡尾酒数量众多，表现内容广，内涵丰富，名称优雅，富有吸引力，如蓝色夏威夷（Blue Hawaii）、加勒比日落（Caribbean Sunset）、热带黎明（Tropical Dawn）、牙买加之光（Jamaica Glow）等，这种鸡尾酒的名称常被冠上地名，加上当地的景观特点，容易联想，方便记忆。

5. 以人名命名

以人名命名鸡尾酒等混合饮料，是一种传统的做法，它反映了一些经典鸡尾酒产生的渊源，使人产生一种归属感。

（1）基尔（Kir，又译为吉尔）。该酒由1945年法国勃艮第地区第戎市市长菲利克斯·基尔先生创制，是以勃艮第阿利高特（Aligote，白葡萄品种）白葡萄酒和黑醋栗利口酒调制而成的。

（2）血玛丽。血玛丽这一鸡尾酒产生的一个说法是，对16世纪中叶英格兰都铎王朝为复兴天主教而迫害新教徒的玛丽女王的蔑称。虽然该酒诞生于20世纪20年代美国禁酒时期，但该酒双重含义相结合，使之神与形都注入了耐人寻味的内涵。

（3）汤姆·柯林士。该酒由19世纪在伦敦担任调酒师的约翰·柯林士首创，最初使用的是荷兰金酒，后逐渐采取英国的老汤姆干皇酒加糖、柠檬汁、苏打水调制而成。

6. 以颜色命名

这种命名方法占鸡尾酒的很大部分，它的基酒可以是伏特加、金酒、威士忌等，配以下列带色的溶液，调出五颜六色的鸡尾酒。

（1）红色。最常见的是由艳红欲滴的石榴榨汁而成的石榴糖蜜、樱桃白兰地、草莓白兰地等，常用于红粉佳人等酒的调制。

（2）绿色。常见于薄荷酒，薄荷酒分绿色、透明色和红色3种，使用中尤以绿色和透明色居多。常用于青草蜢等鸡尾酒的调制。

（3）蓝色。常见于透明宝石蓝的蓝色柑橘酒。常用于调制蓝焰（Blue Blazer）等。

（4）黑色。常见于各种咖啡酒，其中最常用的是一种叫甘露（也称卡鲁瓦）的墨西哥咖啡酒，其色浓黑如墨，味道极甜，带浓厚的咖啡味，专用于调配黑色的鸡尾酒，如黑色俄罗斯等。

（5）褐色。常见于可可酒（由可可豆及香草做成），由于欧美人对巧克力偏爱异常，配酒时常常大量使用，或用透明色淡的，或用褐色的，如调制天使之吻（Angle's Kiss）等鸡尾酒。

（6）金色。常见于带茴香及香草味的加里安奴酒或用蛋黄、橙汁等。常用于金色梦幻（Golden Dream）等酒的调制。

带色的酒多半具有独特的风味。只知道调色而不知调味，可能调出一杯中看不中喝的手工艺品；反之，只重味道而不讲色泽，也可能调成一杯无人问津的杂色酒。此中分寸，需经耐心细致的摸索、实践来掌握。

除上述6种常用方法以外，还有很多命名方法，例如，威士忌酸（Whisky Sour）等鸡尾酒是根据主要口味来命名的，马颈（Horse's Neck）等鸡尾酒是根据装饰的特点来命名的，椰林飘香（Pina Colada）等鸡尾酒是根据饮品的典故来命名的，威士忌之雾（Whisky Mist）等鸡尾酒是根据酒品的某些特征来命名的。总之，鸡尾酒命名方法并没有什么特别规定和约束，各种内容均可采用，但必须讲究思想内容和艺术品位。

五、鸡尾酒的创作步骤

1. 确定创作意图和内容

鸡尾酒的创作内容非常广泛，作者可以根据自己的兴趣爱好、生活经历、艺术特长、思维特点确定，通过观察思考、触景生情、发挥联想等方法寻找创作的灵感。在实际调制过程中，还可根据具体情况适当地调整。

2. 选择主题原材料

创作意图和内容明确后，关键是选择何种基酒和辅料来表现作品的内容。原则上，基酒必须为创意和内容服务；辅料要与基酒相辅相成，不能喧宾夺主；所有原材料的选择都要考虑到成本核算。

3. 确定酒品名称

可根据创作意图确定作品名称，然后选择主、辅原料，亦可根据创作内容和选定的主、辅原料确定作品的中英文名称。中文名称要简练含蓄，英文名称则需准确易懂，根据中文来确定英文名称时，最好用意译，以避免英文生硬别扭。如果先确定英文名称，则中文意思要与英文意思一致。

4. 选择载杯和装饰物

载杯的大小和形状必须为创意和内容服务，酒品的分量与载杯的容量要一致，装饰物与创意、内容要相符，酒品的口味与装饰物必须协调。总之，鸡尾酒是一件完整的艺术品，每一个细节都应给予认真的考虑。

5. 制定配方

每一款鸡尾酒都应有一个完整的配方，其中包括酒品的中英文名称、原材料的中英文名称及分量、调制方法、载杯、装饰物等。若以比赛为目的，还要增加创意说明；以商业为目的，要写出成本核算分析；以教学和培训为目的，则需要写出比较全面的分析说明。

6. 实际调制

制定配方后必须进行调制试验，尤其是酒品的口感和口味，需要通过品尝才能确定。同时，基酒与辅料在混合过程中有时颜色会产生变化，达不到预期的效果，因此，必须进行实际调制，以检验真实效果。另外，装饰物也需要现场试制，这样才能看出实际效果。总之，在实际调制过程中容易发现作品的缺点和不足，并从中得到启发和思考，只有不断地修改和完善，才能使作品臻于完美。

小贴士

鸡尾酒创新实例

参赛品名： 同舟共济

参赛选手：南航明珠大酒店　颜旺彪

指导老师：广东省旅游职业技术学校　徐明

配　　方：基酒（1盎司剑南春）；辅料（适量冰块、雪梨汁、红糖水、雪碧）。

装饰物：柠檬片。

载杯：特饮杯。

方法：摇晃法及漂浮法。

背景及喻义：我国汶川大地震造成了极大的人员伤亡，举国上下无比悲痛。选用产于重灾区之一——绵竹的剑南春为主要基酒，用其代表灾区；雪梨汁，取“梨”的谐音“离”，意指无数家庭妻离子散，痛失亲人；最后倒入的红糖水，渐渐上浮，表示拨开乌云见天日，挂在杯口的柠檬片象征冉冉升起的红日，意指全国人民万众一心，抗震救灾，灾后重建工作蒸蒸日上；船形装饰碟意指大灾有大爱，风雨同舟。

此款酒品既具剑南春的芳香浓郁，又有雪梨汁的甘洌净爽和雪碧的清凉口感，是夏天的理想饮品，属典型的中华鸡尾酒，如图6－39所示。

图6－39　2008年“港中旅维景杯”中央企业职工技能大赛调酒大赛冠军作品

任务五　了解花式调酒技法

花式调酒是在传统鸡尾酒调制的基础上逐渐演变发展起来的一种调酒形式，它是调酒师为营造酒吧气氛，在调制鸡尾酒过程中利用酒瓶、酒杯、摇酒壶等器具以及斟酒、摇酒的姿势，伴随着激情的音乐做出的一系列连贯并具有观赏性的调酒表演动作。由于表演者动作快、花样多，变幻莫测，故这种调酒被称为花式调酒。

花式调酒给酒文化注入了时尚元素，让酒吧熠熠生辉。做一个调酒师，首先是需要激情的，一个合格的调酒师，一定要记得所有的调酒配方，既要在感官上取悦客人，合理地搭配颜色，还要性格开朗、善于沟通。

一、花式调酒的起源与发展

花式调酒起源于美国的"Friday"（星期五餐厅），在20世纪80年代盛行于欧美各国，后来广为流传到世界各地，深受调酒师和年轻人的喜爱。早期的调酒配方简单，调制方法和动作比较单一。随着世界各国酒吧业的发展以及调酒从业人员水平的提高，酒吧不仅成为饮酒、休闲的场所，而且融入了歌舞、演唱、奏乐等娱乐项目，以及调酒师魔术般的调酒表演，这为推动世界调酒业的发展起到了重要的作用。

与国外相比，我国调酒师的培养较为滞后，尤其是花式调酒，人才培养尚处于起步阶段。随着全国大中城市酒吧遍地开花，调酒师的需求也日趋旺盛，于是各种形式的调酒培训班相继诞生，花式调酒逐渐流行起来，尤其是在北京、上海、广州等大城市，一些花式调酒师崭露头角，并在世界大赛中获得较好的名次。

二、花式调酒的基本动作技法

花式调酒主要是手部的动作表演，辅以身体姿势的变换及脚步的移动。因此，根据抛瓶的位置和手部的动作，花式调酒可归纳为以下15种技法：

1. 上抛

上抛酒瓶，让其随重心滚动式翻转下落。操作时，右手手指捏住瓶颈上端，向上后勾抛起，使瓶子向后翻转下落，再用右手接住。这是花式调酒的一项基本动作，难度低，成功率高，容易学，如图6－40所示。

2. 侧抛

侧抛酒瓶，让其随重心滚动式翻转下落。操作者右手四个手指合拢并与大拇指分开，握住瓶颈中部，然后向左侧上方勾抛，使瓶子从右向左呈弧线形滚动下落，然后用左手接住瓶颈。如用左手握瓶侧抛，则必须改用右手接瓶。侧抛与上抛方法相似，只是瓶子移动的方向不同，但必须注意左手接瓶能力的训练。侧抛如图6－41所示。

图6－40 上抛

图6－41 侧抛

3. **背抛**

右手捏住瓶颈，绕往背部向左侧上方斜抛，并迅速用左手接住瓶身，或使瓶子停立于手背之上。如果用左手持瓶，则改用右手接瓶。此法因难以用眼睛观察，所以操作者需全凭手部控制抛动的力度，如图 6－42 所示。

4. **后勾**

右手捏住瓶颈上部，顺右臂腋下向后勾抛，瓶子绕过右侧肩部上方后用右手迅速接住瓶颈或使瓶子停立于右手背上。此法应注意利用手腕的力量，上下臂不要过度摆动，整体保持相对稳定，如图 6－43 所示。

图 6－42　背抛

图 6－43　后勾

5. **直立**

酒瓶直立于手背之上，将酒瓶抛起，自由落下后瓶底朝下停立于手背之上。操作者可通过各种手法抛动瓶子，使其下落后停立于手背上。接瓶时，手臂和手要做出缓冲的动作，使瓶子轻巧地停立于手背上，以防碰伤手背，如图 6－44 所示。

6. **倒立**

酒瓶倒立于手背之上。即将瓶子抛起，自由落下后瓶口朝下，停立于手背上。操作者可通过各种手法抛动瓶子，使其下落后倒立于手背上。由于瓶口面积很小，停立难度很高，通常在瓶子瞬间停立后立即转换为其他动作，如图 6－45 所示。

图 6－44　直立

图 6－45　倒立

7. **胯下抛**

右手捏住瓶颈，右小腿弯曲并上抬，将瓶子绕右腿胯下向上方抛起，并迅速用左手接瓶；如用左手，则方向相反。胯下抛要注意不要斜抛，应尽量把瓶子往上直抛，以方便接瓶，如图6－46所示。

8. **滚动**

让瓶子在身体上滚动，即让瓶子在操作者的手臂、肩部、背部自然滚动。操作时，右手四个手指合拢并与大拇指分开，握住瓶身中部，抬高并伸直手臂，利用手指提拉、卷动使瓶子沿着右手背、右手臂、右肩等方向滚动至背部，最后左手绕至背部后面接住瓶子。此法的各个动作应一气呵成、自然流畅，有如行云流水一般，如图6－47所示。

图6－46　胯下抛

图6－47　滚动

9. **轮转**

操作者右手握瓶颈，四个手指合拢，与大拇指分开，利用手指和手腕转动之力，将瓶子紧贴着手指自然翻转两圈，右手再握住瓶身下部，然后依此法不停翻转。

回转时右手握住瓶颈，并以右手虎口为支点向身体内侧转动一圈，仍用右手握住瓶身。可正反来回轮转，反复不断操练，以提高手部的灵巧性。此法有如“车轮滚滚”，使人感到流畅自如。因此，操作时要连续不断，速度略快，节奏感要强，如图6－48所示。

10. **画圆圈**

左右手各持一个酒瓶，左手保持在胸部前面并握住瓶身中部，右手捏住瓶颈上端，以左手为圆心挥瓶画圆圈，每画一圈左手必须松开瓶子，让瓶子腾空后再迅速握瓶；与此同时，操作者双脚以弓步向右侧移动两步。操作时动作要有力，步伐与手臂的动作要协调一致，如图6－49所示。

11. **抛瓶入壶**

抛瓶入壶即让瓶子落入调酒壶。操作者一手持摇酒壶一手上抛瓶子，使瓶子翻转滚动，最后让瓶子底部朝下，准确落入摇酒壶。此法要点在于持摇酒壶一手要主动提前去接瓶子，瓶子下落的时间要把握准确，并做到手脚协调、动作优美。

图 6－48　轮转

图 6－49　画圆圈

12. **抛壶盖瓶**

抛壶盖瓶，即抛动摇酒壶，使之倒盖在瓶颈上。操作者一手持摇酒壶一手握住瓶身中部，然后上抛摇酒壶，使壶体翻转滚动落下，并准确倒扣住瓶颈。

13. **双指夹瓶**

用食指和中指夹住瓶颈上端，掌心向上，然后利用两个手指扭转的力气让瓶子向外侧上方转动，绕一圈后变成中指和无名指夹住瓶颈、掌心向下的姿势，然后将瓶子向身体内侧方向勾起，180 度转动后，使食指和中指夹住瓶颈上端，掌心向上。按此法往返操作，使人感到瓶子好像粘在手指头上似的，如图 6－50 所示。

图 6－50　双指夹瓶

14. **击旋酒瓶**

左手握住瓶身中部，右手击打瓶身下部，使瓶子翻转一圈后用右手握住瓶颈中部。

15. **双手轮转抛瓶**

右手握住瓶颈，侧抛 180 度后用左手轻按瓶身底部，使瓶子翻转一圈后再用左手握住瓶颈。

三、学习花式调酒的方法

学习花式调酒技术是一项艰苦的工作，学习者必须打好扎实的基础，掌握动作操作方法，刻苦训练，持之以恒，这样才能取得良好的学习效果。具体学习中应注意以下四点：

1. 练好基本功

花式调酒技术的重点在双手的动作和双脚的步伐，因此，要练好双手和双脚的基本功夫。学习时要遵循由易到难、由慢到快的原则，必须先领会动作操作方法，然后分解动作步骤，再连贯操作，不断重复操练，做到熟练灵巧、准确无误。

2. 动作连贯流畅

花式调酒技术的难点在于动作的连贯流畅。要达到动作的连贯流畅，就必须分解练好各单项手法，并科学、合理地串联各个动作，使之成为一种有层次、有节奏、有内涵的表演艺术。要避免动作衔接时出现的停顿、犹豫、掉瓶等不协调现象。

3. 调酒与花式动作相辅相成

花式动作表演与实际调酒操作不能机械地分开，应遵循边调酒边做动作的原则，使花式动作表演融入实际调酒过程。要以调酒为主、花式动作为辅，不宜“喧宾夺主”，两者必须相辅相成，使之成为一个完整的调酒艺术过程。

4. 背景音乐与动作表演协调一致

花式调酒表演必须有音乐伴奏，这不仅可以渲染气氛，而且能激发调酒师的表演激情。伴奏乐曲的节奏要明快，旋律与动作要协调，乐曲风格与调酒表演内容要一致。音乐必须有前奏过渡，有主题展开，有情节起伏，有收尾结束，与调酒动作表演形成一个完美的艺术整体。

场景回顾

学生需要有较好的语言表达能力，能详细讲述各种酒水的味道和鸡尾酒的特点并有娴熟的调酒操作技术，特别应掌握常见的鸡尾酒配方（酒谱），实操时应根据原材料及工具确定可以调制的品种，如从表演性和观赏性的角度，可尝试调制红粉佳人、青草蜢、七色彩虹等。

项目小结

本项目详细地介绍了鸡尾酒的调制。调酒是一项艺术性很强的工作，要求从业者具有全面、系统的酒水知识和调制理论基础。本项目详细介绍了鸡尾酒调制常用的器具和设备、鸡尾酒的调制方法、鸡尾酒的创作艺术及花式调酒技法等，以使学习者能够全面、系统地掌握相关知识，并胜任将来酒吧酒水的调制工作。

思考练习题

一、填空题

1. 调酒器皿清洗的4个程序是________、________、________、________。
2. 鸡尾酒的基本结构是________、________、________、________。
3. 立式冷柜用于专门存放________和________。
4. 品尝鸡尾酒的3个步骤是________、________、________。
5. 英制1盎司（oz）=________毫升（ml）。

二、单项选择题

1. 鸡尾酒起源于（　　）。
   A. 美国　　B. 英国　　C. 法国　　D. 印度
2. 老式洛克杯又名（　　）。
   A. 古典杯　　B. 三角鸡尾杯　　C. 高杯　　D. 柯林杯
3. 下列物品中（　　）不属于酒吧常用设备。
   A. 生啤机　　B. 制冰机　　C. 炉灶　　D. 搅拌机
4. 调制鸡尾酒的（　　）法，是将配方中的酒水按分量直接倒入杯中，不需搅拌或作轻微的搅拌。
   A. 兑和　　B. 调和　　C. 掺兑　　D. 摇晃
5. 马天尼是按（　　）方法来命名的。
   A. 颜色　　B. 人名　　C. 地名　　D. 时间、季节

三、简答题

1. 运用所学知识，结合自己的认识，讲述调酒师岗位的素质要求。

2. 选一款鸡尾酒进行调制，在调制过程中说出鸡尾酒调制的基本原理、一般步骤及其规范要求。

3. 请说出调制鸡尾酒需要用到的各种设备、载杯和用具。

4. 鸡尾酒的创作步骤有哪些？

5. 对市场上的酒水进行了解，自行设计一款鸡尾酒进行调制并给予命名，说明其寓意。

实训项目

任课老师指导学生以教师节为主题，自创一款或一系列鸡尾酒，说出调制原料及其名称、寓意。

项目七　酒吧服务与管理知识

学习目标

- 酒吧的发展历史
- 酒吧的设计与常用设备
- 酒吧的组织结构及各岗位职责
- 酒吧的分类及其特点
- 酒吧的服务程序及技巧
- 酒会的筹划与管理
- 酒吧营销知识
- 酒吧日常管理与酒水成本控制

任务场景

某校校园酒吧一直经营不善，如果让你或你的朋友接手继续经营，你认为应从哪些方面着手？

任务一　熟悉酒吧

一、酒吧的起源及发展

（一）酒吧的起源

酒吧是指提供各种酒水服务的营业场所，包括经营酒水的场所、酒吧中的吧台、提供酒水服务的设施。

酒吧是酒馆的代名词，其英文是 bar，它起源于美国西部大开发时期。最初，在美国西部，牛仔和强盗们很喜欢聚在小酒馆里喝酒，由于他们都是骑马而来，酒馆老板就在馆子门前设了一根横木，用来拴马。后来，汽车取代了马车，骑马的人逐渐减少，这些横木也多被拆除，但有一位酒馆老板不愿意扔掉这根已成为酒馆象征的横木，便把它拆下来放在柜台下面，没想到却成了顾客们垫脚的好东西，得到顾客的喜爱。其他酒馆听说此事，纷纷效仿。后来，柜台下放横木的做法便普及起来。由于横木在英语中为“bar”，所以人们索性就把酒馆称为“bar”，中文的“酒吧”就是“bar”的音译。

（二）酒吧在我国的发展

酒吧进入我国后得到了迅猛发展，尤其是在北京、上海、广州等地。国内许多星级宾馆、酒店都设有酒吧，很多大中城市都相继开辟了酒吧一条街，大多数高级写字楼、大型商场等都专为酒吧开辟场地，国内许多大中城市都设有酒吧休闲服务场所。

二、酒吧的分类及特点

最早的酒吧数量少且设备简陋，随着时间的推移和社会的发展，酒吧数量日渐增多，服务功能和设备不断增加，各种名称的酒吧也应运而生，尤其是一些发达国家，酒吧数量不计其数，种类纷繁复杂。酒吧是以其经营项目、服务功能、营业形式、环境设施等来划分的，以下仅介绍9个类型的酒吧。

1. 主酒吧

主酒吧也称鸡尾酒吧和英式酒吧，在国外称作English Pub或Cash Bar。主酒吧的装修一般都非常注意个性的表现，为突出酒吧的主题，常常会装饰一些特有的设施设备，如台球、沙狐球、飞镖等。在主酒吧往往设有吧凳，通常吧凳紧挨吧台摆放，这样给客人与调酒师面对面交流的机会，使客人得到充分的放松，并且调酒师富有艺术性的表演客人也可尽收眼底。此类酒吧经营品种齐全，要求调酒师具备较全面的业务知识及较强的服务技巧、推销技巧。

2. 立式酒吧

“立式”并非指宾客必须站立饮酒，也不是因服务员或调酒师皆站立服务而得名，它实际上只是一种传统的习惯称呼。在这种酒吧，宾客或是坐在高凳上靠着吧台，或是在酒吧间的桌椅、沙发上享受酒水服务，而调酒师则是站在吧台里面操作。立式酒吧服务员一般情况下单独工作，因此，他不仅要负责酒水的调制、服务及收款等工作，还必须掌握整个酒吧的营业情况。

3. 服务酒吧

服务酒吧常见于酒店餐厅及较大型的社会餐馆。我国诸多酒店餐厅中的酒柜实际上也是服务酒吧，宾客不直接在吧台上享用酒水，虽然他们有时从那里购买酒水，但通常是通过餐厅服务员开票并提供酒水服务的。餐厅服务员负责服务，并对各种酒水进行最后的点缀加工，如给鸡尾酒加上樱桃、柠檬或菠萝等装饰。在大多数酒店，服务酒吧的服务员不负责酒水的收款工作，这项工作通常由餐厅收款员进行。

4. **鸡尾酒廊**

较大型的酒店都有鸡尾酒廊这一设施。鸡尾酒廊通常设于酒店门厅附近，或是门厅的延伸处，或是门厅周围空间，一般设有墙壁，将其与门厅隔断。鸡尾酒廊一般比立式酒吧宽敞，常有钢琴、竖琴或者小乐队为宾客演奏，有的还有小舞池，以供宾客随兴起舞。鸡尾酒廊还设有高级的桌椅、沙发，环境较立式酒吧优雅舒适，气氛较立式酒吧安静，节奏也较缓慢，宾客一般会逗留较长时间。鸡尾酒廊的营业过程与服务酒吧大致相同，即由酒廊招待员为宾客开票送酒，如果酒廊规模不大，则由招待员自行负责收款，但在较大的鸡尾酒廊，一般设有专门收款员，并有专门收拾酒杯、桌椅并负责原料补充的服务人员。

5. **宴会酒吧**

宴会酒吧是酒店、餐馆为宴会业务专门设立的酒吧设施，其吧台可以是活动结构，既能够随时拆卸移动，也可以永久地固定安装在宴会场所。宴会酒吧一般为宴会、冷餐会、酒会等提供酒水服务，客人多采用站立式，不提供座位，其服务方式既可以是统一付款，随意饮用酒水，也可以是客人为自己所喝的每种酒水付款。宴会酒吧的业务特点是营业时间较短、客人集中、营业量大、服务速度相对要求快，它通常要求酒吧服务人员每小时能够服务100位左右的客人。因此，宴会酒吧的服务人员必须头脑清晰，工作有条理，具有应付大批客人的能力。宴会酒吧由于上述特点，要求服务人员事前做好充分的准备工作，各种酒类、原料、配料、酒杯、冰块、工具等必须有充足的储备，不至于营业中途缺这少那的，影响服务。

6. **演艺酒吧**

顾名思义，演艺酒吧以演艺为主导，酒吧的演艺十分重要，演员的质量、节目的质量、演出的形式都要精心打造，根据地域不同、当地文化的不同结合客人口味制作节目，赢得客人的喜爱。此外，还要在酒吧中体现时尚、引导时尚，因此在演艺方面要精心策划，时常变换节目的人员和节目形式。

7. **俱乐部、沙龙型酒吧**

具有相同兴趣爱好、职业背景、社会背景的人群组成的松散型社会团体，在某一特定酒吧定期聚会，谈论共同感兴趣的话题，交换意见及看法，同时有饮品供应，这种称为俱乐部、沙龙型酒吧，比如在城市中可以看到的“企业家俱乐部”“股票沙龙”“艺术家俱乐部”“单身俱乐部”等。

8. **池畔酒吧**

池畔酒吧设在酒店内的游泳池旁，有的还特意设在游泳池的中间，为客人提供游泳运动前后的饮品，一般以软饮料为主，亦提供低度的饮品，如啤酒和鸡尾酒。

9. **啤酒屋**

在英国，啤酒屋一般只供应啤酒，不得出售烈性酒，并可提供部分烧烤食品。与啤酒屋有所不同的是“啤酒店”，啤酒店除了供应啤酒外，还附设小型舞池，提供音乐表演等服务。

三、酒吧的结构设置及设置原则

（一）酒吧的结构设置

酒吧的结构一般由以下几个部分组成：

1. 吧台

无论采取哪种酒吧形式，都要求吧台装饰华贵。通常，吧台的高度为 120 厘米左右，最高不超过 125 厘米；吧凳高度一般为 80 ~ 90 厘米，可调节。吧台的宽度一般为 60 ~ 70 厘米，厚度为 4 ~ 5 厘米，吧台与其后酒柜的距离约为 100 厘米，外面用高级皮塑材料装饰包装。吧台外侧距地面 19 厘米处安置有不锈钢管制的踏脚杆。吧台内侧操作台高度为 90 厘米，而宽为 70 厘米左右，最好用不锈钢制成，以便清洗。操作台上的设备应有 3 种（冲洗、刷洗、消毒）洗涤槽、自动洗杯机、水池、储冰槽、酒瓶架等。

吧台就其样式来说可以是各种各样的，目前来说有 3 种基本形式。

（1）直线形吧台。这种吧台最常见，可凸入室内，也可以凹入房间的一端，这种吧台的优点是酒吧服务员不会将其后背朝向客人，可以对室内的客人保持有效的控制，对客人也是一种尊重。直线形吧台的长度没有固定的尺寸，一般认为一个服务员能有效控制的最长吧台是 10 英尺，如果吧台太长，就要增加服务人员。当然，服务人员也可共用某些设备和供应物。在空闲时期，则可由一名服务员来同时照料整个吧台。直线形吧台如图 7 – 1 所示。

（2）马蹄形吧台。也称 U 形吧台，吧台凸入室内，一般安排 3 个或更多的操作点抵住墙壁，在 U 形吧台中间可以设置一个岛形贮藏柜，用来存放用品和冰箱。马蹄形吧台如图 7 – 2 所示。

图 7 – 1　直线形吧台

图 7 – 2　马蹄形吧台

（3）环形吧台或中空方形吧台。这种吧台的中间有一个“小岛”，供陈列酒类和贮存物品。这种吧台的好处是能够充分展示酒类，也能为客人提供较大的空间，但也有缺点，它使服务难度增加，在空闲时，若只有一个服务人员，则其必须照料 4 个区域，这样就会使一些服务区域不能处于有效控制。环形吧台如图 7 – 3 所示。

图 7－3　环形吧台

2. **音控室**

音控室是酒吧灯光音响的控制中心。音控室不仅为酒吧座位区或包厢的客人提供音乐服务，而且对酒吧进行音量调节和灯光控制，以满足客人听觉上的需要，而且通过灯光控制来营造酒吧气氛。音控室一般设在舞台上，也有根据酒吧空间条件设在吧台内外的。

3. **舞台**

舞台是一般酒吧不可缺少的空间，是为客人提供演出服务的区域。根据酒吧功能的不同，舞台的面积也不相同。舞台一般还附设小舞池，供客人享用。

4. **座位区**

座位区是客人的休息区，也是客人聊天的主要场所。酒吧不同，座位区布置也各不相同。

5. **卫生间**

卫生间是酒吧不可缺少的设施，卫生间设施档次的高低及卫生清洁程度在一定程度上反映了酒吧的档次，卫生间设施及通风状况要符合卫生防疫部门的要求。

6. **娱乐活动区**

娱乐项目是酒吧吸引客源的主要因素之一，所以酒吧娱乐活动区的规格、档次都要符合经营目标。酒吧娱乐项目主要有飞镖、棋牌等。

（二）酒吧的设置原则

酒吧的设计与厨房、餐厅等的设计一样重要，酒吧的设计必须从顾客的角度和酒吧的经营范围考虑，当然，在设计时还需要考虑能够使用的资金情况。

一般来说，饭店酒吧设在大门附近、客人容易发现和到达的地方，也可以设在饭店顶楼或餐厅旁边。酒吧设计要高雅舒适，装潢要美观大方，氛围要亲切柔和，要给客人一种“宾至如归”的感觉。吧台最好用华贵沉着、典雅的高级大理石装饰，但由于大理石给人一种冷的感觉，所以大部分酒吧吧台用木料或金属做框架，外包深色的硬木。酒吧的设计装饰要从设备、墙壁、地板、天花板、灯光照明及窗户和一些装饰物方面进行。

尽管各个酒吧的目标市场、功能、空间、环境布置等不尽相同，但酒吧的设置在一定程度上还需遵循一定的规律，需要考虑以下因素：

（1）调酒师应能在一个地方完成相关的工作，如水果装饰物应该在一个特定的地方清洗、准备和贮藏。

（2）提供足够的空间，制作客人点要的饮料。

（3）充分考虑调酒师必须完成的每项工作的活动环境。

任务二　掌握酒吧组织结构及各岗位职责

由于各酒店、宾馆的餐饮规模不同和星级不同，酒吧的组织结构可根据实际需要制定或改变。四星级或五星级大酒店，一般设有酒水部，管辖范围包括舞厅、咖啡厅和大堂酒吧等。在国外或中国香港，酒吧经理通常兼管咖啡厅。

一、酒吧的人员构成

酒吧的人员构成通常由酒店中酒吧的数量决定。在一般情况下，每个服务酒吧配备调酒师和实习生4～5人；主酒吧配备领班、调酒师、实习生5～6人；酒廊可根据座位数来配备人员，通常10～15个座位配1人。以上配备为两班制需要人数，一班制时人数可减少。例如，某酒店共有各类酒吧5个，其人员配备如下：酒吧经理1人、酒吧副经理1人、酒吧领班2～3人、调酒师15～16人、实习生4人。人员配备可根据营业情况的不同而做相应的调整。

二、酒吧员工各岗位职责

1. 酒吧经理的职责范围

（1）保证各酒吧处于良好的工作状态和营业状态。

（2）正常供应各类酒水，制订销售计划。

（3）编排员工工作时间表，合理安排员工休假。

（4）根据需要调动、安排员工工作。

（5）督促员工努力工作，鼓励员工积极学习业务知识。

（6）制订培训计划，安排培训内容，培训员工。

（7）根据员工工作表现做好评估工作，提升优秀员工，并且执行各项规定。

（8）检查各酒吧每日工作情况。

（9）控制酒水成本，防止浪费，减少损耗，严防失窃。

（10）处理客人投诉或其他部门的投诉，调解员工纠纷。

（11）按需要预备各种宴会酒水。

（12）制定酒吧各类用具清单，定期检查补充。

（13）检查食品仓库酒水存货情况，填写酒水采购申请表。

（14）熟悉各类酒水的服务程序和价格。

（15）制定各项鸡尾酒的配方及各类酒水的销售标准。

（16）定出各类酒吧的玻璃器皿清单，定期检查补充。

（17）负责解决员工的各种实际问题，例如制服、调班、加班、就餐、业余活动等。

（18）沟通上下级之间的联系，向下传达上级的决策，向上反映员工情况。

（19）完成每月工作报告，向餐饮部经理汇报工作情况。

（20）监督完成每月酒水盘点工作。

（21）审核、签批酒水领货单、百货领货单、棉织品领货单、工程维修单、酒吧调拨单等。

2. 酒吧副经理的职责范围

（1）保证酒吧处于良好的经营状态。

（2）协助酒吧经理制订销售计划。

（3）编排员工工作时间，合理安排员工假期。

（4）根据需要调动、安排员工工作。

（5）负责各种酒水的销售服务，熟悉各类酒水的服务程序和价格。

（6）协助经理制订培训计划，培训员工。

（7）协助经理制定各类酒水的销售分量标准。

（8）控制酒水成本，防止浪费，减少损耗，严防失窃。

（9）检查酒吧日常工作情况。

（10）根据员工表现做好评估工作，执行各项规定。

（11）处理客人投诉和其他部门的投诉，调解员工纠纷。

（12）负责各种宴会的酒水预备工作。

（13）协助酒吧经理制定各类用具清单并定期检查补充。

（14）检查食品仓库酒水存货情况。

（15）检查员工考勤，安排人力。

（16）负责解决员工的各种实际问题，例如制服、调班、加班、业余活动等。

（17）监督酒吧员工完成每月盘点工作。

（18）协助酒吧经理完成每月工作报告。

（19）沟通上下级之间的联系。

（20）酒吧经理缺席时代理酒吧经理行使各项职责。

3. 酒吧领班的职责范围

（1）保证酒吧处于良好的经营状态。

(2) 正常供应各类酒水，做好销售记录。
(3) 督导下属员工努力工作。
(4) 负责各种酒水服务，熟悉各类酒水的服务程序和价格。
(5) 根据配方鉴定混合饮料的味道，熟悉其分量，能够指导下属完成工作。
(6) 协助经理制定鸡尾酒的配方以及各类酒水的分量标准。
(7) 根据销售需要保持酒吧的酒水存货。
(8) 负责各类宴会的酒水预备和各项准备工作。
(9) 管理及检查酒水销售时的开单、结账工作。
(10) 控制酒水损耗，减少浪费，预防失窃。
(11) 根据客人需要重新配制酒水。
(12) 指导下属做好各种准备工作。
(13) 检查每日工作情况，如酒水存量、员工意外事故、新员工报到情况等。
(14) 检查员工报到情况，安排人力，防止岗位缺人。
(15) 分派下属工作。
(16) 检查食品仓库酒水存货状况。
(17) 向上司提供合理化建议。
(18) 处理客人投诉，调解员工纠纷。
(19) 培训下属，根据下属表现做出鉴定。
(20) 自己处理不了的事情及时转报上级。

4. 酒吧调酒师的职责范围

(1) 根据销售状况每日从食品仓库领取所需酒水。
(2) 按每日营业需要从仓库领取酒杯、棉织品、水果等物品。
(3) 清洗酒杯及各种用具，擦亮酒杯，清理冰箱。
(4) 清洁酒吧的各种家具，拖抹地板。
(5) 将清洗盘内的冰块加满，以备营业需要。
(6) 摆好各类酒水及所需用的饮品，以便工作。
(7) 准备各种装饰水果，如柠檬片、橙角等。
(8) 将空瓶、空罐送回管事部清洗。
(9) 补充各种酒水。
(10) 营业中为客人更换烟灰缸。
(11) 从清洗间将干净的酒杯取回酒吧。
(12) 将啤酒、白葡萄酒、香槟和果汁放入冰箱保存。
(13) 在营业中保持酒吧的干净和整洁。
(14) 把垃圾送到垃圾房。
(15) 补充鲜榨果汁和浓缩果汁。

（16）准备白糖水以便调酒时使用。

（17）在宴会前摆好各类服务酒水。

（18）供应各类酒水及调制鸡尾酒。

（19）使各项出品达到酒店的标准。

（20）每日盘点酒水。

5. 酒吧实习生的职责范围

（1）每天按照提货单到食品仓库提货、取冰块、更换棉织品、补充器具。

（2）清理酒吧设施，如冰柜、制冰机、工作台、清洗盘、冰车和酒吧的工具（搅拌机、量杯等）。

（3）经常清洁酒吧内的地板及所有用具。

（4）做好营业前的准备工作，如兑橙汁，将冰块装到冰盒里，切好柠檬片和橙角等。

（5）协助调酒师放好陈列的酒水。

（6）根据酒吧领班和调酒师的指导补充酒水。

（7）用干净的烟灰缸换下用过的烟灰缸并清洗干净。

（8）补充酒杯，工作空闲时用干布擦干、擦亮酒杯。

（9）补充应冷藏的酒水到冰柜中，如啤酒、白葡萄酒、香槟及其他软饮料。

（10）保持酒吧的整洁、干净。

（11）清理垃圾并将客人用过的杯、碟送到清洗间。

（12）帮助调酒师清点存货。

（13）帮助调酒师摆设酒水。

（14）熟悉各类酒水、各种杯子的特点及酒水价格。

（15）酒水入仓时用干布或湿布抹干净所有的瓶子。

（16）摆好货架上的瓶装酒，并分类存放整齐。

（17）在酒吧领班或调酒师的指导下制作一些简单的饮品。

（18）整理、保管好酒吧的各种表格。

（19）在营业繁忙时帮助调酒师招呼客人。

6. 酒吧服务员的职责范围

（1）在酒吧范围内招呼客人。

（2）根据客人的要求写酒水供应单到酒吧取酒水，并负责取单据给客人结账。

（3）按客人的要求供应酒水，提供令客人满意而又恰当的服务。

（4）保持酒吧的整齐、清洁，包括开始营业前及客人离去后摆好台椅等工作。

（5）做好营业前的一切准备工作，如准备咖啡杯、碟、点心（西点）、茶壶和杯等。

（6）协助放好陈列的酒水。

（7）补足酒杯，空闲时擦干、擦亮酒杯。

（8）用干净的烟灰缸换下用过的烟灰缸。

（9）清理垃圾及客人用过的杯、碟并送到清洗间。

（10）熟悉各类酒水、各种杯子类型及酒水的价格。

（11）熟悉服务程序和要求。

（12）能用正确的英语与客人交流。

（13）营业繁忙时协助调酒师制作各种饮品。

（14）协助调酒师清点存货，做好销售记录。

（15）协助填写酒吧用的各种表格。

（16）帮助调酒师、实习生补充酒水或搬运物品。

（17）清洁酒吧内的设施，如台、椅、咖啡机、冰车和酒吧工具等。

以上是各职务的基本工作范围，各酒店可按需做补充。调酒师、酒吧服务员和实习生的直属上级是酒吧领班。

任务三 掌握酒吧服务知识

酒吧服务是调酒师和服务员在酒吧从事的各项服务工作。酒吧服务包括服务程序和服务技巧。服务程序是酒吧服务中一套标准的工作程序；服务技巧则是一些长期积累的经验，是酒吧服务的诀窍。

一、酒吧的服务程序

（一）班前准备工作程序

1. 整理酒吧卫生

每天正式营业前按卫生标准整理，并按下列步骤操作：

（1）清——清理吧台内外杂物和废弃包装物，并将之倒入垃圾箱。

（2）擦——用干（湿）布擦拭吧台、吧柜、酒水间桌椅，按从上到下、从左到右、从里到外的顺序擦拭。

（3）整——整理吧柜、陈列架上的酒水，按规定位置摆好，商标朝外；倒放、竖放的酒瓶要整齐；整理吧台上的酒具，擦拭干净；整理调酒用具，摆放整齐。

（4）观——观察整理效果，确保符合卫生标准，不留卫生死角。

2. 检查营业准备

主管或领班查看酒水柜台的各种饮料、进口酒、国产酒是否备齐，各种调酒器具准备情况、吧台布置情况、环境卫生情况，酒吧设备是否达标和齐全完好，并签单补充当日需要的酒水。

3. 查看营业报表

主要是看前一天的营业报表，检查销售情况。

4. 做好餐厨联系

与中餐厅、西餐厅、宴会厅联系，掌握当日各餐厅主要活动对酒水的需要量和要求，并与厨房联系，做好酒水、小吃准备。

5. 召开班前会

传达餐饮部经理的有关指令，布置当天工作，检查员工仪容仪表、个人卫生，记录员工出勤情况，提醒注意事项，准备迎接客人。

（二）酒水补充领用程序

（1）每日班前由调酒师根据酒水销售情况开领料单，点清领用品种名称、数量，交酒吧经理审批签字。

（2）酒吧经理签字后请餐饮部经理签字，然后到酒水库房领取。

（3）领用的酒水由当班经理和调酒师复核检查，签字确认后按酒吧固定冰柜或储酒架固定位置存放。

（4）调酒所需要的配料由调酒师开单，到厨房或餐饮部领取，保证营业需要。

（三）酒吧正式营业后服务程序

正式营业后按下列程序操作：

1. 迎接客人

（1）领位员主动问好，引导客人进入酒吧。

（2）拉椅让座，递送酒单，请客人点酒。

（3）对于想坐吧台高凳的客人，直接引到吧台就座。

2. 点酒服务

（1）客人点酒时，主动介绍酒水特点。

（2）开好点酒单，询问客人是否用小吃并复述一遍。

（3）坐吧台高凳的客人点酒时，也要开点酒单并做好记录。

3. 调酒服务

（1）按客人所点鸡尾酒或其他混合酒，明确酒水名称、配方。

（2）拿出酒杯，按配方要求配酒，量度准确，步骤合理。

（3）调酒时面向客人，商标要让吧台高凳上的客人看见。

（4）需要配料、装饰的鸡尾酒要配齐，冰块用量适当。

4. 开瓶服务

（1）按客人所点酒水取来酒瓶，将酒瓶放在左手口布中间。

（2）将口布拉起，商标露在外面，请客人确认。

（3）先倒入 1/5 杯，请客人品评。

（4）客人认可后，按先宾后主、女士优先原则倒酒，请客人饮用。

（5）每倒一杯酒将瓶子转动一下，用口布擦瓶口。

5. 递酒服务

（1）将调好的鸡尾酒或混合饮料用托盘送至客人桌上。

（2）从宾客右侧上酒，拿住杯子下部，轻拿轻放，不可用手触碰杯口和瓶口。

（3）递酒时客人点用的小吃一起送上。

6. 添加巡视

（1）客人酒水剩下少量时，询问客人是否添加，按客人意愿添加。

（2）随时撤掉客人用过的盘子和空瓶。

（3）注意巡视酒吧，随时应客人要求提供服务。

7. 酒水结账

（1）客人要求结账时，从收款台取来账单。

（2）将账单反面朝上放在客人右手桌上，小声告诉客人。

（3）客人付现金，当面点清；客人挂账，请客人签字。

（4）客人用信用卡结账，先检查刷卡，再开单请客人签字。

（5）送客人离去，表示感谢。

8. 结束工作

（1）当天营业结束，整理好酒吧，将剩余酒水放回原处。

（2）检查酒水、食品销售情况，做酒吧营业总结报告。

（四）酒吧服务注意事项

（1）积极推销。服务员要始终面带微笑，主动介绍酒水特点，根据客人喜好提出建议。

（2）上酒水、饮料和小吃时一律使用托盘，不得直接用手拿。

（3）开瓶前要先切掉金属薄片，用口布按软口塞及瓶口。开红葡萄酒，切忌用力晃动，以防沉淀物上浮；开有气的酒水，必须轻拿轻放，切忌瓶口对着客人。

（4）为单人客人服务，可适当陪客人说几句话；为成双成对的客人服务，不要乱插话，也不要侧耳细听。

（5）服务时必须掌握好酒水温度，红酒以15～17℃为宜，白酒以10～12℃为宜，啤酒和香槟酒以6～8℃为宜。

（6）需要加冰块的酒水，必须定量加冰，客人若要添加冰块，可随时添加。

（7）酒吧客人消遣时间较长，客人饮酒消遣慢，不应有催促客人的举动。

（8）若有客人醉酒，不能有轻慢态度，更不可取笑。醉酒客人暂时离开，要保留桌面食物原样。

二、酒吧的服务技巧

服务技巧是整个酒水服务过程中最引人注目的地方，许多操作需要面对客人，因此必须动作准确、优雅。酒水服务通常有以下 8 种基本技巧：

1. **示瓶**

如果客人点整瓶酒，则在开启之前应先让客人过目，以示对客人的尊重，同时，证明酒品质量可靠、无差错。

示瓶的方法：服务员站在点酒人的右侧，左手托住瓶底，右手握瓶颈，酒标朝向客人并做示瓶动作，以便客人查看、鉴定。

2. **冰镇**

瓶装酒大多采用冰镇的处理方法。如果用冰桶装酒，则需用托盘托住冰桶，以防凝结水滴玷污台布。桶中放入新鲜冰块，酒瓶插入冰块，酒标向上，再用一块白色餐巾搭在瓶身上，连冰桶一起送至客人餐桌。

3. **溜杯**

溜杯是冰镇酒杯的一种方法，当场操作时具有表演性。服务员手持杯脚，杯中放一块冰块，然后顺时针摇转酒杯，使冰块产生离心力在杯壁上溜滑，从而降低杯子的温度。某些酒品的载杯溜杯要求很严格，要求直至杯壁上凝结一层薄霜。此外，还可以采用用冰箱冷藏杯具的处理方法。

4. **温烫**

温烫一般有 3 种方法：一是水烫法，即将酒水先倒入烫酒器，然后将烫酒器置于热水中升温；二是火烤法，即将酒液装入耐热器皿，置于火上升温；三是燃烧法，即将酒液斟入杯中，点燃酒液以升温（或点燃一小勺酒液，然后将这勺燃烧的酒液倒入盛酒的杯具，以引燃整杯酒液，达到升温的目的）。其中，水烫法和燃烧法通常需服务员即席当众操作。

5. **开瓶**

因酒瓶包装各异，开瓶方法一般有 5 种：一是直接拉开罐装酒封口；二是用开瓶器打开瓶装啤酒或饮料；三是拧开蒸馏酒的金属帽；四是用起塞器开启葡萄酒瓶木塞；五是香槟酒或其他葡萄汽酒的开启法。无论采用哪种开瓶方法，一般都应遵循瓶身瓶口干净、开瓶时尽量少晃动瓶体、开瓶声越轻越好 3 个原则。开瓶如图 7 – 4 所示。

6. **滗酒**

陈年红葡萄酒有沉淀物沉淀于瓶底，为避免斟酒时产生浑浊现象，事先应剔除沉渣，以确保酒液纯净。一般使用滤酒器滗去沉渣，在没有滤酒器时亦可用玻璃水罐代替。

操作方法：先提前将酒瓶竖立若干小时，使沉渣沉淀于瓶底，然后慢慢将酒液滗入滤酒器，当接近含有沉渣的酒液时，必须沉着果断，争取滗出尽可能多的酒液，如图 7 – 5 所示。

7. **斟酒**

各种酒水特点不同，斟倒服务方法也不一样。无论斟倒何种酒水，都要掌握分寸。斟酒时不要说话，以免口水飞溅；动作不可粗鲁，不得将脚踩在椅架上或者将手搭在椅背上，凡有损于礼貌、雅观、卫生的做法，都要摒弃，如图7－6所示。

图7－4　开瓶

图7－5　滗酒

图7－6　斟酒

8. 添酒

在酒吧服务中，当客人出现空杯时，服务员应适时为客人添加酒水或推销第二杯酒。

小贴士

某酒吧晚班工作流程

上班打卡—更换工衣—班前准备工作—站岗—带位—推销—写单—打单交款—传单—交友—出品—班中巡台—促销—送客—收台—收班工作—班后会—下班打卡。

任务四　了解酒会的筹划与管理

酒会是一种既经济简便又轻松活泼的招待形式。它起源于欧美，一直被沿用至今，在人们社交活动中占有重要地位，常为社会团体或个人举行纪念活动，或联络和增进感情采用。从某种意义上说，酒会的交际意义远远大于酒会的饮食意义。展示个人魅力，促进社交成功，是酒会的主要目的之一。

具体而言，酒会是便宴的一种形式，会上不设正餐，只是略备酒水、点心、菜肴等，而且多以冷味为主。

一、酒会的类型

酒会的分类方法有多种。

1. 根据酒会主题分

酒会一般都有较明确的主题，如婚礼酒会，开张酒会，招待酒会，庆祝庆典酒会，产品介绍、签字仪式、乔迁、祝寿酒会等。服务部门应针对各种不同的主题，配以不同的装饰、酒食品种。

2. 根据组织形式分

根据组织形式来分，酒会有两大类，一类是专门酒会，另一类是正规宴会前的酒会。专门酒会单独举行，包括签到、组织者和来宾致辞、时装表演（歌舞表演）等。专门酒会可分自助餐酒会和小食酒会，自助餐酒会一般在午餐或晚餐时进行，小食酒会则多在下午茶的时候进行。宴会前酒会比较简单，它的功能只是在宴会前召集客人，在较盛大的宴会召开前不使等候在这儿的客人受冷落；也有把这种酒会作为宴会点题、致辞欢迎的机会的；还有的是为了给客人提供一个自由交流、联络感情的场所。

3. 根据收费方式分

从服务行业来看，比较重要的是以收费方式来分类，涉及酒会的安排、组织和费用的计算。根据收费方式可以分为定时消费酒会、计量消费酒会、定额消费酒会、现付消费酒会。

（1）定时消费酒会。也称包时酒会，通常客人只需将人数、时间定下后就可以安排了，消费多少则在酒会结束后结算。定时酒会的特点是“时间”，通常有1小时、1.5小时、2小时几种。定下时间后，客人只能在固定的时间内参加酒会，时间一到将不再供应酒水。

（2）计量消费酒会。根据酒会中客人所饮用的酒水数量结算。这种酒会既不限制时间，也不限制酒水品种，只根据客人的需要而定，一般有普通型与豪华型两种。普通型计量消费酒会一般客人会提出要求，通常酒水品种只限于流行牌子；而豪华型酒会则可以摆出名牌酒水，供客人选择饮用。在酒会中，酒水实际用量多少就计算多少，酒会结束后按酒水消耗量结算，所以称为计量消费酒会。

（3）定额消费酒会。客人的消费额已固定，酒吧按照客人的人数和消费额来安排酒水的品种和数量。这种酒会酒水经常与自助餐连在一起，客人在预订酒会时先确定每位来宾的消费金额，然后确定酒水与食品所占的比例，食物部分由厨师长负责，酒水部分由酒吧负责。酒吧则按照客人确认的消费金额合理地安排酒水的品种、牌子和数量。这种酒会要经过细心计算，因消费金额已确定，所以既要在品种、牌子和数量上给客人以满足感，还要控制好酒水的成本。

（4）现付消费酒会。多使用在表演晚会中，主人只负责宾客的入场券和表演节目，客人喜欢什么饮料由自己决定，但必须自己结账。对这种酒会，酒吧只预备一般牌子的酒水，客人来的主要目的是观看演出，而不是饮用酒水。这种酒会在许多大的星级酒店酒吧中经常举行，如时装表演、演唱会、舞会等。

4. 按举行时间不同分

酒会按举行时间的不同可以分为正餐之前的酒会和正餐之后的酒会。正餐之前的酒会有时也称鸡尾酒会，而对于正餐之后的酒会，在请帖中则常以聚会或家庭招待会代替。正餐之后的酒会通常在晚上9点左右开始，一般不严格限定时间的长短，客人可以根据自身情况确定告辞时间。

正餐之后的酒会一般规模较大，常常播放音乐，并准备了场地供来宾跳舞，但这也要在请帖中说明。因为宾客是在用完正餐之后参加酒会，所以餐后酒会通常可以不供应食品。但若为大型或正式的酒会，则可能会安排晚餐。

除此之外，还有外卖式的酒会。由于有些客人希望在自己的公司或家里举行酒会，以显示自己的身份、地位和排场，酒吧就要按收费的标准类型准备酒水、器皿和酒吧工具，运到客人指定的地方。这种类型的酒会要注意的是，准备工作要做得充分，因为不像在酒店里，缺什么都可以临时补充。冰块和玻璃杯要准备充足，要做好客人的住地不能提供冰块和清洗玻璃杯设备的打算。各种类型的酒水也要准备充足。除了定额消费酒会可以按定额运去酒水外，其他消费形式的酒会，宁可多运一些品种、数量的酒水去，也不要等到酒水不够了再运去。

二、酒会酒吧的设置

举行酒会的细节确定后，通常由宴会部经理出一份宴会编排表。编排表中详细地列示了客人所定酒会的时间、日期、人数和要求，其中还分列各个部门的职责，厨房、酒吧器材安排，保安、餐厅服务，美术、工程等具体安排。

酒吧则根据客人的要求来设置各种形式不同的酒会酒吧，酒会酒吧的设置形式分为软饮料酒吧、国产酒水酒吧、标准酒吧和豪华酒吧。

（1）软饮料酒吧。软饮料酒吧常摆设不带有酒精的饮料，通常只用果汁、汽水、矿泉水、杂果宾治这些无酒精饮料来摆设酒吧，有时也使用啤酒。这种酒吧摆设多用在欢迎酒会、签字仪式、产品介绍会和招待会上。

（2）国产酒水酒吧。国产酒水酒吧设置中除了软饮料之外，还有几种国产酒，一般情况下5~6种，可用国产名酒茅台酒、五粮液、汾酒、剑南春、加饭酒、竹叶青酒等。这种酒吧设置多使用在中餐的小型宴会中。

（3）标准酒吧。标准酒吧设置是酒会中使用最广泛、最多的一种。各饭店、宾馆的实际情况不同，所使用的酒水品种也可能不同。我们在实际工作中已经参考了许多国内外酒店的做法，在标准酒吧设置中除了用软饮料、啤酒外，较适宜使用的还有几种烈性酒和开胃酒（金酒、威士忌、白兰地、朗姆酒、伏特加、甜味美思、干味美思、金巴利酒和杜宝内酒）。几乎80%以上的酒会中的酒吧设置都用标准酒吧，所以在饭店、宾馆中，标准酒吧使用的酒水品种应以一套“标准菜单”的形式确定下来。在标准酒吧中，一般只供应简单的混合饮料，不供应鸡尾酒特别是复杂的鸡尾酒。

（4）豪华酒吧。豪华酒吧设置是使用酒水品种较多、名牌酒水较多的一种设置形式，可根据客人的要求使用最名贵的酒水。豪华酒吧使用的酒水没有固定的形式，只要客人需要就要尽最大的努力去满足。

以上4种酒会酒吧设置形式是在饭店、宾馆中经常采用的，但由于每个酒会的人数、消费不同，酒吧设置的数量、供应的酒水品种也有差别。一般情况下，酒吧设置的数量由酒会的人数来定，大约每150位客人设一个酒吧，品种则根据饭店的酒水价格和客人的消费要求同客人商量决定。

任务五　了解酒单的策划与设计

一、酒单

简单地说，酒单就是酒吧所提供的酒水和服务的目标。酒吧将自己所提供的具有各种不同口味的饮品、小吃、果拼、食品等，经过科学组合，排列于纸张上，供光临酒吧的客人从中选择。设计精致且令人赏心悦目的酒单，通过外观吸引顾客，通过内容排列来向顾客传达充分的信息，它会让顾客感受到一种温馨和愉悦。目前，在我国大多数酒吧里酒单上的品种少、介绍太简单，顾客无法挑选。酒单应对所提供的特色酒品进行较为详细的描述，比如酒的形态、产地、酒庄、等级、年份、价格等。一个好的酒单，应能反映出酒水的价格定位、成本标准及酒吧的风格和特色。酒单的设计与制定对于酒吧的经营来说至关重要，它是酒吧一切业务活动的总纲。

酒单是酒吧日常经营活动的起点，酒吧经营管理活动中的诸多业务内容均由酒单体现。

二、酒单的分类及式样

1. 酒单的分类

酒单是酒吧酒水产品的目录。随着酒吧经营和市场需求的多样化，各酒吧都在根据自己的经营特色来设计酒单。因此，按照酒吧的经营特色，酒单可分为主酒吧酒单、大堂酒吧酒单、西餐厅酒单、中餐厅酒单、客房小酒吧酒单。

2. 酒单的式样

一个好的酒单，其形式、颜色等都要和酒吧的等级、气氛相适应，所以酒单的式样应不拘一格。酒单的形式可采用桌单、手单及悬挂式酒单 3 种，其中以前两种形式最为常见。从式样上看，酒单可以折叠成不同的形状，常见的有正方形或长方形，另外，还可以制作成各种特殊的形状，如椭圆形或类似圆形的心形等。

（1）桌单。桌单将具有画面、照片等的酒单折成三角形或立体形，立于桌面，每桌固定一份，客人一坐下便可自由阅览。这种酒单多用于以娱乐为主及吧台小、品种少的酒吧。这种酒单内容简明扼要，立意突出，方便顾客浏览阅读。

（2）手单。手单是酒吧里最常见的一种酒单，常用于经营品种多、吧台大的酒吧。在酒吧里，一般等客人入座后再递上印制精美的酒单。手单中，活页式酒单也是可采用的，活页式酒单便于调整酒单品种、价格，酒单内容需要调整时只要撤换活页就可以了，所以活页式酒单受到很多酒吧经营者的青睐。酒吧也可采用定活结合的形式，给人以方便、灵活的感觉。

（3）悬挂式酒单。悬挂式酒单也是许多酒吧常采用的一种样式，一般在门庭处吊挂或张贴，配以醒目的彩色线条、花边，具有美化及广告宣传的双重效果。

3. 常用酒单介绍

各种类型的酒吧因经营方式和内容不同，提供的酒水差异很大，酒单的式样也因此各不相同，下面介绍几种常见的酒单式样。

（1）主酒吧酒单。主酒吧是提供酒水服务的场所，因而酒水的品种比较齐全。各种主酒吧酒单上酒品的类别差别不大，但规模大、档次高的酒吧酒水较名贵、品种也多；档次低的酒吧供应酒水的档次低，品种亦少一些。有些酒吧还提供一些简单的快餐、点心和小吃，这些都反映在酒单上。表 7－1 为某五星级酒店酒吧的酒单表。

表 7－1　　某五星级酒店酒吧的酒单表

干邑 COGNAC（元/瓶）		
百事吉 X. O	Bisquit X. O	1380. 00
百事吉 V. S. O. P	Bisquit V. S. O. P	800. 00
人头马路易十三	Rémy Martin Louis XⅢ	12800. 00
轩尼诗 X. O	Hennessy X. O	1380. 00
人头马 X. O	Rémy Martin X. O	1380. 00
威士忌 WHISKY（元/瓶）		
黑牌威士忌	Black Label	600. 00
红牌威士忌	Red Label	500. 00
香槟 CHAMPAGNE（元/瓶）		
酩悦香槟	Moet & Chandon	600. 00
餐酒 WINES（元/瓶）		
木桐嘉棣干红	Mouton Cadet Red	260. 00
王朝干白	Dynasty Dry White	130. 00
意丝琳干白	Huadong Winery	130. 00
餐前开胃酒 APERITIES（元/杯）		
金巴利	Campari	32. 00
杜宝内	Dubonnet	32. 00
彼诺	Pernod	32. 00
仙山露	Cinzano	34. 00
金酒 GIN（元/杯）		
来利	Larios	78. 00
比佛塔	Beefeater	30. 00
餐后甜酒 LIQUEUR（元/杯）		
绿薄荷	Peppemint	36. 00
君度	Cointreau	36. 00
甘露咖啡	Kahlúa	36. 00
杜林标	Drambuie	36. 00
啤酒 BEER（元/瓶）		
青岛	Tsing Tao	39. 00
生力	San Miguel	39. 00
嘉士伯	Carlsberg	39. 00

续　表

果汁及什饮 FRUIT JUICE & SQUASNKS（元/份）		
什果宾治	Fruit Punch	39.00
薄荷宾治	Menthe Punch	39.00
新鲜果汁	Fresh Fruit Juice	35.00
软饮料 SOFT DRINKS（元/瓶）		
可口可乐	Coca Cola	35.00
七喜	7-Up	35.00
汤力水	Tonic Water	35.00
鸡尾酒及长饮 COCKTAILS & LONG DRINKS（元/杯）		
红粉佳人	Pink Lady	42.00
黑色俄罗斯	Black Russian	42.00
曼哈顿	Manhattan	42.00
精美小食 Snacks（元/份）		
芝士条（半打）	Cheese（half dozen）	25.00
大虾多士	Prawn Toast	40.00
鱼子蛋（半打）	Caviare Egg（half dozen）	30.00
炸腰果	Deep Fried Cashew Nut	25.00
烤美国杏仁	Almond	25.00
Subject to 10% Service Charge　加 10% 服务费		

（2）西餐厅的餐酒单。餐酒单主要用于西餐厅，酒单上列有种类较齐全的各种葡萄酒。这类酒单所列酒品或以产地分类，或以酒水特征分类。表 7－2 为某五星级酒店西餐厅的餐酒单。

表 7－2　　某五星级酒店西餐厅的餐酒单

COCKTAILS & LONG DRINKS
RMB 50.00
Dry Martini（Gin，Dry Martini）
Whisky Sour（Whisky，Fresh Lemon Juice，Syrup）
Grasshopper（Peppermint，Crème de Cacao，Milk）
Brandy Alexander（Brandy，Crème de Cacao，Cream）
Snow ball（Advocaat，7-Up）
Subject to 15% Service Charge

续 表

HOUSE WINE		RMB
House Red	Per Bottle Per Glass	130. 00 29. 00
House White	Per Bottle Per Glass	130. 00 29. 00
CHAMPAGNE		
Champagne Dom Perignon	Per Bottle	1630. 00
Mumm	Per Bottle	798. 00
PREMIUM BEERS		RMB
San Miguel		36. 00
Carlsberg		36. 00
SOFT DRINKS		RMB
Coke		14. 00
Diel Coke		20. 00
WATER		RMB
Watson Distilled Water		20. 00
Subject to 15% Service Charge		

（3）餐厅酒单。餐厅酒单反映客人用酒水的顺序以及与所点菜品的搭配。餐厅根据经营方式和类型的不同，有些将酒单附在菜单上，有些则单独开列。餐厅客人一般在餐前、餐间和餐后喝不同的酒水。餐前酒主要有鸡尾酒（马天尼、曼哈顿、各种酸味酒等）、开胃酒、啤酒和葡萄酒；佐餐酒主要有各种葡萄酒、啤酒和软饮料；餐后酒主要有各种葡萄酒、利口酒和干邑白兰地等。酒单上可以排列各式冷、热饮料。

（4）娱乐厅酒单。即卡拉 OK、舞厅、迪厅等娱乐场所的酒单。这些娱乐厅所供应的酒水不能影响整个酒吧的经营活动，所以酒单要针对顾客娱乐活动的特点多提供一些低酒精含量或无酒精的碳酸饮料、矿泉水、果汁等，以及一些餐前、餐后的混合饮料。对于 KTV 包间，因不影响他人，可适当增设一些酒精饮料。

三、策划酒单

酒单是沟通客人和酒吧经营者的桥梁，是酒吧无声的推销员，是酒吧管理的重要工具。一份合格的酒单应反映酒吧的经营特色，衬托酒吧的气氛，为酒吧带来经济效益。同时，酒单作为一种艺术品，能给客人留下美好的印象。因此，酒单的策划绝不仅仅是把一些酒名简单地罗列在几张纸上，而是调酒师、酒吧管理人员、艺术家们集思广益、群策群力的产品。

在策划酒单时，应遵循以下几个步骤：

（1）明确酒吧的经营策略，确认酒吧的经营方针。

（2）明确市场需求、客人饮用酒水的习惯及对酒水价格的接受能力。

只有在及时、详细地调查了解和深入分析目标市场各种特点和需求的基础上，酒吧才能有目的地在饮品种类、规格水准、价格、调制方式等方面做出计划和调整，从而设计出客人乐于接受和享用的酒单内容。

①针对国内外不同客人。国外客人和国内客人在饮酒习惯上差别很大，因此应根据国内外不同客人制作不同的酒单。近年来我国居民的饮酒习惯发生了一些变化，各种软饮料和啤酒逐渐成为人们酒吧消费的主要饮品，消耗量不断增加。高档次的进口葡萄酒、鸡尾酒，还是集中消费于针对国外客人的酒吧。

②针对不同的顾客群体。不同的顾客群体有不同的消费习惯，因此，酒吧经营者要研究目标顾客群体的年龄结构和消费特点，针对不同的顾客群体制作不同的酒单。学生喜爱喝软饮料和果汁，青年人喜欢喝啤酒等低度酒，中年人则喜欢喝烈性酒；男士喜欢含酒精饮料，女士则喜欢软饮料、低度酒、香槟酒和雪利酒。

③针对顾客群体不同的消费水平。目标顾客群体的消费水平不同，消费行为也不一样。针对消费水平较低的客人，应选择一些较普通的酒水，如果选择较多名贵的酒水，顾客就会觉得酒吧里的酒水贵得离谱。高档次的酒吧如果酒单中缺乏名贵的酒水，客人则会大失所望。

④针对不同的季节。酒单制作也应考虑在不同的季节，客人对饮品有不同要求，如冬季客人一般消费热饮，因此酒单品种应做相应调整，大量供应如热咖啡、热奶、热茶等品种，可以为客人温酒；夏季则应以冷饮为主，供应冰咖啡、冰奶、冰茶、冰果汁等：这样才能符合客人的消费需求，使酒吧有效地销售其产品。

（3）明确酒水的采购途径、费用、品种和价格。凡列入酒单的饮品、水果拼盘、佐酒小吃，酒吧必须保证供应，这是一条相当重要但极易被忽视的经营原则。

（4）明确酒水的品名、特点、级别、产地、年限及制作工艺。

（5）明确酒水的成本、售价及企业合理的利润。饮品作为一种商品，是为销售而配制的，所以其销售也应考虑该饮品的成本与价格。成本与价格太高，客人不易接受，该饮品就会缺乏市场；如果压低价格，影响毛利，则又可能亏损。因此，在策划酒单时必须考虑成本与价格因素，既要注意一种饮品中不同成本品种的搭配，也要注意一张酒单中各种饮品高、低成本品种的搭配，以便制定有利于竞争和市场推销的价格，并保证在整体上达到目标毛利率。

（6）选择优良的纸张，认真地对酒单进行设计和筹划，写出酒水的名称、价格、销售单位等内容。

（7）做好销售记录，定时评估、改进，将客人购买率低的酒水品种去掉，重新筹划客人喜爱的酒水产品。酒单的制作不能一成不变，应随客人的消费需求及酒吧销售情况的变化而改变，即动态地制作酒单。如果目标客人对混合饮料的消费量大，就应扩大此类饮料的种类；如果对咖啡的消费量大，就可以将单一的咖啡品种扩大为咖啡系列，同时，将那些客人很少点或根本不要而又对贮存条件要求较高的品种从酒单上删除。

四、酒单策划的内容

通常，酒单策划的内容包括酒水品种、酒水名称、酒水价格、销售单位（瓶、杯、盎司）、酒品介绍等。有的酒单内容还有葡萄酒名称代码、广告信息等。目前，许多饭店在各种酒吧中都使用同一种酒单，其目的是利于管理和节省开支。

1. 酒水品种

酒单中的各种酒水，应按照它们的特点分类，然后以类别排列，比如分烈性酒、葡萄酒、利口酒、鸡尾酒、软饮料等类别。一些酒吧按照人们用餐时饮用酒水的习惯，将酒水分为开胃酒、餐酒、烈性酒、鸡尾酒、利口酒和软饮料等类别，然后在每一类酒水中再筹划适当有特色的酒水，要注意它们味道、特点、产地、级别、年限及价格的互补性。

酒单上每个类别的酒水列出的品种不能太多，数量太多会影响客人的选择，也会使酒单失去特色。一般地，酒单中的酒水最多分为20类，每类4～10个品种，并尽量使每个类别的数量保持平衡。

越是高档酒吧的酒单，其酒单分类越详细，这种详细分类方法的优点是便于客人选择酒水，使每一类酒水的品种数量减少到3～4个，客人观看酒单时可以一目了然。同时，各种酒水的品种和数量平衡，也会使酒单规范、整齐，容易阅读。

2. 酒水名称

酒水名称是酒单的中心内容，酒水名称直接影响客人对酒水的选择。在制作酒单时，酒水名称要做到以下几点：

（1）酒水名称要真实，尤其要保证鸡尾酒名称的真实性。

（2）酒水名称要通俗易懂。冷僻、怪异的字尽量不要用。饮品的名称除沿袭惯用名称外，新品种的取名应贴切、易懂和有文采等。命名酒水时，可按饮品的原材料、配料、调制出来的形态命名，也可按饮品的口感冠以别致的名称等。夸张的酒水名称、不符合质量的酒水产品，必然导致经营失败。尤其是鸡尾酒，一定要符合其名称和配料标准。

（3）酒单上的外文名称和中文名称一定要准确，这是酒单上的重要部分，不能忽视，否则客人会对酒单失去信任，从而减弱酒单的营销效果，酒吧形象也会受到影响。

3. 酒水价格

价格在任何情况下都是个敏感的问题，虽然客人在酒吧中消费主要是为了精神享受，但也必然要考虑到“物有所值”的问题。所以，在酒单上，各类、各品种的酒水应该明确地注明价格，让客人做到心中有数，自由选择。如果在酒吧服务中加收服务费，则必须在酒单上加以注明；若酒水有价格变动，则应立即更改酒单，否则酒单将失去推销的功能，也可能在结账时引起纠纷。

4. 销售单位

所谓销售单位，是指酒单上注明的计量单位，如瓶、杯、盎司等。销售单位是酒单上不可缺少的内容之一，应详细注明，以免引起异议。一般销售单位都标在价格的右侧。目前，许多优秀的企业已经对一些酒水产品的销售单位进行更详细的注明，如对白兰地酒、威士忌酒等烈性酒注明销售单位为 1 盎司，对葡萄酒的销售单位注明为杯（Cup）、1/4 瓶（Quarter）、半瓶（Half）、整瓶（Bottle）等。

5. 酒品介绍

酒品介绍是酒单上对某些酒水产品的解释或介绍，目前国内大多数酒单缺少对酒品的介绍。对于某些新推出的或进口的饮品，应给客人提供一个简单的介绍，让客人了解其特征、口味及饮用方法，尤其是对鸡尾酒的介绍，可以使客人在短时间内做出对酒水产品的选择，从而提高服务效率。对一些特色饮品，可配彩图，以增强直观感受，这是宣传推销的有效方法。

6. 葡萄酒名称代码

一些酒吧还在酒单上标有葡萄酒名称代码，这是酒吧管理人员为方便客人选择葡萄酒、方便调酒师和服务人员提供酒水服务而设计的代码。由于葡萄酒来自许多国家，其名称很难识别和阅读，以代码代替葡萄酒名称，方便了客人点单和服务员服务，有利于增加葡萄酒的销售量。

7. 广告信息

一些酒吧在酒单上注明该酒吧的名称、简介、地址、联系电话、服务内容、营业时间、业务联系人等信息，以增加客人对酒吧的了解，使酒单成为客人和酒吧的联系纽带。

五、酒单设计的内容

1. 酒单的色彩

色彩对于酒单有多种作用，使用恰当的色彩可使酒单更动人、更有趣味。制作彩色酒品照片，会使酒吧经营的酒品更具吸引力。

色彩会使酒单产生经营所需的某种效果，如果酒单的折页、类别标题、酒品实例使用鲜艳色，便体现了娱乐型酒吧的特点；采用柔和清淡的色彩，则酒单就会显得典雅。酒单设计中如使用双色，最简便的方法就是将类别标题印成彩色，如红色、蓝色、棕色、绿色或金色，具体菜肴名称用黑色印刷。

还有一种方法就是利用彩色纸。各种彩色纸几乎应有尽有，其中包括金色、银色、铜色等色彩。如果酒单上文字较多，为增强酒单的易读性，色纸的底色不宜太深。

为酒单增添色彩还有一个简单且低成本的办法，就是采用宽色带，不论是纵向粘在封面上还是横向包在封面上，都能增加酒单的色彩。

需要注意的是，运用色彩于酒单上的一般原则，是只能将少量文字印成彩色，因为将大量的文字印成彩色读起来既不经济又会伤眼睛。

2. 酒单用纸

选择什么纸张印刷酒单也值得思考，要尽量使酒单更精美、耐用。一般来说，酒单的印刷从耐久性和美观性考虑应使用重磅的涂膜纸，这种纸通常就是封面纸或板纸，经过特殊处理，如涂膜，耐水耐污，使用时间也较长。

选择恰当的酒单用纸，其复杂程度并不亚于选择恰当的碟、盘。这里涉及纸张的物理性能和美学问题，如纸张的强度、折叠后形状的稳定性、不透光度、油墨吸收性、光洁度和白度等。此外，纸张还存在着质地差异，有表面粗糙的，也有表面十分细洁、光滑的。由于酒单总是拿在手里读，所以纸张的质地或“手感”也是个重要的问题。

纸色有纯白、柔和素淡、浓艳重彩之分，采用不同的色纸，会给酒单增添不同的色彩。此外，纸可以用不同方法折叠成不同的形状，除了可切割成最常见的正方形或长方形外，还可以制作成各种特殊的形状。

3. 酒单的尺寸

酒单的尺寸是酒单设计的重要内容之一，酒单太大客人拿着不方便，太小又会造成文字太小或文字过密，妨碍客人的阅读，进而影响酒水的推销。通过实践，比较理想的酒单尺寸约为20cm×12cm。

4. 酒品的排列

许多酒单酒品的排列方法，都是将重点推销的酒水排列在酒单的第一页或最后一页，以提升客人的注意力。但是，餐厅酒吧经营者认为，按照人们的用餐习惯顺序排列酒水产品更具推销力度。

5. 酒单的字体

酒单的字体应方便客人阅读，并给客人留下深刻印象。酒单上各类品种一般用中英文对照，以阿拉伯数字排列编号和标明价格。字体要印刷端正，使客人在酒吧的光线下容易看清。各类品种的标题字体应与其他字体有所区别，一般为大写英文字母，而且采用较深色或彩色字体，既美观又突出。所用外文应根据标准词典统一、规范的拼写法拼写。

6. 酒单的页数

酒单一般是4~8页，许多酒单只有4页内容，外部以朴素而典雅的封皮装饰。一些酒单只是一张结实的纸张，被折成三折，共为6页，其中外部3页是各种鸡尾酒的介绍并带有彩色图片，内部3页是各种酒品的目录和价格。有些酒单共8页，在这8页中印有酒品目录。

7. **酒单的更换**

酒单的品名、数量、价格等需要更换时，严禁随意涂去原来的项目或价格，换成新的项目或价格。如随意涂改，一方面会破坏酒单的整体美，另一方面会给客人造成错觉，使其认为酒吧在经营管理上不稳定及随意，从而影响酒吧的信誉。所以，如需更换，宁可整体更换酒单或重新制作，对某类可能会更换的项目亦可采用活页形式。

六、酒单定价

酒单的定价是酒单设计的重要环节。酒单上每种经营项目的价格是否适当，往往影响酒吧的销售状况，影响酒吧的竞争力和竞争地位。因此，在定价时要遵照价格反映产品的价值、适应市场供求规律、综合考虑酒吧内外因素及灵活机动的原则，合理定价。

（一）以成本为基础的定价方法

以成本为基础的定价方法是酒吧在酒单定价时常用的方法，在具体使用中又可分为 4 种方法：

1. **原料成本系数[①]定价法**

首先要算出每份饮品的原料成本，然后根据成本率计算售价，公式是：

$$售价 = 原料成本额/成本率$$

$$售价 = 原料成本额 \times 成本系数$$

以该法定价需要两个关键数据，一是原料成本额，二是成本率，通过成本率便可以算出成本系数。原料成本额数据由饮品实际调制过程中原料使用情况汇总得出，它在标准酒单上以每份饮料的标准成本列出。

[**例**] 已知一杯啤酒的成本为 4 元，成本率为 40%，即成本系数为 2.5，则其售价应为 $4 \times 2.5 = 10$（元）。

另外，确定鸡尾酒售价时，首先要根据配方算出每种成分的标准成本，加总后再除以成本率。

为方便计算，酒吧常常对按杯或按盎司出售的同类酒水定以相同的价格。具体的方法是（以软饮料为例）将雪碧、可乐等软饮料的购进价汇总，除以成本率，再除以软饮料的种类，从而得到售价。

[**例**] 某酒吧常用的果汁有 5 种，即橙汁、柠檬汁、菠萝汁、西柚汁和番茄汁，在确定成本率为 25% 以后，进价与售价如表 7－3 所示。

---

① 成本系数是成本率的倒数。

表 7-3　　酒吧常用果汁及价格

项目（每杯）	进价（元）	售价（元）
橙汁	1.20	6.00
柠檬汁	1.20	6.00
菠萝汁	1.50	6.00
西柚汁	2.00	6.00
番茄汁	1.60	6.00

则每杯果汁的售价 = 原料成本额/成本率 ÷5 =7.5/25% ÷5 =6（元/杯）。

2. 毛利率法

毛利率是根据经验或经营要求确定的，亦称计划毛利率。

销售价格 = 成本/（1 - 毛利率）

[例] 一盎司的威士忌成本为 7 元，如计划毛利率为 80%，则其销售价为 7/（1 - 80%）=35（元）。

这种方法一般只考虑饮品的原料成本，不考虑其他成本因素。

3. 全部成本定价法

每份饮品的原料成本可直接根据饮用量计算，人工费用（服务人员费用）可由人工总费用除以饮品份数得出，也可由此办法计算出每份饮品的其他经营费用。

销售价格 =（每份饮品的原料成本 + 每份饮品的人工费用 + 每份饮品的其他经营费用）/（1 - 计划利润率）

[例] 某鸡尾酒原料成本为 6 元，每份人工费用为 0.6 元，其他经营费用每份为 1.2 元，计划利润率为 30%，则鸡尾酒售价 =（6 +0.6 +1.2）/（1 -30%）≈11（元）。

4. 量、本、利综合分析定价法

量、本、利综合分析定价法是根据饮品的成本、销售情况和盈利要求综合定价，其方法是将酒单上所有的饮品根据销售量及其成本分类，每一饮品总能被列入下面 4 类中的一类：①高销售量，高成本；②高销售量，低成本；③低销售量，高成本；④低销售量，低成本。虽然第②类饮品是最容易使酒吧得益的，但实际上酒吧出售的饮品 4 类都有。这样，在考虑毛利的时候，把第①、④类的毛利定得适中一些，而把第③类毛利定得较高，第②类定得较低，然后根据毛利率法计算酒单上的酒品价格。

这一方法综合考虑了客人的需求（表现为销售量）和酒吧成本、利润之间的关系，并根据成本越高毛利率越高、销售量越高毛利率越低这一规则定价。

酒单价格还取决于市场均衡价格，在经营中可按需适当调整。

量、本、利综合分析定价法看上去比较复杂，有一定难度，但经过经营者的调查分析，综合考虑多种因素之后做出的定价必定是比较合理并能使酒吧经营得益的，而且，这些市场调查分析能使酒吧经营服务不断改进。

（二）以竞争为中心的定价方法

价格是酒吧增强竞争能力、提高市场销售率的有效手段。以竞争为中心的定价方法，就是密切关注和追随竞争对手的价格，以达到维持和提高酒吧市场占有率和扩大销售量的目的的方法。

1. 随行就市法

这是一种最简单的定价方法，即把同行的酒单价格为己所用。使用这种方法要注意以成功的酒单为依据，避免把别人不成功的定价搬为己用。这种定价方法有很多优点，如定价简单，容易被一部分顾客接受；方法稳妥，风险低；易于与同行协调关系等。

2. 竞争定价法

这是以竞争对手的售价为定价依据制定酒单价格的方法。

（1）最高价格法。最高价格法是在同行业的竞争当中同类产品总是高出竞争对手价格的方法。该定价法要求酒吧具有一定的实力，即尽可能地提供良好的酒吧环境氛围，提供一流的服务和一流的饮品，以质量取胜。

（2）同质低价法。对同样质量的同类饮品和服务定出低于竞争者价格的方法。该方法一方面用低价争取竞争对手的客源来扩大和占领市场，另一方面加强成本控制，尽可能降低成本，提高经营效率，实行薄利多销，既最大限度地满足了消费者的需要，又使企业有利可图。

（三）考虑需求特征的定价方法

在一般情况下，市场对酒吧产品的需求量同价格高低成反比，即价格高则需求量小，价格低则需求量大，然而，酒吧类型与产品的不同，使其具有的需求特征也不相同。下面是考虑不同需求特征的几种定价方法。

1. 声誉定价法

这种定价方法是以注重社会地位、身份的目标客人的需求特征为基础的。这类顾客要求酒吧的环境好、档次高、服务质量好、酒水品牌好，针对这类服务，酒单价格应定得高一些。这种定价方法常用于高档酒吧。

2. 抑制需求定价法

酒吧中某些大众饮品成本低、需求大，对它的定价会影响到其他饮品的消费，对这类饮品一般采用抑制需求的定价方法，即把价格定得非常高，如酒单上一壶茶有定价 200 元左右的。

3. 诱饵定价法

酒吧对一些对其他饮品能起连带需求作用的饮品和小吃采用低价定价法，以吸引顾客光顾，起到“诱饵”作用。

4. **需求—反向定价法**

许多酒吧在给饮品定价时首先会调查顾客愿意支付的价格，以顾客愿意支付的价格为出发点，然后反过来调节饮品的配料数量和品种，调节成本，使酒吧获利，这种定价方法就是需求—反向定价法。

任务六　了解酒吧营销知识

营销就是根据顾客需求销售产品并尽量占有市场份额，吸引顾客购买自己的产品。营销贯穿于企业的全部活动过程，从企业创办前的策划开始，直到企业生命的结束。

酒吧是提供产品（酒水）和服务（在适当的环境下进行酒水服务）的场所。潜在顾客就存在于酒吧所经营地区的某个地方。既然酒吧不能够把产品和服务送到某个地区、顾客面前，那么酒吧经营者就应想办法吸引顾客前来购买并且重复购买酒吧的产品和服务。为了实现这一目标，酒吧经营者必须确保酒吧所经营的地区存在充足的客源，这样才能实现酒吧的利润；同时，酒吧还必须根据顾客的需求提供产品和服务。因此，在开业前，酒吧经营者必须弄清楚自己的经营目标。

一、酒吧营销的目的

酒吧要在市场中树立自己的形象，使目标市场的客人了解其经营理念、服务思想、服务特色、服务品种，就必须通过一定的推销手段向顾客展示自己的产品，吸引顾客，提高酒吧的知名度，使顾客认同酒吧。

（一）树立酒吧形象

酒吧的营销实际上是为了扩大酒吧的知名度和提高酒吧的吸引力，使其在市场上树立起良好的形象，使消费者信赖和喜欢。

1. **使顾客知晓酒吧**

一个成功的酒吧必须在当地市场有一定的知名度，这就要求通过各种形式的推销手段让顾客或大众了解酒吧的名称、位置、提供的服务内容和服务特色。

2. **使顾客喜爱酒吧**

酒吧通过提供高质量的酒水和一流的服务来满足顾客的需要，让顾客发自内心地喜爱酒吧的产品和服务。

3. **使顾客认同酒吧**

通过酒吧提供的产品、服务以及各种宣传，让顾客明确酒吧的价值观念、质量标准、服务特点等，使顾客认同酒吧的经营思想和服务理念。

4. **使顾客信赖酒吧**

顾客对酒吧服务、价值观的信赖，是其再次光临的基础，而且会对酒吧起到口头宣传的作用。

（二）促成顾客消费行为

1. 吸引顾客的注意力

酒吧可以通过特色活动来吸引顾客注意力，增强顾客对酒吧的兴趣。

（1）提供信息。为了使更多的消费者了解酒吧产品的特点，如产品质量、价格、服务等，酒吧需要通过各种推销活动及时向消费者提供产品信息，以引起他们的注意。

（2）突出特点。在酒吧竞争激烈的今天，酒吧产品和服务越来越趋于同质化，这时酒吧就应该通过营销活动宣传自己的产品区别于竞争者的独到之处，突出自己的产品给消费者带来的特殊利益，加深他们对酒吧产品的了解，使他们愿意接受酒吧的产品。

2. 激起顾客的购买欲望

酒吧是人们精神享受的场所，消费者的购买欲望在特定的环境下受其情感的左右，如果营销能够使顾客确信能从酒吧产品中得到最大限度的享受，就能够激起顾客的购买欲望。

3. 促成顾客的消费行为

酒吧的营销活动，能使顾客完全了解酒吧的产品，并对此有较高的购买欲望，这样就达到了促使顾客消费的目的。

4. 稳定销售

在激烈的市场竞争中，酒吧产品的销售量起伏较大，这是由顾客不稳定消费引起的。酒吧要通过营销活动使更多的消费者对本酒吧及产品产生偏好，以达到稳定销售的目的。

二、目标顾客的确定及市场环境分析

任何营销计划的第一步都是选择市场，确认目标顾客群；第二步是确定目标顾客群需要购买的产品和服务。如果这两个基本要素得到确认，那么酒吧在吸引顾客和销售产品方面的问题也就迎刃而解了。无论是策划建造新酒吧还是改造失去生命力的老酒吧，情况都是如此。

（一）确定目标顾客

人们来酒吧消费是有不同目的的。通常情况下，喝饮料并不是其最原始的动机，因为人们可以在批发市场购买饮料，然后在家里饮用。我们可以根据顾客来到酒吧的不同目的将顾客分成不同类型。

1. 在提供酒水的餐馆里就餐的顾客

这类顾客的目的是在餐馆里享用一顿美味，而酒水（不论是鸡尾酒、白酒或是餐后酒）增加了顾客体验的整体乐趣。虽然食物也许是这类顾客的第一目的，但是通常情况下他们对酒类也会有所需求。

2. 过路的顾客

这类顾客的目的通常都是使自己恢复精力，即在经过一天的劳累之后做短暂的休息。那些在酒吧里等飞机、火车或约会朋友的人也属于此类。

3. 休闲娱乐的顾客

这类顾客有闲暇时间放松心情，他们喜欢到酒吧里寻求刺激、变化或者是追逐某个异性。这类顾客经常光顾酒吧、俱乐部或餐馆，因为这些地方有音乐、游戏、舞蹈和与新朋友结识的机会，在这里他们能够接触社会时尚。这类顾客每晚也许会光顾几个不同的酒吧，但如果某个酒吧的娱乐项目、饮料和玩伴都不错，他们也许一整晚都会在那里。

4. 常光顾酒吧或餐馆的顾客

在酒吧里，熟识的人经常聚集在一起，他们乐于享受生活、放松心情，但他们最原始的目的是与自己熟识并喜欢的人在一起。在酒吧里，这类客人会觉得像在家里一样心情舒适，能够有归属感。

大多数顾客都属于以上几个类型组群。虽然不同类型的顾客有不同的心境、口味、兴趣、背景以及生活格调，但不同类型的个体偶尔也会有交叉。总的来说，这些顾客类型并不兼容。某个类型的顾客来到另一个类型的顾客经常光顾的酒吧后，可能会觉得很不自在，认为自己与周围的环境格格不入。在以上 4 个宽泛的顾客类型中，还存在许多子群，这些子群一般情况下并不交叉。另外，某个共同的兴趣（例如，喜欢足球、爵士乐）可以形成更具体的子群，有时已经组建的某个特殊的小集团也可以形成特殊的子群。

通常情况下，可以把不同的目标顾客分开，为不同的目标顾客服务。比较大的酒店，可以在不同的酒吧内接待不同的顾客，也可以在同一间酒吧的不同房间为不同的顾客提供服务。例如，一家酒店可以在酒吧与休闲厅为过路顾客提供服务，在餐厅和咖啡店（两个子群）为就餐者提供服务，在不同会议室的简易吧台上为商务组群和会议代表提供服务。

（二）设计酒吧产品与服务

酒吧在选择销售的产品与提供的服务时，首先要考虑的就是满足顾客的需求，它通常包括外在需求和潜在需求两种。

酒吧一旦选定了一组目标顾客，就应尽最大努力了解顾客的需要，并相应地调整酒吧的产品和服务，所要调整的项目包括一切顾客要为之付费的东西，如酒吧的坐落地点、设备设施、酒品、价格、员工、服务时间、食品、娱乐项目和环境等。所有类型的顾客都有某种期望，如他们期望得到物有所值的产品和服务，以及快速、准确而有礼貌的酒品服务；期望每种酒品都名副其实；期望酒吧间、洗手间干净整洁，酒具光洁明亮，员工衣着整洁、服务周到；期望交易公平；期望他们在酒吧中很受欢迎，而且这种欢迎还表现在酒吧员工的态度上。除此之外，由于顾客的类型不同，他们的期望也会有所不同，但是不论对于哪一种顾客来说，都应让他们感觉到酒吧的产品物有所值。

由于不同类型的顾客光顾酒吧的原因各不相同，所以酒吧应着重于为目标顾客提供特殊的产品和服务，尽量满足目标顾客的需要。此外，酒吧还应清楚自己的竞争对手是如何为顾客服务的。

在竞争环境中，酒吧的产品和服务与竞争对手相比应具有明显的差异性和优越性，否则就无法吸引顾客。简单模仿、抄袭别人经营模式的酒吧，是很难长期成功的。

怎样做才能使酒吧保持差异性和优越性呢？方法之一是密切注意周围的环境变化，敏锐地观察其他酒吧的情况及顾客的想法。此外，酒吧经营者还要准确应对顾客口味的变化，积极地调整自己的产品。酒吧经营者应根据产品和服务的盈利多少来确定生产什么样的产品以及提供什么样的服务，而产品和服务的营利性又与潜在市场的性质和规模有关。

（三）分析市场环境

1. 选址

在做最终计划之前，酒吧经营者应着手了解目标市场所在地点、目标市场规模以及目标顾客对于现有酒吧所提供服务的意见等。选址时要注意所选地点潜在顾客的数量及是否存在竞争对手等。如果酒吧经营者是从零开始，那么首先要考虑的就是酒吧的选址问题。可以选择一个中型的城镇，然后在城镇内寻找一处特殊的场所。具体的选择方法，应由酒吧的顾客市场来决定。如果目标顾客市场是就餐者，则应选择居民区、工作区或两者兼有的地区；如果目标顾客市场是娱乐消遣顾客，则最好选择一个时尚、繁华的地点；如果目标顾客市场是过路顾客，则应选择交通要道；而对于常客来说，酒吧位置则应选择常客居住的临近场所。

2. 了解潜在的顾客市场

酒吧经营者对于选址问题有了一个整体架构后，就应着手了解所选地点是否存在足够的潜在顾客市场。有些部门可以无偿为酒吧经营者提供人口统计（居民身份、工资水平、受教育程度、消费习惯等）、临近地段、城市规划、交通要道数量等统计资料，商业协会也能提供商业发展、旅游会展市场以及房地产发展的信息，为餐馆和酒吧经营者提供贷款的银行对于酒吧所在社区也有很多了解，它们能够帮助酒吧经营者选择正确的开业地点。另外，酒吧经营者还应经常与房地产代理商、餐馆经理、俱乐部的会员以及当地餐厅设施供应商交流，因为这些人很可能了解哪些地方正在开业、哪些地方即将停业以及为什么停业。如果酒吧经营者不想花太多的钱来做这项工作，也可以选择向餐饮服务行业的信息处或统计公司咨询。统计公司会对某个指定地区的人口普查数字进行计算分析，提供此地区酒吧经营者感兴趣的人口统计信息，例如，人口稠密度、年龄、性别、职业、家庭大小、收入、民族构成、外出就餐花费等。如果酒吧能够负担较多的支出，可以选择雇用一个咨询顾问来对指定地区及此地存在的竞争对手进行系统研究，进而得知此地是否存在着原来所构想的顾客市场。

酒吧选择在新的独立地点开业有一定的风险，然而，如果通过调研发现这些地区存在巨大的潜在市场需求，那利润回报也是很丰厚的。当酒吧在新的地点经营良好时，竞争者很快就会一拥而入，所以，永远不要指望自己是提供某种产品的唯一场所，应想得长远一点，提供一些有市场前景的特殊产品。另外，不能只根据最初较为旺盛的市场需求盲目扩大再生产。酒吧选址不要选择破败衰落的地区，因为稳定而有生命力的四邻对酒吧的经营和发展更有利。

3. 分析市场竞争环境

要正确地选址并调查市场潜力，酒吧还要对市场竞争情况进行分析，看看所选地区顾客需求被满足的程度。调查此地为目标顾客市场服务的所有酒吧，研究它们的产品，估计一下销售量，并把这些酒吧与自己的构想进行对比，考察存在的竞争和市场潜力，看看此地区是否还有发展空间。

当酒吧选址锁定在一个特殊地区之后，酒吧的经营者还应以顾客的眼光来打量一下这个地区，看看此地的能见度怎么样，交通是否便利，是否有足够的停车位，可进入性怎么样等。此外，还要密切注意单行路、计划要建的建筑物以及交通堵塞等问题，并要多与四邻的零售商进行沟通。如果酒吧想接手现有的设施，还要考虑承租人离开的原因这个重要因素。

4. 分析财务计划的可行性

最后，对企业所选地区及目标市场进行财务计划可行性分析，估算全部资金需求，包括土地和建筑物费用、家具设施费用、开业费用以及开业之初的经营亏损储备金等。另外，还要做一个详细的经营计划（包括酒品目录、员工、工时等）和经营预算。在计算销售额时应保守一些，而在估算费用时应留有较大的浮动额。如果根据期望利润率得出入不敷出的结果，则该项目计划不可行。

三、酒吧的营销活动

1. 氛围营销

酒吧经营者应对酒吧的整体印象有一个全面的认识。酒吧的整体印象就是酒吧的“氛围”和“气氛”，是指所见、所听、所感、所闻等感觉印象的总和加上顾客的心理反应因素。氛围是顾客体验中最有影响力的部分。

在创造酒吧氛围时有两个因素非常重要，一是有形的因素，二是无形的因素。

首先，对于有形的因素，外观与舒适程度是最重要的。外观对顾客具有最直接的影响力，因此酒吧应注重入口处及酒吧内部的整洁。对一些细节问题，也要给予足够的重视，如制服、玻璃器皿、洗手间、桌面等。绝对不能忽视洗手间，如果洗手间不够卫生，不管酒吧装修得多么漂亮也无济于事。

酒吧装饰物的选择也很重要，因为酒吧的环境是门面，是其最有力的营销工具。选择何种装饰物，要由酒吧的整体氛围、酒吧的个性及形象决定。

有形因素创造了酒吧的第一印象，而酒吧的舒适程度也具有同样重要的影响力，尽管这种影响是较为缓慢的。家具的配置应满足两方面的要求，即修饰性和舒适性；灯光也一样，是装饰与舒适的结合体；温度对顾客的影响也很大，不能太高也不能太低；除烟及保持空气清新的通风系统是酒吧提供舒适环境的基本要素；要根据顾客需要将音量控制在舒适的范围。

其次，无形的因素。顾客在酒吧内的所见所闻会给他们留下第一印象，而顾客的体验则形成了顾客对酒吧的第二印象，而且比第一印象更持久、更深刻。顾客对于酒吧服务的印象，是由酒吧招待客人、提供产品及服务的方式决定的。顾客希望获得诚恳的欢迎、快捷而有效的服务，而且乐于感觉到自己的需求被服务人员重视。所以，这种人际氛围因素是酒吧吸引回头客、获得顾客满意并建立口碑的重要手段。

2. 环境形象营销

一个高品位的酒吧，应该营造高品位的环境气氛。酒吧是供人们休闲娱乐的场所，应该营造出温馨、浪漫的情调，使顾客忘记烦恼和疲惫，在消费的过程中获得美好的感受。

要注意酒吧的环境卫生。一般顾客对吧台卫生、桌椅卫生、器皿洁净程度、调酒师及服务人员的个人卫生习惯等非常重视。

3. 员工形象营销

（1）员工仪表：酒吧员工的仪容、仪表将直接影响酒吧的形象。

（2）着装：按酒吧要求着装，保持整洁、合身，反映岗位特征。

（3）神态：通过面部表情及眼神变化来吸引顾客，即眼神应充满自信神采。

（4）语言：通过礼貌的语言来表达对顾客的关心和重视。

（5）服务规范：酒吧员工的服务规范，体现了酒吧的团体精神和员工的合作精神，会给客人一种训练有素的感觉。酒吧员工的工作态度和精神面貌，会给客人留下深刻的印象，强化酒吧在客人心目中的良好形象。

4. 店面形象营销

酒吧的店面形象营销是通过名称、招牌及宣传广告使大众了解酒吧，从而达到增加销售的目的。

（1）酒吧名称。酒吧名称必须适合其目标顾客层次，适合酒吧的经营宗旨和情调，只有这样才能树立起酒吧的形象。酒吧名称基本要遵循以下原则：

①笔画简洁。

②不用生僻字。生僻字顾客容易读错，也不利于酒吧影响的传播。

③字数要少。酒吧名称以两三个字为佳，一般不要超过四个字。

④有独特性。酒吧的名字要与众不同，这样才能在众人心目中留下深刻的印象。

⑤发音容易。发声要有差别，避免同声组合，避免发音困难的字，避免俗气的语音。

⑥不用易混淆的词。避免使用在语音、字形上易混淆的词。

（2）酒吧招牌。酒吧的招牌是十分重要的宣传工具，一般要求招牌字体设计美观且适合酒吧风格，要能引起顾客的注意，加深顾客印象。酒吧招牌中一般带有“Bar”“Club”字样。

（3）酒吧宣传广告。酒吧为了扩大影响，增加销售，常需印一些广告宣传品放在桌上、柜台上或店内的墙上，精美的广告制品往往让人爱不释手，从而对酒吧产生难以忘怀的印象。

这些广告应具有以下特点：

①对饮品的介绍能让顾客一目了然，尤其要突出特色饮品和主要饮品。

②当酒吧提供折扣价、优待券或各种赠品时，应向顾客详细传达这方面的信息，可以用漂亮的广告告知大众，以吸引顾客。

总之，营销应着重于让顾客成为酒吧的朋友，让顾客完全融入酒吧，让顾客除了娱乐外还能结识到朋友（顾客与顾客之间）。对营销部人员，应要求其不仅与客人成为朋友，而且要融入顾客的生活。

任务七　了解酒吧日常管理与酒水成本控制

一、酒吧计划管理

（一）计划的制订与调整

酒吧计划分以下几项：员工人数计划、营业额计划、培训计划、工作计划、购货计划。制订计划时要列出表格和详细内容。员工人数按年度做计划，营业额按月份做计划，培训、日常工作和市场调查按月度做计划。购货计划较复杂些，要视酒吧酒水用量、库存和购货时间长短而定。

1. 计划的制订

（1）员工人数计划。员工人数计划包括人数、职位、级别等项目。员工人数计划制订后，还要列出现有人数表，相互对照便可以知道所缺人数和相应的职位。

（2）营业额计划。营业额计划要列出每年上升的百分率和去年同期营业额，如计划全年营业额将比去年增长15%。

(3) 培训计划。培训计划要每个月根据员工的工作情况制订培训内容，计划内容包括员工级别、培训项目、内容安排、培训形式、导师及受训人员等。

(4) 工作计划。工作计划每月制订一份，包括酒吧工作、工程维修、酒水推销等内容。

(5) 购货计划。购货计划主要指酒水进货计划，每月要经常性地检查酒水仓库的存货数量，及时填写酒水采购申请表交餐饮部经理签名，然后给采购部采购。申请表要注明酒水名称、规格、产地和公司并写明进货时间，急用时还可填写紧急购货单。

计划制订后必须通知所有相关人员。

酒水仓库每两周出一份酒水存货记录给酒吧主管或经理。酒水存货记录将所有仓库中的酒水数量、中英文名称及规格列在表上。使用数量大的软饮料可由仓库自动购货补仓，酒类品种必须由酒吧主管根据用量出购货申请表。酒水存货记录起着核实数量与参考的作用。

成本会计每月出一份酒水用量表给酒吧主管或经理，表中将全月酒吧所领用的品种、数量及规格列出。酒吧主管在填写购货申请表时可以参考此表，按某种酒的每月用量，考虑在购货时进多少货。通常较贵重的酒类品种，可以以半年的用量为一期的进货数量。

2. 计划的实施与调整

每项计划制订后要上交餐饮部经理批准，餐饮部经理签名批准后各项计划才可以实行，但是，在执行过程中经常会遇到一些意想不到的问题，例如，人员招聘不到或员工流动性大，营业状况差，临时增加特别工作项目等，这时要立即进行临时调整，调整时若修改计划，也要呈报餐饮部经理批准。各项计划是酒吧营业运行的轨道，不能与实际偏差太大。所以，不仅制订计划时要联系实际，调整计划时也要根据现实状况。

计划批准后要通知所有相关部门和人员，通知方式最好是文件形式。

(二) 酒吧常用表格的设置

酒吧的表格设置是根据酒店的规模和各部门间的相互联系制订的，主要是为各项工作制订程序。常用的表格有饮品领料单、酒吧调拨单、饮食损耗报告单、营业用具盘点表、香烟销售报告、员工考勤表、宴会领（退）料登记表、营业成本分析表。

(三) 酒吧与其他部门的协调

1. 酒吧与餐厅的协调

酒吧是出品部门，与餐厅服务人员的协调非常重要，如果相互之间关系不协调，将会直接影响酒水销售。

(1) 所有酒水都必须按有效出品单调制，要求餐厅主管向服务人员讲解清楚出品酒水的程序并严格执行。在某些小型宴会上，出品酒水的形式常常是先借出后开单（宴会结束后），这道手续也可以与餐厅主管协商订立，定好后遵照执行。凡是服务人员要求无单出品或先出品后开单不符合程序的做法，需要和气地解释，既不能违反出品程序又不能争吵。

（2）错单与损耗的酒水。餐厅服务人员有时会开错出品单或翻倒（打碎酒瓶和杯子）酒水，这种情况只要餐厅经理签酒水损耗单认可就可以立即补出品给客人，不能延误时间，影响服务。

（3）营业时间。酒吧必须按照餐厅的营业时间保证出品供应，不允许提早收吧。

（4）短缺或卖完的酒水品种。在酒水单上印出的品种，如果有的品种仓库无货，要提前通知餐厅主管，请他告诉服务员，当客人点这种酒水时要客气地解释。如果有的品种售完了，要立即从仓库补充，以免客人点酒水没有这种酒水供应。

（5）特别推销品种。凡是推出的酒水特别推销品种，要将推出的日期、酒水名称及内容等详细资料预先通知餐厅主管，传达给服务员，以做好各项准备。

（6）客人退酒水。有两种情况：一是酒水有质量问题，经检查确定后可以立即更换，损耗由酒吧填饮食损耗报告单；二是由于出品时间长，客人已吃完了饭或因为赶车船、飞机等时间问题。发生后一种情况时，如果酒水可以再销售的，允许退单；不能再销售的，可由餐厅主管签饮食损耗报告单退单。

不论发生任何情况，都可以协商解决，酒吧与餐厅的工作协调目的是相同的，都是为了使客人满意和保证服务质量。

2. 酒吧与厨房的协调

酒吧与厨房的协调主要是食物与酒水的调拨及备料问题。厨房会经常因烹调菜肴从酒吧调拨一些酒水，酒吧也需要从厨房调拨一些食品，例如，水果、调味料、咖啡、奶油等，急用时可临时调拨，但最有效的方法是双方主管商定，各出一份月度用量表，厨房列出每月所用的酒水品种及数量，酒吧列出每月所用的食品品种及数量，交给对方，提前做好采购计划。

在使用器具上也会有这样的情形，例如，厨房使用的酒杯，酒吧使用的少量的碟碗，也需要预先将用量通知对方。

3. 酒吧的其他协调

（1）酒吧与食品酒水仓库的协调。酒吧每日要领用酒水，领用时间要尽可能选在食品酒水仓库每日较空闲的时间（以不影响酒吧营业为前提），并且提前几小时或前一个夜晚将领货单交到食品酒水仓库的货单收集箱中，让仓库工作人员有充足的时间去集中并分出各项品种。酒吧调酒师去检查库存货物时也要预先约定时间，在仓库不繁忙的时间进行。仓库如工作太忙，每两周出一次的酒水存货记录可提前或推迟做。

（2）酒吧与百货仓库的协调。百货仓库负责各类设备、固定资产及文具用品的发放，酒吧主要使用的是各种表格、记录簿、笔记本、文具用品，数量不多，可按需要商定每周领取一次。

(3) 酒吧与管事部的协调。管事部负责各种酒杯、用具的库存和营业时的清洗工作，酒吧在领用酒杯时要预先开领用单，约定时间领取。清洗工作也要协商好，因酒杯是透明的，清洁度要求很高，不但要洗净消毒，而且在光线下要看不到污点，要求在清洗时采取一些特别措施。

(4) 酒吧与成本会计的协调。成本会计负责每日到酒吧收取出品单，每月酒水盘点，出成本分析表、酒水用量表，计算各类食物、酒水成本。所有相互间的合作都要预先通知对方，约定时间进行。

(5) 酒吧与采购部的协调。酒吧所出的各项采购申请单，填写时一定要字迹清楚端正，要用中、英两种文字书写（因为有的采购员对酒水品种不熟悉）并注明使用日期，方便采购工作。采购部也要经常与酒吧联系，将采购不到的品种提前通知酒吧，以便选取代替的品种。

(6) 酒吧与收货部的协调。酒类品种鉴定需要专门的知识，所有酒水品种到货后应由收货部通知酒吧派出调酒师对各项品种的名称、规格和质量进行鉴定，核对购货申请单无误后才能验收。

所有各部门工作人员的协调都是建立在互相尊重、合作搞好工作的基础上的，并应以饭店的各项工作程序为原则，绝不可意气用事。

二、酒吧流程管理

利润是商业经营的基础，要获得利润需要有周密的计划，在计划的基础上实现对整个过程的控制，从而使经营成功。如果不能很好地控制成本，则不仅不可能获得利润，反而有可能连经营者的投资也丧失殆尽。酒水成本控制是酒吧经营者的主要职责之一，应制定酒水采购、验收、贮存、领发、生产和销售控制标准及程序，以期获取高额利润。

1. 酒水的采购管理

酒水采购控制的主要目的是保证酒水产品生产所需的各种配料的适当存货，保证各种配料的质量符合使用要求，保证按合理的价格进货。酒水采购控制的关键是确定标准和标准程序，诸如确定采购时间、品种、数量、价格和地点等内容。

在做出采购决策之前，酒吧管理者必须首先确定本企业的酒水需求量。各个企业的性质不同、顾客不同，因此每个企业需供应的酒水也不同。有些酒吧接待本地居民，根据其特点，主要供应国产啤酒、价格低廉或适中的果酒和烈酒；有的酒吧服务对象为中上等经济收入的商人，则可能供应进口啤酒、烈酒和高级果酒；豪华酒吧则一般只供应最高级别的酒水。

2. 酒水的验收管理

货物运到后，常会出现数量、品种、质量、价格上的出入，为了防止这类情况，杜绝采购人员的营私舞弊，管理者应另派人员进行验收控制。验收员的主要任务如下：

（1）核对到货数量是否与订单、发货票上的数量一致。饮料验收员在货物运到后，应根据订单核对发货票上的数量、牌号和价格。必须仔细清点瓶数、桶数或箱数。如按箱进货，验收员应开箱检查瓶数是否正确，如果验收员了解整箱饮料的重量，也可通过称重检查。

（2）核对发货票上的价格与订单上的价格是否一致。

（3）检查饮料质量。验收员应该通过烈酒的度数、酿酒年份、啤酒颜色等来检查酒水的质量是否符合要求。

如果运来的酒水不是企业订购的牌号，或出现到货数量不齐、瓶子破碎等问题，验收员应填写贷方通知单。如果没有发货票，验收员应根据实际收货数量和订单上的单价填写无购货发票收货单。

验收之后，验收员应在每张发货票上盖上验收章并签名，然后立即将酒水送到贮藏室。另外，验收员还应根据发货票填写验收日报表，然后送财会部，以便在进货日记账中入账。验收日报表清楚地列明了企业收到的各种酒水，这样酒水会计师和酒水管理员就能很容易地将验收日报表上的信息抄到存货记录表上。

要保证控制体系的效率和精确性，验收员必须在每天工作结束之前填写好酒水验收日报表。

在某些小型企业，每周只进货一次或两次，这类企业的验收员不必每天填写酒水验收日报表，所有进货成本信息可直接填入酒水验收汇总表，然后在某一控制期（1周、10天、1个月）期末再计算总成本。

3. 酒水的贮存管理

许多高级的酒类价格昂贵，为此要从数量管理上防止损耗，应贮存得法。因酒类极易被空气与细菌侵入，所以买进的酒如放置不妥、保存不当，可导致变质。

（1）建立酒窖。酒窖是贮存酒品的地方，酒窖的设计和安排应讲究科学性，这是由酒品的特殊性质决定的。有条件的酒吧须建立酒窖，以达到合理贮存的目的。理想的酒窖应符合下述几个基本要求：

①有足够的贮存空间和活动空间。酒窖的贮存空间应与企业的规模相称，地方过小自然会影响到酒品贮存的品种和数量。而且，长存酒品和暂存酒品应分别收藏，贮存空间要与之相适应。

②通气性良好。通风换气的目的在于保持酒窖中较好的空气，酒精挥发过多而空气不流畅，会使易燃气体聚积，这是很危险的。

③保持环境干燥。酒窖相对干燥的环境可以防止软木塞霉变和腐烂，防止酒瓶商标脱落和质变，但是，过分干燥则会引起酒塞干裂，造成酒液过量挥发。

④隔绝自然采光照明。自然光线尤其是直射日光容易引起酒病的发生，自然光线还可能使酒氧化过程加剧，造成酒味寡淡、酒液浑浊、变色等。酒窖最好采用灯泡照

明，其强度应适当控制。

⑤防震动和防干扰。震动干扰容易造成酒品的早熟，有许多娇贵的酒品在长期受震后（如运输震动）常需“休息”两个星期，方可恢复原来的风格。

⑥有恒温条件。酒品对温度的要求是苛刻的。例如，葡萄酒的正常贮存温度为10～14℃,最高不要超过24℃，否则名贵葡萄酒的风格将被破坏。啤酒的最佳贮存温度是5～10℃，温度过低酒液浑浊，温度过高则酒花香将逐渐消失。

除此之外，酒品的堆放方式也有一定的讲究。凡软木塞瓶子，主要横置，横放的酒瓶，酒液浸润软木塞，起着隔绝空气的作用，它是葡萄酒的主要堆放方式。凡蒸馏酒品，大多数要竖立，以便酒液挥发，降低酒精含量。在有条件的情况下，陈放25年以上的高级名贵酒品应采取换塞等措施，否则将会前功尽弃。

另外，贮藏区域的排列方法非常重要，同类饮料应存放在一起，以便于取酒。贮藏室的门上可贴一张平面布置图，以便有关人员找到所需的酒。要保证能在某一个地方找到同一种饮料，贮藏室可使用存料卡。

（2）存货控制。酒水存货记录一般由酒水会计师保管，而不能由酒水管理员或酒吧服务员保管。酒水会计师应在每次进货或发料时做好记录，反映存货增减情况。这种记录称作永续盘存记录，它是酒水存货控制体系中一个不可缺少的部分。

企业可使用卡片或永续盘存表，也可使用装订成册的永续盘存记录簿。

存货中的每种饮料都应有一张永续盘存表。如果使用代号，永续盘存表应按代号数字顺序排列。收入单位数据根据验收日报表或贴在验收日报表上的发货票填写，发出单位数据则根据领料情况填写。如果一个饭店拥有几个酒吧，则在此表基础上扩大即可。每个酒吧领料时，都要填写领料单，可保存给每个酒吧发料数量的记录，以便查明瓶酒短缺等问题。

每月月末酒水会计师应在酒水管理员的协助下实地盘点存货，将实地盘存结果与永续盘存表中的记录进行对比，有助于发现差异。如果差异不是由盘点错误引起的，则很可能是由偷盗造成的，酒水会计师应立即报告管理人员，以便及时采取适当的措施。

4. 酒水的领发管理

（1）酒水领发程序：

①下班之前，酒吧服务人员将空瓶放在酒吧台上。

②酒吧服务人员填写饮料领料单，在第一栏记需领用的酒水名称，在第二栏记空瓶数，在第三栏记每瓶酒的容量。

③酒吧经理根据领料单核对酒吧的空瓶数和牌号，如果两者相符，应在“审批人”一行签名，表示同意领料。

④酒吧服务人员将空瓶和领料单送到贮藏室，酒水管理员根据空瓶核对领料单上的数据，并逐瓶用瓶酒替换空瓶，然后在“发料人”一行签名；同时，服务人员在

“领料人”一行签名。

⑤为了防止员工用退回的空瓶再次领料，酒水管理员应按规定处理空瓶。

⑥酒水管理员在第四栏填入各种饮料的单价，并求出单价和发出瓶数的乘积，填入第五栏。然后，在“总瓶数”与“总成本”两行分别填入各种酒水发出瓶数之和与各种饮料小计数之和。

（2）酒瓶标记。在发料之前，酒瓶上应做好标记。对于单一酒吧，可在瓶酒存入贮藏室时做好标记；而对于拥有许多酒吧的饭店而言，酒瓶标记是在发料时才做的，每个酒吧均可采用不同的标记。

通常情况下，酒瓶标记是一种背面有胶粘剂的标签或不易擦取的油墨标记，标记上有不易仿制的标识、代号或符号，这样可以防止服务人员将自己的酒带入酒吧出售，然后自留现金收入；同时，酒瓶标记正确标明发放日期，如果某一销量很好的品种在酒吧滞留时间很长，管理人员可以据此检查，及时发现问题，堵住漏洞。另外，如果酒店有几个酒吧并且独立核算成本，则标记还可以区别是发往哪一个酒吧的，以减少酒品发放的混乱。

（3）酒吧标准存货。为了便于了解每天应领用多少材料，每个酒吧应备有一份标准存货表。假设某种牌号的苏格兰威士忌酒的标准存货为 4 瓶，那么酒吧在开业前就应有 4 瓶这种威士忌酒。规定酒吧标准存货数量，可保证酒吧各种材料存货数量固定不变，以便于控制供应量。

酒吧标准存货与贮藏室（酒窖）标准存货不同，前者应列明各种酒水的精确数量和每瓶酒水的容量。不同类型酒吧的标准存货数量相差很大，但无论哪种酒吧，都应根据使用量来确定标准存货数量，并随顾客需求量的变化改变标准存货数量。顾客饮酒习惯的变化、季节的变化，或在某一天有特殊事件，都会引起需求量的变化。酒吧标准存货数量既要保证满足需求，又不能存货过多。

对于特殊用途酒吧（如宴会酒吧），应备有足够的酒水，以便满足整个宴会的需要。一般来说，贮藏室发给特殊用途酒吧的酒水数量应高于需求用量，宴会结束后再将剩余酒水退回贮藏室。为防差错，在领（发）料工作中常使用宴会领料单。

宴会领料单通常由宴会经理填写。宴会经理将领料单交给酒水管理员之后，由酒水管理员在宴会酒吧布置好的时候将酒水发放给酒吧服务员。宴会领料单上还应有“增发数量”一栏，记录酒吧增领酒水数量。宴会结束后，最好由另一人核对所有整瓶酒水、剩余部分酒水的瓶子和空瓶，并计算实际使用量，计入酒水成本。未用完的酒水应退回贮藏室，永续盘存表和存料卡则应根据宴会酒吧领料单的“耗用数量”一栏数字填写。

有的酒吧主要销售瓶酒，这些酒吧应采用其他控制程序，应保存一定数量销路最广的酒水，这样酒吧服务员就不必在顾客每次点酒之后去酒窖领酒。服务员从酒吧取酒，送给顾客之后，便无法回收空瓶换新酒使第二天酒吧存货恢复标准数量，因此，许多酒吧对瓶酒销售采用了一些其他控制措施，例如，要求酒吧服务员每售出一瓶酒就在瓶酒销售记录单上做好记录。

三、酒吧服务与管理的要素

酒吧一般都是小巧玲珑的，但要精心设计才能正常运转。例如，酒橱、调酒台、洗涤槽等，要安置在适当地方，吧内必须留有一定空间，以使两人并行而不影响调酒师的操作。冰箱、贮藏室、制冰机等也都要固定在一个方便使用的地方，这样使用时才能得心应手。

酒吧除了需有必要的设施外，还非常注重酒吧的服务。对此，不仅酒吧工作人员必须注意服务质量，即使作为顾客也应对其有所了解。

1. 礼节、礼貌

讲究礼节、礼貌是每个酒吧从业人员所必须具备的重要的职业基本功之一。礼节、礼貌体现了酒吧对待宾客友好的基本态度，同时也反映了酒吧从业人员自身的文化涵养和职业素质。礼节、礼貌就是酒吧从业人员通过自身的语言、行为向来酒吧消费的宾客表示欢迎、尊重、热情和感谢的形式。酒吧服务人员的礼节、礼貌程度直接影响酒吧的服务质量，影响宾客的消费活动，最终影响整个酒吧的经济效益。

(1) 礼节、礼貌体现在外表上，就是酒吧从业人员要衣冠整洁，注重服饰发型，讲究仪容仪表，在外观形象上给宾客以稳重、大方、美观、和谐、诚信的感受，显现出干净利落、精神焕发的面貌。酒吧从业人员切忌浓妆艳抹，与宾客争艳斗俏。

(2) 礼节、礼貌体现在语言上，就是酒吧从业人员要注意在服务过程中讲究语言艺术，谈吐文雅，委婉谦虚，注意语气语调，应答自然得体。服务语言是酒吧从业人员完成服务工作，提供最佳服务的基本条件，它标志着一个酒吧的服务水平，也反映了酒吧从业人员的精神状态和文明程度，是酒吧向宾客提供优质服务的最佳媒介。

(3) 礼节、礼貌体现在行为上，就是酒吧从业人员要做到和蔼可亲、彬彬有礼、举止文明，在对客服务的过程中站立、行走都要保持正确的姿势，整套服务动作要轻盈和谐，并注意行为举止符合服务规范。

2. 服务态度

每家酒吧的工作，都是为宾客提供酒水服务，从外观上看，似乎是一样的，并没有什么太大的区分，然而，不同的服务态度却会使宾客对酒吧产生截然不同的感受和评价。真诚地面对每一位宾客，是服务性行业从业人员最重要的职业素质。在服务过程中对宾客保持热忱的态度，是不应以任何先决条件为前提的。良好的服务态度会使宾客产生真诚感、亲切感和被尊重的感受，会让宾客真正获得“上帝”的感觉。具体来讲，对宾客服务就要将“主动、热情、耐心、细致周到”的服务“十字方针”具体落实到行动中，在整个服务过程中始终以笑脸迎接宾客，以真诚感染宾客，力戒矫揉造作。

3. **服务效率**

服务效率是指酒吧从业人员向宾客提供某项服务时宾客愿意等待的满意时间限制。例如，宾客落座后，要等待多长时间才能饮用自己所要的酒水；当宾客需要某款鸡尾酒时，调酒师需要多长时间才能将该款酒水调制完毕等。服务效率在酒吧服务质量评判标准中占有重要的地位，日常经营告诉人们，酒吧服务工作中最容易引起宾客投诉的因素有两个：一是服务态度；二是服务效率。当酒吧能够解决好这两个方面的问题后，即使酒吧还存在其他不完善的地方，也同样会赢得宾客的好感，从而弥补其他方面的不足。在这里需要指出的是，酒吧在强调从业人员的服务效率之前，必须将本酒吧的各项服务程序质量化、标准化、数量化，也就是说，将无形的服务有形化。酒吧的经营者一定要向员工提供一整套本酒吧服务程序的时间参数，作为提高服务效率的依据，以便管理人员及时对员工的服务效率情况进行有效的测评。

4. **服务项目**

酒吧服务项目的设置，在符合国家政策和法律的范围之内一定要尽可能地满足、适应宾客的消费与享乐需要。只要宾客的需求正当，酒吧就应努力满足，就应努力设立相应的服务项目。当然，酒吧服务项目的设立必须以讲究实效为基础，不要无需而设，以博其名。凡是酒吧设立的服务项目，都要无条件地保证提供，并做到名副其实。酒吧在设置服务项目时，必须考虑两方面的因素：一是要考虑宾客的便利，二是要考虑是否细致、周到。在设立满足宾客基本需求的服务项目时，还要尽可能设立能够满足宾客特殊需求的服务项目，为宾客的消费提供更加便利的服务。

5. **服务环境**

环境和气氛是酒吧优质服务的组成部分，酒吧一定要以环境和气氛赢得客源市场的青睐。对于酒吧来讲，环境和气氛更是有力的推销手段，可以影响宾客的消费心情以及消费行为，从而加速或延缓宾客在酒吧的消费，对酒吧的收入有着最为直接的影响。一家酒吧的气氛是在多种因素的相互制约与协调下形成的，它包括酒吧的装潢、座位的摆设与形式、酒吧的面积与形状、酒吧的清洁卫生、音响、光线、客流量以及服务人员、其他宾客阶层构成等多种因素。

6. **服务技能**

酒吧服务人员娴熟的服务技能是服务质量水平的最佳体现，服务技能由服务技术和服务技巧两部分组成。

酒吧服务技术包括操作技术、制作技术和专业技术 3 个方面。操作技术是指接待操作的能力和经验以及各种直接服务行为的具体操作，如酒吧迎宾的操作（问候、引领、介绍等）。制作技术是指酒吧内有形产品的制作技术，如酒吧调酒师的操作（鸡尾酒的调制、水果拼盘的制作等）。专业技术是指其他行业的专门技术，如酒吧调音师的操作等。酒吧的各种服务技术，都要有一定的数量标准、质量标准和效率标准，并应设立相对应的服务操作规范程序，以便酒吧管理人员调控。

酒吧服务技巧是指酒吧从业人员为达到良好的服务效果，针对不同的服务对象而灵活掌握的服务接待能力。这种能力的具备，在酒吧的服务工作中有着极其重要的现实意义，酒吧的服务对象是人，而人是世界上最为复杂的，来酒吧消费的人具有不同的心理特征，如果单纯地依靠服务规程很难满足每一位消费者的消费需求，更谈不上优质的服务。因此，灵活应对消费者就显得尤为重要。

7. **酒水质量**

酒水是酒吧向宾客提供优质服务的依托。宾客来酒吧消费，除了感受酒吧良好的环境氛围以外，更多的还在于品味美酒琼浆。酒水质量的好坏，在很大程度上与酒吧向宾客展示诚信经营的态度和酒吧调酒师技术能力的展现有关。酒吧酒水的品种，应视酒吧产品组合的特点，尽可能做到品种口味的多样化。调酒师还要善于根据客源的构成、宾客的口味和喜好，按照不同的季节提供多样化的饮品，做到色、香、味、形、器俱佳。

8. **安全保障**

保证消费者的人身与财产安全是酒吧经营服务的重要环节。在酒吧，宾客构成的复杂性以及酒水消费的特点，使加强安全保障工作显得尤为重要。酒吧必须建立、健全严格的安全保障制度，配备符合国家消防安全规定的消防设施设备，增强防火、防盗以及防止聚众斗殴事件发生的意识，使宾客在酒吧消费期间切实获得安全感。

9. **服务过程规范化、业务管理科学化**

服务质量的优劣是酒吧管理水平的综合反映，而管理水平又是服务质量得以提升的有效保证。服务的规范化是指酒吧应制定并有效执行一整套有关酒吧服务和质量的规格、程序和标准。业务管理的科学化是指科学地组织和协调酒吧的经营活动和服务工作。坚持规范化的服务和科学化的业务管理，有利于形成酒吧良好的店风、经营传统与经营理念。

10. **服务设施、设备**

酒吧服务设施、设备是保证酒吧正常运转的必需物质条件。服务设施、设备的质量直接影响酒吧的服务规格和宾客的消费需求，是酒吧服务质量的直接体现。所以，制定酒吧服务设施、设备标准，要坚持以技术上先进、经济上合理、满足宾客的消费需求为原则。酒吧必须能够给宾客带来舒适的感受，只有这样才能吸引并留住宾客。

四、酒水的生产管理

在消费之前，顾客对某种酒水的味道通常已有所了解，例如，点威士忌酸的顾客，根据经验已经知道熟练的酒吧调酒师会用威士忌、柠檬汁和糖水调配威士忌酸的味道和颜色，如果这种混合酒不符合顾客的期望，顾客就会不满、投诉，甚至不再来消费，因此，酒吧必须承认和接受顾客的某些期望标准和酒水调配标准，并制定程序，保证所提供酒水符合这些标准。酒吧管理人员必须做好酒水配制过程中各种成分用量和比例的控制，并确定每杯酒水的容量标准，使每杯酒水都符合顾客的期望。

制定和执行这些标准，也是一种酒水成本控制方法。

酒水标准化管理包括配方、用量、载杯、酒牌、操作程序和成本的标准化。酒吧经理必须制定行之有效的生产标准。

1. 配方的标准化

建立标准配方的目的是使每一种酒水都有统一的质量，使酒吧提供的酒水在口味、酒精含量和调制方法上具有一致性。标准配方应是经多次试验并经顾客与专家品尝评价后以文字方法记录下来的配方，一旦确定，便不能随意更改。调酒师有一定的权力对配方做一些小的变更以满足不同客人的要求，但这种变化不应太大。

另外，即使是同一种酒水，因为用量、比例不同，其每杯成本也不同。

对于混合酒，一种酒可能会有比例不同的多种配方，这就要求管理人员确定所有混合酒的标准配方。最常见的做法是挑选一份配方，供酒吧使用。也有许多酒吧特别是联号公司，专门编印一本配方指南。无论是哪种做法，标准配方不仅包括酒水的用量，而且包括所有其他成分的用量、冰的形状和大小，以及调制鸡尾酒的方法和服务方法说明。

从控制的角度说，标准配方是极为有用的，它是成本控制的基础，可以有效地避免浪费。

2. 用量的标准化

要做好酒水生产控制，管理人员应首先确定各种酒水中成本最高的成分——酒水的用量标准。酒水用量控制包括确定酒水用量及提供量酒工具两方面。

（1）确定酒水用量。配制大部分酒水需使用一种烈酒和其他辅料，酒吧经理必须根据酒吧的特点确定烈酒这一高价成分的用量标准。每个酒吧的用量不同，有的酒吧烈酒的用量标准只有3/4盎司，而有的却高至2盎司。

（2）提供量酒工具。酒吧经理在确定烈酒用量标准之后应为酒吧服务员提供量酒工具，诸如量杯、倒酒器和酒水自动分配系统，以便调酒师能精确测量酒水用量。

3. 酒牌的标准化

酒吧应使用标准牌号的酒，其道理很简单，因为这是控制存货和向客人提供稳定质量酒水的最好方法之一。假如客人指定某一牌子的威士忌配制酒水，而酒吧使用了低质量的酒来代替它，这将使客人感到不满意，虽然也许当时只有这种低质量的酒供应，但顾客是不会对这种替代品感到满意的。标准配方的制定，是满足客人的要求和产生利润的重要方法。但若无标准牌号，也就没有标准配方。目前有许许多多的酒精饮料和软饮料生产商和经销商，他们很想进入酒吧销售渠道，这就要求管理层在采购时做出正确选择。可以肯定，经营者不可能使市场上每一种牌号的酒都出现在自己的酒吧，所以要根据顾客的需要安排进货，但进货量不应太大，这样便可以根据市场变化及时调整订购计划。

4. 载杯的标准化

除了控制调配每杯酒水所需烈酒的用量之外，酒吧经理还需控制每杯酒水的容量。在服务时使用标准化酒杯，可简化容量控制工作。酒吧经理应确定每杯酒水的容量，并为酒吧服务员提供适当的酒杯。

酒杯的形状和大小多种多样，因此，酒吧经理应具体规定各种酒水应使用的酒杯。例如，在某个酒吧，所有鸡尾酒都使用 2. 5 盎司的高脚鸡尾酒杯，服务员所供应的每杯鸡尾酒不可能超过 2. 5 盎司，这样，酒吧经理就能有效控制每杯酒水的容量。

要有效地搞好容量控制，酒吧必须采购适当大小的酒杯。管理人员须根据目前或预期顾客的爱好，确定需使用哪几种类型的酒杯，然后确定每杯酒水的容量。采购人员必须根据管理人员规定的容量标准购置酒杯。低档酒吧可能只需要四五种不同类型和不同大小的酒杯，但高档酒吧可能需要 10 ~ 15 种不同类型和不同大小的酒杯。管理人员必须使酒吧服务员了解斟哪一种酒应使用哪一种酒杯。

5. 操作程序的标准化

标准操作程序是系统管理餐饮业的一种手段，实施标准操作程序可以保证酒吧服务与产品质量的一致性。员工进入酒吧后，必须了解酒吧是如何经营的，为什么要这样经营，而后要根据管理部门建立的统一操作程序接受培训，这样才能在服务过程中有一个统一的标准，使所有顾客在所有的时间都能得到统一的服务和产品。

6. 每杯酒水成本的标准化

确定标准配方和每杯的标准容量之后，就可以计算任何一杯酒水的标准成本了。

（1）纯酒的标准成本。

①方法一：

每瓶酒实际所斟杯数 = 瓶酒容量/每杯纯酒标准容量 - 允许溢出量

每杯纯酒的标准成本 = 瓶酒成本（购进价）/杯数

在任何一个酒吧，酒吧服务员都不可能将酒瓶中的酒倒尽。在营业过程中，酒水总会发生一些蒸发，另外，服务员在服务过程中也会造成一些浪费，所以，经理应规定每瓶酒可允许的溢出量。

②方法二：

每盎司成本 = 瓶酒成本（购进价）/瓶酒盎司数 - 允许溢出量（盎司数）

每杯纯酒的标准成本 = 每盎司成本 × 每杯纯酒标准用量

在确定每杯纯酒的标准成本之后，应填写标准成本记录表。酒水购价变化之后，应重新计算每杯纯酒的标准成本。这样，酒吧管理者就能够始终了解每杯纯酒最新的标准成本了。

（2）混合饮料的标准成本。

混合饮料通常需要使用几种成分的酒水，因此，混合饮料的成本一般高于纯酒。

只有了解了每杯混合饮料的标准成本，酒吧管理者才能确定合理的售价。

混合饮料的标准成本是标准配方中每一种成分的标准成本之和。

7. 每杯酒水售价的标准化

确定并列出每杯标准容量酒水的标准成本之后，管理人员需要列出各种酒水的每杯售价，酒水会计师应保存一份完整的价目表。

酒水价目表的形式多种多样，最简单、最好的做法是在混合酒的标准配方细目和成本计算表、售价记录表上再增加“每杯售价”一栏。

每个酒吧都必须制定每杯酒水的标准售价，以便服务员正确报价，并防止顾客与服务员发生争论。当然，售价不是一成不变的，它要随着酒水成本的改变、顾客需求的变化等因素相应调整。确定每杯酒水标准售价的最重要目的是保证酒吧所售出的每杯酒水的成本率都和计划成本率一致，这样，酒吧管理人员就能够在计划工作中确定每增售一杯酒水对酒吧毛利额的影响。

有时，特别是在饭店客房送餐服务中，顾客会从酒吧购买整瓶酒，整瓶酒的售价通常低于一瓶酒按杯出售时的售价，因此，管理人员最好单独记录瓶酒的成本和售价。

许多酒吧供应的酒水品种繁多，管理人员应该给酒吧服务员一份价目表，以便他们正确地向顾客收费。

酒吧管理者在制定价格的同时还须考虑价格对销量的影响，销量对价格的变化是很敏感的，正常情况下，价格上升每份酒水的毛利上升，但是销量就会减少。

对酒吧而言，需求不仅受酒水价格影响，而且与酒水的质量以及酒吧服务水平、装饰环境等因素关系密切，要考虑顾客选择酒吧时可以接受的最低价格是多少，以及多高的价格会失掉顾客。很多酒吧是在需求对价格变化很敏感的竞争环境中经营的，这就需要酒吧管理者了解竞争形势，做出需求与价格灵敏度的预测，使价格调整到最适宜的程度。

五、酒水的销售管理

酒水的销售控制是很多酒吧管理的薄弱环节。一方面，管理人员缺乏应有的专业知识；另一方面，酒水销售成本相对较低，利润较高，少量的流失或管理的疏漏并不能引起管理者足够的重视。因此，加强酒水销售的管理，首先，管理者要更新观念，牢固树立成本控制的意识。其次，管理者要不断钻研业务，了解酒水销售过程和特点，有针对性地采取相应的措施，从而达到酒水销售管理和控制的目的。

酒吧经营中常见的酒水销售形式有 3 种，即零杯销售、整瓶销售和混合销售。这 3 种销售形式各有特点，管理和控制方式也各不相同。

1. 零杯销售

零杯销售是酒吧经营中常见的一种销售形式，销售量较大，它主要用于一些烈性酒如白兰地、威士忌等的销售，葡萄酒偶尔也会采用零杯销售的方式。销售时机一般在餐前或餐后，尤其是餐后，客人用完餐喝杯白兰地或餐后甜酒，一方面可以消磨时间，相聚闲聊，另一方面帮助消化。零杯销售的控制，首先必须计算每瓶酒的销售份额，然后统计出每一段时期的总销售数，采用还原控制法进行酒水的成本控制。

由于各酒吧采用的标准计量不同，各种酒水的容量不同，在计算酒水销售份额时首先必须确定酒水销售标准计量。目前酒吧常用的计量有每份 30 毫升、45 毫升和 60 毫升 3 种，同一饭店的酒吧在确定标准计量时必须统一。标准计量确定以后，便可以计算出每瓶酒的销售份额了。以人头马 V. S. O. P 为例，每瓶的容量为 700 毫升，每份计量设定为 1 盎司（约 30 毫升），计算方法如下：

$$\text{销售份额每份计量} = \frac{\text{每瓶酒容量} - \text{溢损量}}{30} = \frac{700 - 30}{30} \approx 22.3\ (\text{份})$$

计算公式中的溢损量，是指酒水存放过程中自然蒸发损耗和服务过程中的滴漏损耗，根据国际惯例，这部分损耗控制在每瓶酒 1 盎司左右被视为正常。根据计算结果，可以得出每瓶可销售约 22 份，核算时可以分别算出每份或每瓶酒的理论成本，并将之与实际成本进行比较，从而发现问题并及时纠正销售过程中的差错。

零杯销售的关键在于日常控制，日常控制一般通过酒吧酒水盘存表（见图 7－8）来完成，每个班次的当班调酒员必须按酒吧酒水盘存表中的要求对照酒水的实际盘存情况认真填写。

酒吧酒水盘存表

酒吧________________　　　　　　　　日期________________

编号	品种	早班					晚班						备注
		基数	调进	调出	售出	实际盘存	基数	领进	调进	调出	售出	实际盘存	

制表________________

图 7－8　酒吧酒水盘存表

酒吧酒水盘存表的填写方法是，调酒员每天上班时按照表中品名逐项盘存，填写存货基数，营业结束前统计当班销售情况，填写售出数，再检查有无内部调拨，若有则填上相应的数字，最后，用“基数＋调进数＋领进数－调出数－售出数＝实际盘存数”的方法计算出实际盘存数并填入表中，将此数据与酒吧存货数进行核对，以确保账物相符。酒水领货按惯例一般每天一次，此项可根据酒店实际情况列入相应的班次。管理人员必须经常不定期检查盘存表中的数量是否与实际贮存量相符，如有出入，应及时检查，及时纠正，堵塞漏洞，减少损失。

2. **整瓶销售**

整瓶销售是指酒水以瓶为单位对外销售，这种销售形式在一些大酒店和营业状况比较好的酒吧较常见，而在普通档次的酒店和酒吧较为少见。一些酒店和酒吧为了鼓励客人消费，通常采用低于零杯销售10% ~20%的价格对外销售整瓶酒水，从而达到提高经济效益的目的，但是，由于差价的关系，往往也会诱使觉悟不高的调酒员和服务员相互勾结，把零杯销售的酒水收入以整瓶酒的售价入账，从而中饱私囊。为了防止此类作弊行为的发生，减少酒水销售的损失，整瓶销售可以通过整瓶酒水销售日报表（见图7－9）来进行严格控制，即每天将按整瓶销售的酒水品种和数量填入日报表，由主管签字后附上订单，一联交财务部，一联酒吧留存。

整瓶酒水销售日报表

酒吧________　　班次________　　日期________

编号	品种	规格	数量	售价		成本		备注
				单价	金额	单价	金额	
调酒员________						主管________		

图7－9　整瓶酒水销售日报表

另外，在酒店各餐厅的酒水销售过程中，国产名酒和葡萄酒的销售量较大，而且以整瓶销售居多，这类酒水的控制也可以利用整瓶酒水销售日报表，或者直接使用酒吧酒水盘存表。

3. **混合销售**

混合销售通常又称配制销售或调制销售，主要指混合饮料和鸡尾酒的销售。鸡尾酒和混合饮料在酒水销售中所占比例较大，涉及的酒水品种也较多，因此，销售控制的难度也较高。

酒水混合销售的控制比较复杂，有效的手段是建立标准配方，标准配方的内容一般包括酒名、各种调酒材料及用量、成本、载杯和装饰物等。建立标准配方的目的是使每一种混合饮料都有统一的质量，同时确定各种调配材料的标准用量，以便加强成本核算。标准配方是成本控制的基础，不但可以有效地避免浪费，而且可以有效地指导调酒员进行酒水的调制操作，酒吧管理人员则可以依据鸡尾酒的配方采用还原控制法实施酒水的控制，其控制方法是先根据鸡尾酒的配方计算出某一酒品在某段时期的使用数量，然后按标准计量还原成整瓶数。计算方法是：

酒水消耗量 = 配方中该酒水用量 × 实际销售量

以干马天尼为例，其配方是金酒 2 盎司、干味美思 0.5 盎司，假设某一时期共销售干马天尼 150 份，那么，根据配方可算出金酒的实际用量为：

2 盎司 × 150 份 = 300 盎司

每瓶金酒的标准份额为 25 盎司，则实际耗用整瓶金酒数为：

300 盎司 ÷ 25 盎司/瓶 = 12 瓶

因此，混合销售完全可以将调制的酒水分解还原成各种酒水的整瓶耗用量来核算成本。

在日常管理中，为了准确计算每种酒水的销售数量，混合销售可以采用鸡尾酒销售日报表（见图 7－10）进行控制，每天将销售的鸡尾酒或混合饮料登记在日报表中，并将使用的各类酒品数量按照还原法记录在酒吧酒水盘存表上，管理人员对两表中酒品的用量进行核对，并与实际贮存数进行比较，检查是否有差错。

鸡尾酒销售日报表

酒吧＿＿＿＿＿＿＿＿ 班次＿＿＿＿＿＿＿＿ 日期＿＿＿＿＿＿＿＿

品种	数量	单位	金额	备注
调酒员＿＿＿＿＿＿＿＿			主管＿＿＿＿＿＿＿＿	

图 7－10 鸡尾酒销售日报表

鸡尾酒销售日报表也应一式两份，由当班调酒员、主管签字后一份送财务部，一份酒吧留存。

总之，酒水的销售控制虽然有一定的难度，但只要管理者认真对待，做好员工的思想工作，建立完善的操作规程和标准，酒水的销售控制是可以做好的。

六、酒水的损耗管理

在酒品的销售过程中，损耗是必不可少的，它通常是由于调酒师不适当地调制酒品或是服务员操作失误等造成的，它会削减酒吧的利润。如果实行一系列的标准化管理，便可以使损失降到最低。另外，掌握测量损失的方法也是必不可少的控制手段，一旦损失危害了利润，便可检查出来并予以解决。通常情况下，酒吧采用 3 种测量方法来控制损耗。

1. 成本百分比法

在指定的时间内，比较消耗与消费的酒品成本，得出的百分比数字再与标准的成本百分比进行比较。这一方法要求酒吧应有营业前后的实际库存数据，以及营业期内的酒品购入量。

（1）求出指定时期内可供销售的酒品值 X：X = 营业前库存值 + 购进值。

（2）求出指定时期内消耗酒品的成本：成本 = X - 营业后库存值。

（3）求出指定时期内酒吧成本百分比：酒吧成本百分比 = 消耗酒品成本 ÷ 总销售值。

因为啤酒、葡萄酒和烈酒的成本不同，所以必须分别计算它们的成本百分比（成本百分比 = 成本 ÷ 售价），将计算结果与计划的或标准的成本百分比相比较，也可以与前期的同类数字相比较。如果高于标准成本百分比0.5%，则应找出原因。为了及时查找原因，酒吧管理者应每天或每星期核对库存量，计算成本百分比。

2. 盎司法

盎司法与成本百分比法的原理相同，只是用盎司数来测量浪费的数量。

（1）计算出消耗盎司量

消耗盎司量 = 营业前库存量 - 营业后库存量

（2）求出销售的盎司总量

根据账单，先计算出每一类酒品的销售次数，然后分别与每一种酒品的盎司数量相乘，便得到每一类酒品的盎司量，最后将各类酒品盎司量加总，便得到销售的盎司总量。

（3）求出浪费的数量

浪费数量 = 消耗的盎司量 - 销售的盎司量

每个酒吧对浪费数量都有一个允许的范围，据此标准衡量，将浪费控制在最低点。

3. 潜在销售值法

所谓潜在销售值就是没有任何浪费的理想销售值，可以利用标准的酒品数量、零售价和每瓶酒的容量来计算。例如，某一种酒品标准用量为每份1盎司，售价20元，每瓶容量是33.8盎司，那么每瓶潜在的销售值应该是676元，但是，实际情况要复杂得多。大部分酒吧销售多种饮品，价格也不一样。所以，潜在的销售值要根据诸多变量来判断，只能采取加权平均法计算近似值。下面以金酒为例说明，假设某酒吧供应3种含有金酒的混合酒：

（1）求出每份金酒的平均量

酒名	销售份数	销售量（盎司）
Gimlet（1.5盎司）	10	15
Martini（2盎司）	40	80
Gin Tonic（1.5盎司）	12	18
总计	62	113

每份金酒的平均用量 = 113 盎司 ÷ 62 份 ≈ 1.82 盎司/份。

（2）求出每瓶金酒所卖份数

每瓶金酒所卖份数 = 33.8 盎司 ÷ 1.82 盎司/份 ≈ 18.57 份。

（3）求出每份金酒的平均售价

酒名	销售份数	销售额（元）
Gimlet（10 元）	10	100
Martini（15 元）	40	600
Gin Tonic（10 元）	12	120
总计	62	820

金酒平均售价 = 820 元 ÷ 62 份 ≈ 13.23 元/份。

（4）求出每瓶金酒的潜在销售值

每瓶金酒的潜在销售值 = 13.23 元/份 × 18.57 份 ≈ 245.68 元。

随后，我们与实际销售值做比较，理想情形下，实际销售值应与潜在销售值相等。用加权平均法计算的潜在销售值是在瓶装烈酒成本、售价保持不变的前提下进行的，一旦发生变化，还须重新计算。

七、对酒吧员工的行为进行控制

酒吧服务几乎都是手工操作，机械化生产非常少，绝大多数原材料为液体，难以管理控制。因此，必须努力提高调酒师的职业道德素质，加强对酒吧员工行为的控制，防止舞弊行为发生。常见的员工舞弊行为及其防范措施有：

（1）调酒师故意少斟酒，把克扣酒水的销售收入装入自己的腰包。对此，管理人员要求调酒师使用标准量酒器或采用自动化量酒设备（如挂墙式量酒器等）。

（2）调酒师稀释烈酒，使每瓶酒多斟几杯，从而私吞额外的收入。管理人员应经常检查酒水，可观其色、闻其香、尝其味，还可通过征询客人的意见从而发现和分析问题。

（3）调酒师将“整瓶酒”分作数次“零售”，却当作“整瓶出售”记账，私吞差额款项。管理人员应实行有效的现金收入管理制度和酒水成本控制管理制度。

（4）调酒师自带瓶酒在酒吧内出售，酒吧应使用酒瓶标记，以预防员工“偷梁换柱”。

（5）调酒师在客人点指定品牌的酒水时只提供质量较差的同类型酒水，却向客人收取指定品牌档次高的酒水的价格，贪污差额。管理人员应当要求在点单时写清楚客人点叫的酒水品牌名称、档次，严格凭点酒单收费。

（6）调酒师随意将酒水赠送亲友，酒吧应严格执行无免费提供酒水的规定。

（7）调酒师与服务员串通勾结，售酒不入账，私分钱款。酒吧应实行员工轮班制，并严格实施酒水成本控制管理制度。

（8）调酒师向管理者谎报不慎翻倒酒水或客人退货等情况。对此，酒吧必须规定，客人退回的酒水必须在管理人员检查后方可处理；对经常报告翻倒酒水或遭客人退货的调酒师，应加强培训和教育。

（9）调酒师更改客人的账单，或在客人点酒水时再次使用点过同样酒水的账单。管理人员应严格执行点单制度，注意核对账单联。

（10）调酒师工作时私自饮用酒吧内的酒水。管理人员应严格执行员工手册中的规定，并严加检查管理。

场景回顾

酒吧经营成功与否，影响因素甚多，关键在于酒吧服务与管理人员能否按酒吧规定的服务程序及技巧服务或管理，另外，掌握酒会的筹划与管理，熟悉酒吧的营销知识、酒水的成本控制方法，同时加强调酒师道德素质教育，也尤为重要。

项目小结

本项目通过对酒吧及酒吧组织结构及各岗位职责、酒吧的服务与管理等基本知识的阐述，强调酒吧从业人员只有具备了娴熟的服务技巧，掌握酒吧各项服务与管理的流程与环节，包括熟悉酒会的筹划与管理、酒单制作、酒吧的策划与设计、酒吧营销、酒吧日常管理与酒水成本控制等知识，才能达到使宾客满意、企业获得良好经济效益的目的。

思考练习题

一、填空题

1. 酒吧吧台有________、________、________3 种基本形式。
2. 按照酒吧的经营特色，酒单可分为______、______、______、______、______。
3. 酒会酒吧的设置形式分为________、________、________和豪华酒吧。
4. 考虑需求特征的定价方法有________、________、________、________。
5. 酒水标准化管理包括________、________、________、酒牌、操作程序和成本的标准化。

二、单项选择题

1. 酒吧是提供（　　），以营利为目的，从事有计划经营的一种经济实体。

   A. 服务及菜肴　　B. 菜肴及饮品　　C. 娱乐及饮品　　D. 服务及饮品

2. 调酒师的重要职责之一是（　　）。
   A. 随意调配酒吧内的所有酒水
   B. 按任意配方调配酒吧内的所有酒水
   C. 按正确配方调配酒吧内的所有酒水
   D. 按自己的创造调配酒吧内的所有酒水
3. 酒吧用的服务用具是（　　）。
   A. 酒水单　B. 摇酒壶　C. 冰箱　D. 水管
4. 下列工作中，（　　）不属于酒吧准备工作。
   A. 酒吧的清洁卫生　B. 补充冷藏柜　C. 盘点酒水　D. 准备调酒用具

三、简答题

1. 请说说你知道的酒吧有哪些，它们属于什么类型的酒吧，分别有什么特点。
2. 酒吧一般设置哪些岗位？请说说酒吧服务员的主要职责是什么。
3. 酒单设计的内容有哪些？
4. 酒吧服务与管理的要素有哪些？
5. 如果让你管理一个酒吧，你将如何进行成本控制？

实训项目

假如给你一笔资金，请用所学的知识写一份酒吧筹建方案，任课老师指导，学生可以上网查找资料。

参考文献

［1］ 吴玲．调酒与酒吧服务［M］．北京：中国商业出版社，2007.

［2］ 徐维恭．饮酒识酒趣谈［M］．北京：金盾出版社，1992.

［3］ 吴克祥．吧台酒水操作实务［M］．沈阳：辽宁科学技术出版社，1997.

［4］ 吴克祥．酒水管理与酒吧经营［M］．北京：高等教育出版社，2003.

［5］ 刘雨沧．调酒技术［M］．北京：高等教育出版社，2004.

［6］ 国家旅游局人事劳动教育司．酒水知识与服务［M］．北京：旅游教育出版社，2004.

［7］ 李晓东．酒水知识与酒吧管理［M］．北京：高等教育出版社，2005.

［8］ 蒋雁峰．中国酒文化研究［M］．长沙：湖南师范大学出版社，2004.

［9］ 严英怀，林杰．茶文化与品茶艺术［M］．成都：四川科学技术出版社，2003.

［10］ 郑春英．茶艺概论［M］．北京：高等教育出版社，2001.

［11］ 李丹．茶文化［M］．呼和浩特：内蒙古人民出版社，2005.

［12］ 陆羽．茶经［M］．哈尔滨：黑龙江美术出版社，2004.

［13］ 李伟，李学昌．学茶艺［M］.3 版．郑州：中原农民出版社，2003.

［14］ 徐明．茶与茶文化［M］．北京：中国物资出版社，2009.

［15］ 徐明．新编酒水知识与调酒［M］．广州：广东旅游出版社，2009.

［16］ 单铭磊．酒水与酒文化［M］．北京：中国物资出版社，2011.

［17］ 徐明．酒水知识与酒吧管理［M］．北京：中国经济出版社，2012.

附录一　IBA国际标准鸡尾酒配方

1. **蜜月**（Honeymoon）

原料：苹果白兰地　　1.5盎司

　　　香橙利口酒　　0.5盎司

　　　当酒（廊酒）　　3/4盎司

　　　柠檬汁　　0.5盎司

调法：将原料放入调酒壶（摇酒器）摇混后滤入冰镇过的鸡尾酒杯。

载杯：鸡尾酒杯。

装饰物：红樱桃。

2. **白兰地宾治**（Brandy Punch）

原料：白兰地　　1盎司

　　　柠檬汁　　1茶匙

　　　菠萝汁　　1茶匙

　　　酸橙汁（莱姆汁）　　10滴

　　　砂糖　　1茶匙

　　　朗姆酒　　10滴

　　　苏打水　　适量

调法：将碎冰加入载杯至半满，量入酒、果汁、糖后搅匀，将苏打水加至杯满。

载杯：古典杯或海波杯。

装饰物：菠萝片。

3. **玛格丽特**（Margarita）

原料：特基拉酒　　2盎司

　　　君度橙皮利口酒　　0.5盎司

　　　莱姆汁　　1茶匙

　　　细盐　　少许

调法：用香橙片擦拭杯口后上盐霜，将其余原料摇匀后过滤到鸡尾酒杯。

载杯：鸡尾酒杯。

装饰物：香橙片。

4. **特基拉日出**（Tequila Sunrise）

原料：特基拉酒　　1.5 盎司
　　莱姆汁　　0.5 盎司
　　石榴糖浆　　0.5 盎司
　　碎冰　　0.5 盎司

调法：将以上原料除香橙片外放入果汁机搅碎，然后倒入古典杯，加冰块至杯满。

载杯：古典杯。

装饰物：香橙片。

5. **红粉佳人**（Pink Lady）

原料：金酒　　1.5 盎司
　　红石榴汁　　1 茶匙
　　蛋清　　1 个
　　柠檬汁　　1 盎司

调法：摇混后倒入鸡尾酒杯。

载杯：4.5 盎司的鸡尾酒杯。

装饰物：柠檬片。

说明：红粉佳人是色泽艳丽、美味芬芳、中度并有甜味的餐前鸡尾酒，深受女士的欢迎，为传统标准鸡尾酒；传统红粉佳人的基酒中有苹果白兰地，而现代饮品中可去掉柠檬汁、白兰地后加浓乳。

6. **边车**（Side Car）

原料：白兰地　　1.5 盎司
　　香橙利口酒　　0.5 盎司
　　柠檬汁　　1 盎司

调法：将原料放入调酒壶摇匀后过滤到鸡尾酒杯。

载杯：鸡尾酒杯。

7. **金汤力**（Gin Tonic）

原料：金酒　　1 量杯
　　汤力水　　加至八成满

调法：在放有半杯方冰的海波杯中先倒入金酒，然后倒入汤力水至八成满。

载杯：8 盎司海波杯。

装饰物：柠檬片，吸管或搅棒。

说明：低度餐前鸡尾酒，为传统标准鸡尾酒。

8. **教父**（God Father）

原料：方冰块　　3 ~4 块
　　苏格兰威士忌或波本威士忌　　1 量杯

意大利苦杏酒　　　　　　　　半量杯

调法：摇混后倒入古典杯。

载杯：古典杯。

装饰物：柠檬扭条。

说明：餐后甜味饮品，为传统标准鸡尾酒。

9. **青草蜢**（Grasshopper）

原料：绿薄荷酒　　　　　　　3/4 盎司

白色可可酒　　　　　　　3/4 盎司

浓乳　　　　　　　　　　1 盎司

调法：摇混后倒入香槟杯或鸡尾酒杯。

载杯：香槟杯或鸡尾酒杯。

装饰物：草莓。

10. **天使之吻**（Angel's Kiss）

原料：浓乳　　　　　　　　　1/4 盎司

白兰地　　　　　　　　　1/4 盎司

紫色利口酒　　　　　　　1/4 盎司

白色可可酒　　　　　　　1/4 盎司

调法：将含糖量高低不同的原料通过酒用吧匙顺次加入高脚酒杯，要求慢而稳，最后让浓乳漂在酒液上。

载杯：直筒形高脚酒杯。

11. **香槟鸡尾酒**（Champagne Cocktail）

原料：苦精　　　　　　　　　1/3 或 1/6 茶匙

方糖　　　　　　　　　　1 块

冷香槟　　　　　　　　　4 盎司

调法：将苦精和方糖放在香槟酒杯内融化，再倒入香槟，摇混后倒入酒杯。

载杯：香槟酒杯。

装饰物：柠檬皮。

12. **螺丝刀**（Screwdriver）

原料：方冰　　　　　　　　　半杯

伏特加　　　　　　　　　1 量杯

鲜橘汁　　　　　　　　　加至八分满

调法：在放有半杯方冰的杯中倒入伏特加，然后倒入鲜橘汁至八分满。

载杯：8 盎司海波杯或古典杯。

装饰物：红樱桃。

13. **马天尼**（Martini）

原料：金酒　　2盎司

　　干味美思酒　　1/2盎司

调法：在玻璃调酒杯中搅拌后过滤到鸡尾酒杯。

载杯：鸡尾酒杯。

装饰物：橄榄或柠檬条。

14. **飓风**（Hurricane）

原料：淡朗姆酒　　1盎司

　　金朗姆酒　　1盎司

　　西番莲果糖浆　　0.5盎司

　　莱姆汁　　2茶匙

调法：将以上原料放入调酒壶摇匀后过滤到鸡尾酒杯。

载杯：鸡尾酒杯。

15. **伊丽莎白女王**（Queen Elizabeth）

原料：金酒　　1.5盎司

　　当酒　　0.5盎司

　　干味美思酒　　0.5盎司

调法：将以上原料放入调酒壶摇匀后过滤到鸡尾酒杯。

载杯：鸡尾酒杯。

装饰物：柠檬片或香橙片。

16. **环游世界**（Around the World）

原料：金酒　　1盎司

　　绿薄荷酒　　0.5盎司

　　菠萝汁　　2.5盎司

调法：摇晃法。

载杯：鸡尾酒杯。

装饰物：绿樱桃。

17. **生锈钉**（Rusty Nail）

原料：苏格兰威士忌　　1盎司

　　杜林标酒　　1盎司

调法：兑和法。

载杯：古典杯。

装饰物：柠檬角，半杯碎冰。

18. **血玛丽**（Bloody Mary）

原料：伏特加　　1.5盎司

番茄汁　　3 盎司
柠檬汁　　1/3 盎司
辣椒油　　3 滴
李派林甜酱油　　4 滴
盐、胡椒　　少许

调法：兑和法。

载杯：古典杯。

装饰物：芹菜杆。

19. **白兰地亚历山大**（Brandy Alexander）

原料：白兰地　　1 盎司
牛奶　　3/4 盎司
棕可可酒　　1 盎司

调法：摇晃法。

载杯：古典杯。

装饰物：豆蔻粉。

20. **清凉夏日**（Cooler Summer）

原料：绿薄荷酒　　1.5 盎司
柠檬汁　　1/2 盎司
七喜　　加至八分满

调法：兑和法。

载杯：柯林杯。

装饰物：半杯冰，柠檬片，吸管。

21. **新加坡司令**（Singapore Sling）

原料：金酒　　1.5 盎司
樱桃白兰地　　1/2 盎司
柠檬汁　　1/2 盎司
糖水　　1/3 盎司
红石榴汁　　1/3 盎司
苏打水　　加至八分满

调法：兑和法。

载杯：柯林杯。

装饰物：吸管，红樱桃，搅棒，半杯冰，柠檬片。

22. **雪球**（Snowball）

原料：蛋黄酒　　1.5 盎司
七喜　　加至八分满

调法：兑和法。

载杯：柯林杯。

装饰物：半杯冰，柠檬片，吸管。

23. **黑色俄罗斯**（Black Russian）

原料：伏特加　1.5 盎司

　　　甘露咖啡酒　3/4 盎司

调法：兑和法。

载杯：古典杯。

装饰物：半杯冰。

24. **白色俄罗斯**（White Russian）

原料：伏特加　1.5 盎司

　　　甘露咖啡酒　3/4 盎司

　　　牛奶　1 盎司

调法：兑和法。

载杯：古典杯。

装饰物：半杯冰。

25. **金菲士**（Gin Fizz）

原料：金酒　1.5 盎司

　　　柠檬汁　0.5 盎司

　　　糖水　0.5 盎司

　　　蛋清　1 个

　　　苏打水　加至八分满

调法：摇晃法。

载杯：柯林杯。

装饰物：半杯冰，柠檬片，吸管，红樱桃。

26. **白兰地蛋诺**（Brandy Egg Nog）

原料：白兰地　1 盎司

　　　牛奶　3.5 盎司

　　　糖水　0.5 盎司

　　　鸡蛋　1 个

调法：摇晃法。

载杯：古典杯。

装饰物：豆蔻粉。

27. **自由古巴**（Cuba Libre）

原料：白朗姆酒　1.5 盎司

青柠汁	1/2 盎司
可乐	加至八分满

调法：兑和法。

载杯：柯林杯。

装饰物：柠檬片，吸管，半杯冰。

28. **蓝色夏威夷**（Blue Hawaii）

原料：	
苏格兰威士忌	1 盎司
白朗姆酒	1 盎司
菠萝汁	3/4 盎司
柠檬汁	1/3 盎司
蓝橙汁	0. 5 盎司

调法：搅拌法（可用摇晃法代替）。

载杯：古典杯，碟形香槟杯。

装饰物：半杯碎冰，柠檬角，红樱桃，短吸管。

29. **轰炸机**（B52）

原料：	
甘露咖啡酒	1/3
百利甜酒	1/3
伏特加（标准用金万利）	1/3

调法：漂浮法。

载杯：利口酒杯。

说明：出品时点燃上层酒。

30. **长岛冰茶**（Long Island Iced Tea）

原料：	
金、白朗姆酒	0. 5 盎司
伏特加	0. 5 盎司
杜林标酒	0. 5 盎司
特基拉	0. 5 盎司
君度	0. 5 盎司
柠檬汁	0. 5 盎司
可乐	加至八分满

调法：摇晃法。

载杯：柯林杯。

装饰物：半杯冰，柠檬片，吸管，红樱桃。

31. **威士忌酸**（Whisky Sour）

原料：	
苏格兰威士忌	1. 5 盎司
柠檬汁	1 盎司

糖水　　0.5 盎司

调法：摇晃法。

载杯：酸酒杯（沙瓦杯）。

装饰物：柠檬片。

32. 得其利（Daiquiri）

原料：白朗姆酒　　1.5 盎司

柠檬汁　　1 盎司

糖水　　0.5 盎司

调法：摇晃法。

载杯：鸡尾酒杯。

装饰物：柠檬片。

33. 美态（Mai-Tai）

原料：白朗姆酒　　1 盎司

黑朗姆酒　　0.5 盎司

君度　　0.5 盎司

柠檬汁　　0.5 盎司

橙汁　　2 盎司

红石榴汁　　1/3 盎司（沉淀）

金朗姆酒　　少许（漂酒面）

调法：摇晃法。

载杯：古典杯。

装饰物：半杯冰，柠檬片，红樱桃。

34. 白美人（White Lady）

原料：金酒　　1.5 盎司

白橙皮酒　　0.5 盎司

柠檬汁　　0.5 盎司

糖水　　0.5 盎司

蛋清　　1 个

调法：摇晃法。

载杯：鸡尾酒杯。

装饰物：柠檬片。

35. 神风特攻队（Kami kaze）

原料：伏特加　　1.5 盎司

君度　　0.5 盎司

青柠汁　　0.5 盎司

糖水 1/3 盎司

调法：摇晃法。

载杯：古典杯。

装饰物：半杯冰，柠檬片。

36. **月光之吻**（Moonlight Kiss）

原料：紫罗兰酒 1.5 盎司

白橙皮酒 1 盎司

柠檬汁 0.5 盎司

菠萝汁 2 盎司

调法：摇晃法。

载杯：古典杯。

装饰物：半杯冰，柠檬片，红樱桃。

附录二　酒吧简易英文对话

1. Welcome to our bar. 欢迎光临我们的酒吧。

2. Nice to meet you again. 很高兴再次见到您。

3. Please wait a moment. 请稍等一下。

4. Is there anything I can do for you? 还有什么事需要为您效劳吗？

5. Thank you for your coming，goodbye. 谢谢您的光临，再见。

6. Thank you. We don't accept tips. 谢谢您，我们不收小费。

7. Would you like to have cocktail or whisky on the rocks? 您要鸡尾酒还是要威士忌加冰？

8. Would you mind filling in this inquiry form? 请填一下这张意见表好吗？

9. Leave it to me. 让我来吧。

10. Please bring me a pot of hot coffee. 请给我一壶热咖啡。

11. Can you act as my interpreter? 你可以做我的翻译吗？

12. Do you honor this credit card? 你们接受这张信用卡吗？

13. Please give me a receipt. 请给我一张发票。

14. It is no sugar in the coffee. 咖啡里没有糖。

15. I'd like to see your manager. 我要见你们的经理。

16. Please give me another drink. 请给我另一份饮料。

17. Please page Mr. Li in the bar for me. 请叫一下在酒吧里的李先生。

18. Will you take charge of my baggage? 你可以替我保管一下行李吗？

19. Would you care for a glass of sherry with your soup? 在喝汤的时候是否要一杯雪利酒？

20. Your friends will be back very soon. 你的朋友很快会回来。

21. Have a nice trip home. 归途愉快。

22. Wish you a pleasant journey. 祝您旅途愉快。

23. Would you like me to call a taxi for you? 要我为您叫出租车吗？

24. I'd suggest you take the one-day tour of Nanjing. 我建议您参加南京一日游。

25. May I take your order? 我能为您点酒吗？

26. There is a floor show in our PUB. Would you like to see it? 酒吧里有表演，您愿意去看吗?

27. Please feel free to tell us if you have any request. 如果您有什么要求，请告诉我们。

28. Miss Li is regarded as one of the best barmaid in the hotel. 李小姐被认为是酒店里最好的女调酒师。

29. Here is the drink list, sir. Please take your time. 先生，这是酒单，请慢慢看。

30. I do apologize. Is there anything I can do for you? 非常抱歉，还有什么可以为您效劳吗?

31. Mao Tai is much stronger than Shaoxing rice wine. 茅台酒度要比绍兴黄酒高。

32. Mr. Tom has caught a cold. He asks the bartender for some aspirin tablets. 汤姆先生患了感冒，他向调酒师要一些阿司匹林药片。

33. Snack bar usually serves fast food. 小吃吧通常供应快餐。

34. We like Shaoxing rice wine because it tastes good. 我们喜欢绍兴黄酒是因为它口味很好。

35. We have a bottle of wine that has been preserved for twenty years. 我们有一瓶保存了 20 年的葡萄酒。

36. Yesterday he caught a cold, so he didn't go to work. 昨天他得了感冒，所以他没去上班。

37. Hotel staff should handle guest's complaint with patience. 酒店员工必须耐心地对待客人的抱怨。

38. Since you stay at our hotel, you may sign the bill. 从你入住我们的酒店后，你就可以签单。

39. "Bourbon on the rocks" is Bourbon whiskey on ice cubes. "Bourbon on the rocks" 的意思是波本威士忌加冰块。

40. I'll return to take your order in a while. 等一会儿我会回来为你点单。

41. The minimum charge for a 200 people cocktail reception is 6000 yuan, including drinks. 200 人的鸡尾酒会最低价是 6000 元，包括酒水。

42. The base of Old Fashioned cocktail is whiskey. 古典鸡尾酒的基酒是威士忌。

43. Kahlua is a kind of liqueur. 甘露咖啡酒是一种利口酒。

44. I hope that we will be meeting again soon. 我希望我们不久会再见面。

45. What will you be doing at seven tonight? 今晚 7 点钟你们干什么?

46. He will be waiting for you in the lobby at seven. 他今晚 7 点在大堂等您。

47. What are you going to do tomorrow morning? 明天上午您打算干什么?

48. I'm not going to stay any longer. It's going to rain, isn't it? 我不打算再多待下去，天好像要下雨，是吗?

49. If you don't mind, we can take care of your baggage for you. 如果您不介意，我们可以为您看管行李。

50. Let me carry the suitcase for you, will you? 让我为您提这只皮箱，好吗？

51. What would you like to drink after dinner, coffee or tea? 晚饭后您想喝咖啡还是茶？

52. How shall we get to Yu Garden, by bus or by taxi? 去豫园该乘公共汽车还是出租车？

53. Your breakfast will be served in a short while. 您的早餐要过一会儿才能送到。

54. It takes about 10 minutes to drive from the airport to our hotel. 从机场到我们宾馆驱车大约要 10 分钟时间。

55. Please don't speak loudly in the lobby lounge, will you? 请不要在大堂酒吧大声说话，好吗？

56. There's something wrong with my watch. Could you tell me where I can get it repaired? 我的手表坏了，请问上哪儿可以修理？

57. The children are too young to drink wine. 孩子太小，还不能喝酒。

58. I tried to remove the wine stain in my coat with soap, but in vain. 我试着用肥皂洗去衣服上的酒渍，但是没有成功。

59. Would you like to have some Mao Tai? It never goes to the head. 您要喝点茅台吗？这酒从不上头。

60. A bartender should know what to do and how to do it. 一个调酒师应该知道做什么和怎么做。

61. The bar is full now. Do you care to wait for about 20 minutes? 酒吧现在客满，请稍等约 20 分钟好吗？

62. Would you mind if I smoke? 你不介意我抽支烟吧？

63. Would you please tell me the exchange rate today? 请你告诉我今天的外汇兑换率好吗？

64. We serve many kinds of drinks. Please help yourself. 我们供应很多种饮料，请自便。

65. Would you please show me how to use chopsticks? 请你教我如何使用筷子好吗？

66. Would you mind opening the window by the table? 您不介意把餐桌一边的窗户打开吧？

67. How much do all these come to? 这些共计多少钱？

68. Frankly speaking, I don't like this wine. 老实说，我不喜欢这种酒。

69. I like my coffee very sweet, so does my wife. 我喜欢把咖啡冲得很甜，我夫人也是。

70. Can this wine really have been preserved for years? 这种酒真的是陈年葡萄酒吗？